KB083623

기억의
에티카

전쟁 · 철학 · 아우슈비츠

기억의 에티카 전쟁·철학·아우슈비츠
초판인쇄 2021년 9월 5일 **초판발행** 2021년 9월 15일
지은이 다카하시 데쓰야 **옮긴이** 고은미 **펴낸이** 박성모 **펴낸곳** 소명출판 **출판등록** 제13-522호
주소 서울시 서초구 서초중앙로6길 15, 2층
전화 02-585-7840 **팩스** 02-585-7848
전자우편 somyungbooks@daum.net **홈페이지** www.somyong.co.kr

값 21,000원 ⓒ 소명출판, 2021
ISBN 979-11-5905-633-8 03190

기억의 에티카

전쟁 · 철학 · 아우슈비츠

Ethics of Memories: War·Philosophy·Auschwitz

다카하시 데쓰야 지음 | 고은미 옮김

일러두기

1. 이 책은 高橋哲哉, 『記憶のエチカ-戦争・哲学・アウシュヴィッツ』(岩波書店, 2012, 초판 1995)를 완역한 것이다.
2. 저자가 직접 번역・인용하고 있는 일본어 외의 문헌 중에서 한국어판이 있는 경우는 가능한 한 대조한 뒤 참고한 판본을 각주에 밝혔다. 다만 번역에 있어서는 저자의 맥락을 우선시하고 용어를 통일하기 위해 일본어판을 중심으로 옮겼고, 번역상의 차이가 중요하다고 판단된 경우에만 한국어판의 쪽수를 밝혔다.
3. 원문에서 방점으로 강조하는 것은 굵은 고딕으로 변경했고, 나머지 부호들은 ' ', 혹은 얇은 고딕으로 바꾸었다.
4. 본문의 각주는 옮긴이, 미주는 저자의 것이다.
5. ( ) 또는 윗글자로 부연된 내용은 원문이거나 저자가 인용문에 부가한 내용이다. 본문이나 미주에서 옮긴이의 부연이 필요한 경우에는 [ ] 속에 넣었다.
6. 페이지 표시는 한국어판인 경우 '쪽', 영어・불어판인 경우 'p', 일본어판인 경우 '頁'로 표기했다.

이 책은 1993년에서 1995년까지의 논문을 토대로 일반인이 이해할 수 있도록 쉽게 재구성한 것이다. 사전에 명확한 기획 아래 쓴 것들은 아니지만 모든 글이 '기억'의 문제를, 좀 더 정확히 말하자면 전쟁이나 홀로코스트로 대표되는 현대의 역사적 폭력에 대한 '기억'을 둘러싸고 있다.

최근 몇 년간 '기억'의 문제는 세계적으로 다시 한번 부상했다. 냉전의 종결과 함께 곳곳에서 풀려나온 민족분쟁이 민족 아이덴티티의 근원을 그 역사적 기억에서 요구하고, 구 유고슬라비아가 보여주듯 '기억 전쟁'의 양상을 짙게 띠고 있다. 유럽에서 이른 시기부터 전면화되었던 '전쟁 기억'의 문제는, 이른바 '종군위안부' 문제의 발현과 현존, 스미스소니언 박물관에서 개최된 원폭전시회 논쟁 등을 계기로 아시아·태평양 지역에서도 최근 본격적인 형태로 질문되고 있다.

이 책은 아렌트, 레비나스, 헤겔, 교토학파 철학자들'세계사의 철학'에 대해 논하고 있지만, 폭력의 '기억'을 중심으로 이들 철학자들을 향해 물음을 던지는 와중에 오히려 나 자신의 사고가 현대세계의 현실적 문제들에 의해 되물어지고 있음을 느꼈다. 또한 내가 1993년에 영화 〈쇼아〉와 만나지 못했었다면 이 책은 지금껏 형태를 갖추지 못했을 것이다. 아렌트가 말하는 '망각의 구멍'의 문제를 고민하고 있던 차에 마치 그 문제 자체를 영화화한 듯한 〈쇼아〉를 보았을 때의 충격은 컸다. 이 책의 대부분은 그 충격이 배후에서 나를 밀어붙여 작성된 것들이다.

기이하게도 제2차 세계대전 종결 50주년의 8월에 이 책의 출판 절차가 진행되었다. 말할 것도 없이 '기억'은 결코 과거의 문제가 아닌 항상 현재의 문제이다. 과거의 폭력의 기억이 **지금** 질문되고 있을 뿐만 아니라, 새로운 폭력의 기억이 **지금** 끊임없이 만들어지고 있는 것이다. 이 책의 제목을 '기억의 에티카'라고 붙인 것은 '기억'에 대한 철학적 비판이 동시에 현재적 '기억'의 논리적·정치적·역사적 비판과 이어지고 있는 지점을 이 책이 탐색하고 있기 때문이다.

차례

제1장
|
기억될 수 없는 것, 이야기할 수 없는 것

—

아렌트로부터 〈쇼아〉로

> 필요한 일은 두려운 것을
> 계속 생각해 나가는 것이다.

한나 아렌트, 『전체주의의 기원』[1]

한 세기가 끝났다. '계속 생각해 나가야'만 하는 '두려운 것'에는 정말이지 부족함이 없었던 이 세기의 역사는 지금 도처에서 회귀의 전조를 숨긴 채 우리들을 기억의 시련에 빠뜨리려 하는 듯하다. 분명 한편으론 "기억하지 않으면 안 된다"는 절박한 요청이 있다. 망각은 허락되지 않는다. 가차 없는 시간의 흐름, 증인의 불가피한 죽음, 일상성의 지배, 특히 살아남은 자에 의한 온갖 기만 — '망각의 정치'[2] — 에 맞서, 먼저 최우선적으로 기억하지 않는다면 '계속 생각을 이어 나갈' 수도 없을 것이다. 기억을 향한 요청이 있다는 것은 무엇보다도 먼저 죽은 자들이 있기 때문이다. 그리고 동시에 죽은 자들의 의지를 찬탈해버리고 마는 다른 기억, 다른 해석, 다른 이야기가 존재하기 때문이다. 예컨대 레비나스는 다음과 같이 말한다.

> 운명이 역사에 앞서는 것이 아니라 역사가 운명에 앞선다. 운명이란 역사를 편찬하는 자들의 역사, 살아남은 자들의 역사이며, 그들은 죽은 자들의 작품을 해석한다. 다시 말해 그들은 죽은 자들의 작품을 이용하는 것이다. (…중략…) 역사편찬historiographie, 역사서술은 살아남은 자가 죽은 의지意志의 작품을 내 것으로 하는 방식을 말한다. 역사편찬은 정복자, 즉 살아남은 자에 의해 성취된 찬탈에 입각하고 있다. 노예화에 대항해 싸우는 생을 망각하면서 역사편찬은 노예화를 말해주고 있는 것이다.[3]

그러니 기억하지 않으면 안 된다. 죽은 자들의 의지, 그들의 '작품'을 찬탈하는 다른 기억, 다른 해석, 다른 이야기의 폭력에 맞서 죽은 자들을 위한 기억, 죽은 자들을 위한 해석, 죽은 자들을 위한 이야기가 "변호"[4]로서 발생·기립하지 않으면 안 되는 것이다.

하지만 이 세기의 역사가 우리들에게 언뜻 알려준 바와 같이, 기억의 시련을 둘러싼 핵심은 바로 **사건 그 자체**가 기억하지 않으면 안 된다는 그 요청에 정면으로 대립할 가능성에 있다. 기억 행위를 곤란하게 만드는 것은 이미 단순한 시간의 흐름이나 증인의 죽음, 일상성의 지배라고 하는 자연스러운 망각의 요인에서 유래하는 것이 아니다. 심지어 그것은 다시 죽은 자들의 의지와 그 '작품'을 횡령하고자 하는 역사편찬＝역사서술의 폭력도, 다른 기억, 다른 해석, 다른 이야기에 의한 사후적인 폭력에서 유래하는 것도 아니다. 오히려 바야흐로 기억되어야 할 사건 그 자체가 애초부터 기억에의 도전으로서, 망각에의 덫으로서 발생하고 있었다는 점이다. 즉 기억에 대립하는 다른 기억, 해석에 대립하는 다른 해석, 이야기에 대립하는 다른 이야기로서가 아니라, **기억 그 자체의 부정, 해석 그 자체의 부정, 이야기 그 자체의 부정**의 형태로 발생하며 거기서는 모든 것의 '변호' 불가능성이 사건의 핵심을 구성한다.

'정복자'의 역사를 향해서는 피정복자의 역사를, 살아남은 자의 해석과 살아남은 자의 이야기를 향해서는 죽은 자들을 위한 해석, 죽은 자들을 위한 이야기를 내밀면 된다. 그것이 아무리 곤란하더라도 그렇게 하시 않으면 안 되는 것이며, 그렇게 할 수밖에 없을 것이다. 하지만 만약 기억되어야 할 사건, 이야기되어야 할 사건이라는 것이 애당초 처음부터 **사건으로서 소실된 사건**이었다고 한다면 어찌될 것인가. 살아남은 자가 죽은 자들의 '작품'을 횡령하는 것에 의해서가 아니라 죽은 자들의 그 어떤 '작품'도 우리들의 손에 남기지 않은 채 그들의 최후 의지의 그 어떤 흔적마저도 사전에 말소해 버리는 것으로 우리들의 기억에 도전해 온 것이라면 어찌될 것인가. 기억되어야 할 사건의 핵심에 기억될 수 없는 것이나 이야기할 수 없는 것이 있다고 한다면, 그리고 그것이 우리들 역사의 육체 여기저기에 알려지지 않은 **망각의 구멍**을 뚫고 있다고 한다면 어찌되는 것일까.

물론 나는 사태를 일부러 신비화하려는 것이 아니다. 기억될 수 없는 것이나 이야기할 수 없는 것이 신비적으로 보이는 이유는 로고스 및 뮈토스로서의 역사, 이야기로서의 역사의 명증성이 그만큼 강고하여 우리들에게는 역사의 역사성 그 자체인 듯이 생각되기 때문이다. 이 명증성에 의거해 이야기할 수 없는 것에 대해서는 침묵해야 한다고 아프리오리하게^{선험적으로} 말할 수 있다고 한다면 확실히 기억을 둘러싼 시련의 대부분은 모습을 감추게 될 것이다. 기억하지 않으면 안 되는 것은 원리적으로 기억할 수 있음, 해석할 수 있음, 이야기할 수 있음이라는 가능한 것의 권역 안에서 모든 것이 진행된다는 의미이기 때문이다. 그러나 어쩌면 그 순간 우리들은 결과적으로 '정복자'에 의한 '역사의 통치'[5]에 봉사하며 기억의 말소라는 완전범죄에 무의식중에 가담하게 되는 것은 아닐까.

1 —— 망각의 구멍

아렌트는 『전체주의의 기원』 3부의 세 번째 장에서 '망각의 구멍'에 대해 말하고 있다. 주지하다시피 그녀는 히틀러 치하의 독일과 스탈린 치하의 소련에서 존재했던 강제수용소 및 절멸수용소의 현실을 통해 '계속 생각해 나가야'만 하는 가장 '두려운 것'을 인지했다. 전체주의 체제의 출현은 지금 세기의 역사를 특징짓는 가장 심각한 사건이며, 그 본질은 "전체적 지배의 가장 논리필연적인 제도"[6]로서 존재한 저들 수용소에서야말로 분명하게 드러난다고 생각한 아렌트는 같은 장의 마지막 부분을 수용소 현상에 대한 본격적이고도 유례없는 성찰에 할애하고 있다.

그렇다면 이들 수용소의 무엇이 정말로 '두려운 것'이었을까. 수백만이라는 상상을 초월하는 규모의 대량학살이 한쪽에서의 인종투쟁과 다른 한쪽에서의 계급투쟁이라는 이데올로기적 전제 아래 강철 같은 엄격함을 가지고 "계획적으로 혹은 대량생산적으로" 집행되었다고 하는 사실, 그것이 저 두려움의 중심에 있음은 새삼스레 말할 필요조차 없다. 범죄자도 아니려니와 정치적 반대자도 아닌 이들을 살 자격이 없는 인종 또는 사멸할 계급이라고 일방적으로 규정한 뒤, "인간의 얼굴을 한 동물의 일종으로 바꾸는" '기계적'인 방식을 통해 '절멸'로 몰아넣은 행위는 종래의 죄악이나 범죄의 관념을 모조리 무효로 만드는 듯한 '가능한 것의 심연Abgrund des 'Mögli-chen''[7]을 들추어냈다고 아렌트는 표현한다. 그러나 여기에서 문제시할 부분은 그러한 사실 자체가 아니라, 그녀가 그 점을 논의하는 동시에 또한 "**희생자의 흔적도 없는 소멸**spurloses Verschwinden이 전체주의 체제에 있어 얼마만큼이나 중요했는지"[8]를 반복해서 강조하고 있다는 데 있다. '강제수용소와 절멸수용소의 진짜 무서움'은 '테러에 의해 망각이 강요되었기' 때문에 모든 피수용자가 "살아있는 자들의 세계로부터 완전히 분리되었다"는 사실에 있다고 그녀는 지적한다.[9]

(비밀)경찰 관할 하의 감옥이나 수용소란 단순히 불법과 범죄가 행해지는 장소만은 아니었다. 그것은 누구든지 언제라도 떨어질지 모르는, 떨어진다면 애초에 이 세계에 존재한 적이 없었던 것처럼 소멸해 버릴 **망각의 구멍**Höhlen des Vergessens을 만들어 내고 있었던 것이다. 살해가 일어났거나 누군가가 죽었음을 알려주는 시체도, 무덤도 없었다. 이 최신의 숙청 방식에 비하면 다른 나라들 또는 다른 시대의 정치적 살인이나 범죄적 살인 따위는 얼토당토않은 방식으로 행해진 정말이지 원시적인 시도로밖에 보이지 않을 정도다. 시체를 버젓

이 남겨둔 채, 그저 자신이 누구인지 드러나지 않게끔 단서를 지우는 일에만 급급한 살인자 따위는, 범행의 흔적을 남기지 않음은 물론 희생자를 살아있는 인간들의 기억 속에서 말소시키기에 충분한 거대한 정치적 권력조직을 가진 현대 대량학살자들의 발끝에도 미치지 못한다. 한 인간이 애초부터 이 세계에 존재한 적이 없었다는 듯이 살아있는 자들의 세계에서 말살되어 버릴 때, 비로소 그는 진정으로 살해되는 것이다.[10]

나치스 독일에서는 이른바 '밤과 안개' 작전이나 강제 이송을 통해 끌려간 사람들이 이후에 어떻게 되었는가에 관한 어떠한 정보도 '살아있는 자들의 세계'로 새어나가서는 안 되었다. 어떤 SS나치, 친위대의 수용소장이 프랑스의 한 여성에게 남편이 강제수용소에서 사망했다는 사실을 알린 직후 "모든 수용소장들에게 명령이나 훈령이 실로 빗발치는 총알처럼 쏟아졌다"는 일례를 아렌트는 언급하고 있다. 이 수용소장이 '저지른 잘못'이란, "수용소 내에서 소멸한 인간이 그 수용소에 있었다는 사실은 어떤 일이 있어도 외부에 누설되어서는 안 되며 유족이 그 육친의 생사에 대해 확실한 정보를 얻는 일은 결코 있어서는 안 된다"는 원칙을 거역했다는 것이었다.[11] 수용소적 세계의 중요한 특징은 그 세계가 다른 모든 인간사회로부터, 즉 '살아있는 자들의 세계 일반'으로부터 '차단'되어 있다는 데에 있다. "이 완전한 격리를 실현하기 위해서 — 무언가 군사적인 혹은 다른 어떤 비밀을 지키기 위해서가 아니다— 철의 장막이 내려졌다. 왜냐하면 전체적 지배의 진짜 비밀, 즉 전체주의의 실험이 행해지는 실험실인 강제수용소의 비밀은 외국에 대해서와 똑같이, 아니 이따금 외국에 대해서보다도 더욱 엄중하게 자국민에 대해서도 지켜졌기 때문이다."[12]

　　그러나 희생자들이 '애초부터 이 세계에 존재한 적이 없었다는 듯이' 소멸되어 버리기 위해서는 그와 같은 차단이나 격리조차도 완벽히 충분한 것은 아니다. 아무리 완전한 격리 속에서 희생자들의 시체를 한줌의 재마저 남기지 않고 소각·말소시켰다고 하더라도 그들이 뒤에 남긴 '유일한 유품'으로서 "그들을 알고 그들을 사랑하고 그들과 같은 세계에 살았던 사람들의 기억만"은 여전히 남아있기 때문이다.[13] 그 기억들이 있는 한 수용소적 세계에서의 '인간 무용화無用化의 실험'[14]은 완성되지 않는다. 소멸한 인간들이 본래 '무용'한 존재였다고 말할 수 있기 위해서는, 다시 말해 바람직하지 못한 자der Unerwünschte 또는 살 자격이 없는 자der Lebensuntauglliche로서 본래 존재해야 할 존재가 아니었다고 말할 수 있기 위해서는 그들을 추억하는 사람들의 기억까지 완전히 지움으로써 그들이 확실하게 '애초부터 이 세계에 존재한 적이 없었던 듯한' 사태를 실현시키지 않으면 안 되는 것이다.

　　"전체적 지배에 있어 기억의 능력이라는 것은 매우 위험한 것"이기 때문에 죽은 자들과 함께 그들에 대한 기억까지도 소거하는 일은 "전체주의 경찰의 가장 중요하고도 가장 곤란한 임무의 하나"가 된다.[15] 아렌트에 의하면 제정 러시아의 비밀경찰 오크라나Okhrana 가 제출한 특수한 '지도'가 이 '전체적 지배의 이상'을 선취하고 있다. 그것은 중심에 커다란 붉은 원이 있고 주위에 그 원과 연결된 작은 붉은 원, 푸른 원, 갈색 원이 있는 거대한 그림으로, 그 원들은 각각 가장 의심스러운 인물, 그 인물과 정치적 상관관계가 있는 자, 정치와는 관계없는 지인, 직접적으로 아는 관계는 아니지만 그 인물의 지인과 어떤 교류가 있는 자를 표시하고 있다. 만일 경찰이 이러한 방법으로 표적이 된 인물뿐만 아니라 그 인물에 대해 직·간접적인 기억을 가진 모든 이들을 체포해 그들을 동시에 말살시켜 버린다면 어떻게 될까. 그렇게 된다면, 분명 대체 누가 살아있었던 것인지, 애초부터 그곳에 어떠한 생이 있었고 어떠한 죽음이 있었던 것인지, 요컨대 표적이 된 인물에 대한 모든 **구체적 기억**, 즉 그 또는 그녀를 추억할 모든 구체적 가능성이 사라져버릴 것이다.

당사자만이 아니라 그 인간에 대한 기억까지도 완전히 통제 가능한 수단으로써 주민전체를 등록하는 이러한 방식에는, 지도의 크기에 따른 제한 이외의 다른 어떠한 제한도 존재하지 않는다. 터무니없이 커다란 크기의 이러한 지도 한 장으로 한 지방 전체 주민의 모든 교우 및 연고 관계를 표시하는 것도 이론적으로는 충분히 가능하다. 그리고 바로 이것이 전체주의 경찰이 이상으로 삼는 것이다. (…중략…) 그 경찰들은 사무실 벽에 걸린 커다란 지도를 힐끗 보는 것만으로 누가 누구와 관계를 맺고 있는지 명확히 알 수 있게 되기를 꿈꾸고 있다. 그리고 그 꿈은 **원리적으로 실현불가능한 것이 아니다.** 기술적인 실현성 부분에서 약간의 곤란한 지점이 있을 뿐이다. 그 지도가 실제로 있다고 한다면 이제 인간의 기억은 결코 전체주의적 지배의 야망을 방해하지 못할 것이다. 그 지도는 인간을 정말로 흔적 없이 소멸시키는 일을—흡사 그러한 인간 따위 애초부터 존재한 적이 없었다는 듯이—가능하게 할 것이기 때문이다.[16]

이렇게 인간을 '애초부터 이 세계에 존재한 적이 없었다는 듯이' '망각의 구멍' 깊숙이 흔적 없이 지워버리는 일은 '원리적으로 실현불가능한 것이 아니다.' 뿐만 아니라 아렌트가 예로 드는 "체포된 NKWD^{내무인민위원회} 관리자들이 진술한 바"를 믿는다면, 소비에트 러시아의 비밀경찰은 그런 '전체적 지배의 이상'을 **사실상** 달성 중에 있었다. 그 비밀경찰들은 "거대한 국가의 주민 한 사람 한 사람에 대한 비밀조사서류"를 가지고 있었고, 그 서류에는 "우연히 알게 된 관계에서 진정한 친구관계를 거쳐 가족관계에 이르기까지, 인간과 인간 사이에 존재하는 모든 관계"가 '면밀하게' 기재되어 있어 임의의 인물을 당사자에 대한 기억과 함께 지워버리는 데에 이미 어떠한 원리적 곤란도 없었던 것이다. 아렌트는 "제3제국의 가스실과 소련의 강제수용소는 서양 역사의 연속성을 끊어버렸다"[17]고 단언하는데, 이는 '기억의 전통'에 대해서도 타당하다. "서구세계는 지금까지 최악의 암흑시대에서도 우리들은 모두 인간이다(그리고 인간 이외의 무엇도 아니다)라는 당연한 인식 아래 살해당한 적에게도 추억될 권리를 인정해왔다. 아킬레우스는 직접 나서서 헥타르의 장사를 지냈고, 전제정부도 죽은 적을 존경했으며, 로마인은 기독교도가 순교자전을 쓰는 것을 허락했고, 교회는 이단자를 인간의 기억 속에 남겼다. 그러니까 모든 것을 잃고 흔적 없이 지워지는 일은 없었으며 또한 있을 수 없는 것이었다."[18] 그런데 지금은 현실에서 누구의 적도 아니었던 수십만 수백만의 인간이 순수하게 이론상의 적—살 자격이 없는 인종 또는 사멸할 계급—에 속한다고 인정된 탓에 '추억될 권리'를 박탈당하고 '망각의 구멍'의 밑바닥 깊이 가라앉고 만다. 그 또는 그녀는 이제 고작 숫자로밖에 기억되지 않거나 또는 숫자로조차도 기억되지 않는다. 논자나 데이터에 따라 백만 단위로 증감하는 희생자수란 도대체 그 또는 그녀에 대한 기억이라는 이름에 걸맞은 어떠한 가치를 가지는 것인가. '망각의 구멍'에 삼켜진 사람들의 생사에 대해서는 어떤 사변적 역사철학도 이것을 상기想起=내화内化, Erinnerung에 의해 전체화할 수 없을 뿐만 아니라, 어떠한 역사성의 존재론도 이것을 '과거에 현실적으로 존재한 실재의 가능성'으로서 반복wiederholen할 수도 없다. 그러한 사람들의 생사에 대해서는 가족, 친구, 지인에 의한 어떠한 소소한 추억도, 어떠한 '작은 이야기'도 이미 불가능하며 그 어떤 역사=이야기^{histoire}도 이 '망각의 구멍'의 깊은 곳을 서술하는 일은 가능하지 않은 것이다.

문제는 이러한 사태에 직면한 아렌트의 사고가 어디를 향했는가 하는 점이다. 곧바로 지적할 수 있는 것은 『전체주의의 기원』 이후 특히 『인간의 조건』을 정점으로 전개된 '정치적인 것'을 둘러싼 사고 속에서, 그녀는 마치 '망각의 구멍'으로 소실되는 인간에 대항하는 것처럼 공적 공간의 본질을 '인간에 대한 인간의 출현$^{appea-}$^{rance} 공간'으로 정의하고, 이 '출현'을 기억 속에 남기게 할 '이야기'의 중요성과 '일종의 조직된 기억'으로서의 그리스 폴리스의 범례성을 강조했다는 점이다. 인간의 본질이란 그 인간이 '누군가^{who}'라는 것이며, 그 '누군가'가 출현하는 것은 인간이 '오로지 이야기를 남기고 사라졌을 때뿐'이기 때문에 죽어가는 자의 행위와 그것을 증명하는 이야기를 '불멸'의 것으로 만드는 공간으로서의 폴리스를 창설했다는 점에 그리스인들의 정치적 탁월성이 있다는 그녀의 논리가 전체주의에 의한 기억의 말살을 의식한 것임은 쉽게 추측할 수 있다.[19] 그러나 서양 역사의 연속성을 단절시킬 만큼 철저한 망각이 가능하다는 사실을 알게 된 이후임에도, 여전히 그러한 고전적인 기억과 '누군가'의 이야기를—즉 '현재와 미래에 걸쳐 칭송을 불러 일깨우는' 듯한 '위대한' 이야기[20]를—모델로 내세운다는 것은 결국 일종의 노스탤지어적인 **방위**^{防衛} 반응에 지나지 않는 게 아니냐고 반론한다면 너무 과한 말일까. 다름 아닌 기억의 **한**

계 혹은 이야기의 **한계**가 폭로되어 버린 지금, 마치 모든 것을 잃어 버릴 가능성은 '없으며 또 있을 수도 없다'고 생각하는 듯, 또다시 행운의 기억과 이야기를 역사의 기반에 배치한다는 것은 '망각의 구멍'이 가하는 위협원리적 가능성을 너무 과소평가하는 일이 아닐까. 사실 아렌트는 이후 『예루살렘의 아이히만』에서 다시 이 '구멍'에 대해 언급하면서 놀랍게도 다음과 같이 서술하고 있다.

전체주의적 지배가 선악을 불문하고 인간의 모든 행위를 그 안으로 소멸시켜 버리는 망각의 구멍holes of oblivion을 설정하고자 했던 것은 사실이다. 그러나 살육의 모든 흔적을 제거하고자 — 소각로에서 또 노천 채굴장의 도랑에서 시체를 불태우거나 또는 폭약이나 화염방사기나 **뼈**를 분쇄하는 기계를 사용하는 등 — 1942년 6월 이래 나치가 열중했던 시도들이 결국 실패할 운명이었던 것과 마찬가지로 반대자들을 '아무런 말도 없이 사람들에게 알리지 않은 채로 소멸시키고자' 했던 모든 노력은 허사였던 것이다. **망각의 구멍 같은 것은 존재하지 않는다. 인간이 하는 모든 일은 그 정도로 완벽하지 않다. 생각대로 될 리가 없다. 세계에는 인간이 너무 많기 때문에 완전한 망각이란 있을 수 없는 것이다. 반드시 누군가 한 사람은 살아남아 보아왔던 일을 이야기할 것이다.**[21]

대체 어찌 된 일인가. 『전체주의의 기원』에서는 그토록 강하게 '망각의 구멍'의 '두려움'을 강조하면서, 전체주의 경찰의 이상이

'원리적으로 실현불가능한 것은 아니'며 '기술적인' 다소의 곤란만 극복된다면 '정말로' 인간을 흔적 없이 소멸시키는 일이 가능하리라고 주장했던 아렌트가 어째서 '망각의 구멍'의 존재와 '완전한 망각'의 가능성을 이렇게도 손쉽게 부정할 수 있는 것인가. 확실히 '인간이 하는 일'이 '그토록 완벽한 것은 아닐' 수 있고 '세계에는 인간이 너무 많다'고 느끼는 사람도 있을 것이다. 그러나 중요한 것은 그녀 자신도 말한 바와 같이 '현대의 대량학살자들'은 '희생자를 살아있는 인간들의 기억 속에서 말소시키기에 충분한 **거대한 정치적 권력조직을 가지고**' 있다는 사실이며, '철의 장막'을 내려뜨린 전체주의 국가 안에서, 더구나 그들이 뜻을 이룬다고 한다면 '반드시 누군가 한 명은 살아남아 보아온 것을 이야기할 것'이라고 선험적으로 단정할 수는 없는 것이다. 사실문제로서 말한다면, 제3제국의 절멸수용소에서도 소련 수용소군도의 북쪽 지역에서도 생존자는 분명 존재했고, 전체를 보면 '한 사람'은커녕 '매우 많은'[22] 생존자들이 '보아온 것을 이야기'하고 있다는 것은 명백한 사실이다. 그러나 예컨대 9개월간 적어도 70만 명의 희생자를 냈다고 알려진 독일 베우제츠Belzec 강제수용소의 경우, 전후의 생존자는 불과 한 명에 지나지 않았고 이 숫자가 제로가 되는 것도 **충분히 있을 수 있는** 상황이었다.[23] **사실상** 아직도 상당수의 희생자들이 단순히 숫자로밖에 확인되지 않거나 또는 숫자로도 확인되지 않는다는 점을 생각하면, 각각의 경우에 있어 이미 현실적으로 무수한 '기억의 말살'

이 일어나 버렸다는 점도 부인할 수 없다. 운이 좋아 이름이 알려지게 된 희생자에 대해서는 그 사람의 생의 기억을 손에 넣는 것이 어느 정도 가능하다 하더라도, 그 또는 그녀가 어떠한 죽음을 맞았는가에 대한 증언을 얻을 수 있을 가능성은 거의 없다. 하물며 단순히 숫자로 치환되거나 또는 숫자로도 표시되지 못한 무명의 사람들에 대해서는 아직껏 어떠한 구체적 기억도 우리들이 있는 곳으로 도달되지 못한 채, 그리하여 어떠한 구체적 이야기, 즉 그들 한 사람한 사람이 '누구'였는가를 증명해줄 어떠한 이야기도 전해질 방도가 없는 것이다. 그들에 대한 기억이 이대로 영원히 '망각의 구멍' 깊숙이 침잠해 버릴 것인가, 혹은 언젠가 구멍의 깊숙한 바닥에서 캐내어져 빛을 보는 일이 가능할 것인가. 그 가능성에 대해서 사전에 단언하는 것은 전적으로 가능하지 않은 일이다. 현재 우연히 빛을 보고 있는 기억들이 당시 사건의 한가운데에서는 과연 살아남아 전해질지 말살당해 버릴지 사전에 말하는 일이 전적으로 가능하지 않았던 것과 같은 이치다. **그렇기에** 기억의 가능성은 어디까지나 추구하지 않으면 안 되는 것이다. 만일 아렌트가 말하는 식으로 '인간이 하는 모든 일은 그 정도로 완벽하지 않다'라든지 '세계에는 인간이 너무 많다'라든지 하는 '대단치 않은' 이유로 '완전한 망각'의 가능성을 사전에 완벽히 부정해버릴 수 있다고 한다면 어째서 '기억하지 않으면 안 된다'는 요청의 절박함이 있겠는가. 물론 '완전한 망각'에는 저항하지 않으면 안 된다. 저항하지 않으면 안 되는 이유는 바로 '완전한 망각'의 가능성이 남아 있기 때문이다. 그것이 원리적인 가능성으로서 부단히 기억과 이야기를 위협하고 있기 때문이며, 우리들과 역사의 관계에서 행운의 기억이나 이야기를 그 모델로 삼는 것으로는 결코 충분치 않기 때문이다.

게다가 또다른, 어떤 의미에서는 더욱 성가신 문제가 있다. 아렌트가 『전체주의의 기원』에서 강제 및 절멸수용소 범죄의 '자동안전장치'라고 부른 것이 그것이다.[24] 그녀에 의하면 전체주의적 권력자들은 한편으로는 수용소적 세계의 '완전한 격리'를 철저하게 추구하면서, 기묘하게도 다른 한편으로는 "전체주의의 대량범죄가 폭로될 것"을 "그다지 신경 쓰지 않았다". 왜일까. 그것은 "범해진 죄의 터무니없음 그 자체로 인해 희생자—그들이 제기하는 진실성은 인간의 상식을 모욕한다—보다 오히려 살인자—그들은 거짓의 언어로 자신의 무죄를 맹세한다—의 발언 쪽이 신빙성이 있어 보일 것이라는 게 눈에 보이듯 자명하기 때문"이다. "정상적 인간은 온갖 일이 가능하다는 사실을 알지 못한다"(다비드 루세^{부헨발트} ^{수용소의 생존자})—즉 '가능한 것의 심연'을 모른다. '살아있는 자들의 세계'의 상식, 규범, 일상성 등으로 이루어진 "정상적인 세계의 정상성^{正常性, Normalität}"은 "전체주의의 지배영역에서 행해지고 있는 갖가지 일들을, 그에 대한 기록이나 필름이나 그 외의 증거가 눈앞에 들이밀어졌을 때조차도 절대 있을 수 없는 것이라고 간주할" 정도이기 때문에 '살아남아 보아 온 것을 말하는' 사람이 한 명이든

다수이든, 그 또는 그녀의 증언은 그러한 정상성의 벽에 직면해 '망각의 구멍'으로 되돌려진다. '자동안전장치'는 이러한 원리로 인해 이들의 증언이 **"진실에 가까우면 가까울수록 더욱더 전달력을 잃는"** 것이다. 애초에 "강제수용소 사회의 광기어린 상황은 생과 사의 구분 바깥에 있는 것이기 때문에, 어떤 상상력을 가지고서도 완전히 그것을 상상해내는 것은 불가능하다".[25] 그것은 "인간의 이해력과 인간의 경험을 넘어선 것"이고 바로 그렇기에 증언자는 "그 생활에 대해 완전한 보고를 한다는 것이 불가능하다"(**"어떠한 이야기**[récit]**도 그것을 충분히 전하는 일은 가능하지 않다**(프랑스어 직역)").[26] 그 결과 이들의 증언은 불가피하게도 "인간 언어의 세계 바깥에 있는 것을 형언하고자 하는 절망적인 시도"가 될 수밖에 없고, 듣는 사람뿐만 아니라 말하는 사람 스스로도 "마치 악몽을 현실로 혼동했다는 듯이" "스스로의 진실성에 대한 의혹"에 붙잡히는 듯하다.[27]

그러므로 '망각의 구멍'의 존재가능성을 부정해버릴 수는 없는 것이다. 정상적인 세계의 정상성 그 자체, 또는 정상적인 **언어**의 정상성 그 자체가 '망각의 구멍'에 봉인되고 기억의 말살의 공범자가 되어버리는 것인지도 모른다. '반드시 누군가 한 사람은 살아남아 보아왔던 일을 이야기'한다고 가정할지라도 그 증언 자체가 '역사'가 될 수 있을지 아닐지는 결코 보증될 수 없다. '완전한 망각이란 있을 수 없'다는 아렌트의 발언은 『전체주의의 기원』의 인식으로부터 명백히 후퇴한 것이라고 하지 않을 수 없는 것이다.

알렉산더 도넷은 1943년에 절멸수용소 중 하나인 마이다네크 Majdanek에서 죽은 이츠하크 싯파에게 부탁받은 말을 아래와 같이 전하고 있다.

'역사'는 일반적으로 승자에 의해 남겨진다. 말살된 민족에 대해 우리들이 아는 모든 것은 그들의 말살자들이 그들에 대해 말하고 싶어한 내용이다. 혹시 우리들의 말살자들이 승리한다면, 이 전쟁의 역사를 쓰는 것이 그들이라면, 우리들의 절멸은 세계사의 가장 아름다운 한 페이지로 그려질 것이다. (…중략…) 그들은 또한 마치 **우리들 따위는 존재한 적도 없었다는 듯이**, 폴란드의 유대인 사회도, 바르샤바 게토도, 마이다네크도 애초부터 존재한 적이 없었다는 듯이 **우리들을 세계의 기억에서 완전히 제거하는** 결정을 내리는 일도 가능할 것이다. (…중략…) 그러나 만약 이 눈물과 피로 얼룩진 시대의 **역사를 쓰는 일이 우리들에게 주어진다고 해도** (…중략…) **누가 우리들을 믿어줄 것인가. 누구도 우리들을 믿으려 하지 않을 것이다.** 왜냐하면 우리들의 재앙은 전 문명세계의 재앙이기 때문이다. 우리들은 듣는 귀를 가지고 있지 않은 세계를 향해 우리들이 말살된 형제 아벨이라고 증명하는 일에 덧없는 노력을 다하지 않으면 안 될 것이다.[28]

그러나 만일 역사가 '일반적으로' 승자에 의해 기록되는 것이라면, 혹은 적어도 '살아남은 자'에 의해 쓰이는 것이라고 한다면 회복불가능한 망각의 위협에 노출되는 것은 폴란드의 유대사회나 바르샤바 게토나 마이다네크만은 아닐 것이다. '망각의 구멍'은 아우슈비츠나 콜리마^{소비에트 러시아의 강제노동소} 또는 그외의 장소였기에 가능했던 것이 아니라, **도처에 있을 수 있었고,** 실제로 있었음에도 불구하고 문자 그대로 '완전한 망각'으로 인해 우리들의 기억이 미치지 않는 곳이 되어버렸는지도 모를 일인 것이다.

2 ── 목소리 없는 내부

쇼샤나 펠먼은 현대를 "증언^{témoignage, testimony}의 시대"라고 본다. 하지만 그녀는 현대가 순교자전이나 위대한 이야기로 넘치는 영웅적인 시대라는 아나크로니즘^{시대착오}적인 주장을 하고 있는 것이 아니다. 그와는 완전히 반대의 의미에서, 그녀는 아렌트가 인용한 바 있는 다윗 루세의 말, 곧 "더 이상 증인이 없을 때에는 어떠한 증언도 불가능하다"[29]는 말을 아렌트 이상으로 진지하게 받아들인다. 현대는 '증언의 역사적 위기'의 시대, "증언한다고 하는 행위 자체가 그 과정 속에서 중대한 외상을 입는 시대"이며, 바로 그렇기에 증언의 극한적 가능성이 문제가 되는 시대라는 것이 그녀의 취지다.[30] 한 편의 영화를 통해 이 문제를 논한 「증언의 시대에─클로드 란즈만의 〈쇼아〉」라는 펠먼의 글은 기억의 시련이라는 현대적 상황에 정면으로 대치하는 극히 중요한 논고이다. 그것은 다음과 같은 기본적 인식에서 출발한다.

〈쇼아〉는 얼핏 생각하는 것보다 훨씬 더 가늠하기 어렵고, 문제 자체를 포함한다는 역설적 방식으로 증언의 문제를 다루는 영화이다. 〈쇼아〉가 긍정하는 **증언의 필요성**은 사실 완전히 독자적인 방식인 동시에 이 영화가 극적인 방식으로 제시하고 있는 **증언 불가능성**에서 나온다. 〈쇼아〉라는 영화를 관통하는 증언 불가능성이란 이 영화가 싸우고 있고 문자 그대로 그에 대항해 [영화를] 만들게 한 바로 그것이지만, 사실 이 불가능성이야말로 이 영화의 가장 깊고 결정적인 주제라고 나는 말하고 싶다. 홀로코스트를 "**증인 없는 사건**_événement-sans-témoin_"으로서, 증인과 그들의 증언행위를 동시에 질식시키는 역사적으로 파악불가능한 **원장면**_scène primale_의 외상적 쇼크로서 떠안으면서 〈쇼아〉는 증언의 극한을 향해 가며, 증인이 될 수 없었던 역사적 불가능성과 증인이라는 것—혹은 증인이 되는 것—의 책무에서 **도망칠** 수 없는 역사적 불가능성을 동시에 탐구하는 것이다.[31] (강조는 펠먼)

〈쇼아〉의 서두. 초로에 접어든 듯 보이는 한 남자가 나룻배의 뱃머리에 앉아 울창한 녹림을 비추는 수면 위를 천천히 이동한다. 그리고 숲 사이의 외길을 잠시 걷자 머지않아 드넓은 공터가 나온다. 망연히 멈춰 선 그는 이렇게 중얼거린다.

분간하기 어렵게 변해버렸지만, 그렇지만 여기야. 여기서 인간을 불태우고 있었어. 엄청난 수의 사람들이 여기서 태워졌어. 그래, 분명히 여기야. (…중략…) 누구 한 명 두 번 다시 돌아오지 않았어.

이곳으로 가스 트럭이 다가왔지. 두 개의 커다란 소각로가 있었어. 그 소각로에 시체가 던져지고 불이 하늘까지 치솟았어.

"하늘까지?"라고 되묻는 란즈만에게 고개를 끄덕여 보이며 남자는 말을 잇는다.

그건 말로 표현할 수가 없어. 누구도 이곳에서 일어난 일을 상상하는 것조차 불가능해. 그런 건 불가능해. 누구도 그것을 이해할 수 없어. 나 자신도 이젠 더 이상…….

내가 여기에 있다는 게 믿어지질 않아. 아니, 정말 믿어지지 않아. 여기는 언제나 이렇게 고요했지. 언제나. 매일 2,000명의 인간을, 유대인을 불에 태울 때에도 똑같이 고요했어. 외치는 소리도 들리지 않았지. 누구나 자신의 일을 하고 있었어. 그건 고요한 일이었어. 평온한 일이었지. 지금과 똑같았어.[32]

남자의 이름은 시몬 슬레브니크Szymon Srebrnik. 폴란드 중서부 나레흐 강변의 작은 마을 헤움노Chelmno에 세워진 최초의 절멸수용소에서 동포의 가스 살인과 시체처리를 중심으로 나치에의 협력을 강요당한 유대인 임시노동반^{Arbeitskommandos}의 일원이었다. 쇠고랑이 채워진 채 단기간의 노동 후 살해당할 운명이었던 그 사람들 중에서 당시 13살의 소년이었던 슬레브니크는 민첩함과 아름다운 노랫소리 덕분에 예외적으로 말기까지 살아남았고, 소련군 도달 이틀 전에 집행된 최후의 거형에서도 목덜미를 겨냥한 총탄이 간신히 급소를 비켜간 덕에 기적적으로 목숨을 부지해 헤움노의 생존자 불과 세 명 중의 한 명이 되었다. 수개월 후 텔레아비브를 건넜고, 30여 년 후에 란즈만에게 '발견'되고 '설득'된 그는 지금 헤움노로 돌아와 일찍이 40만 명의 남녀, 노인, 아이들을 재로 만들고 동구 이디시 문화의 한 거점이었던 우지^{헤움노 인근, 유대인 게토가 있었던 폴란드 도시} 주변의 유대인 공동체를 괴멸시킨 숲속 빈터^{Lichtung}에 서서 너무나 무거운 그 입을 열기 시작한 것이다.[33]

역사가 피에르 비달 나케로 하여금 감히 "대량학살에 관한 프랑스 유일의 위대한 역사작품"[34]이라는 평을 내리게 만든 영화 〈쇼아〉는 이런 종류의 증언을 청취하는데 9시간 반이라는 상영시간의 대부분을 할애하고 있다. 그러나 펠먼이 말한 바와 같이 '이 영화의 가장 깊고 결정적인 주제'가 '증언의 **불가능성**'에 있다고 한다면, 이 일대증언집이 헤움노로 귀환한 슬레브니크의 증언으로부터 시작하고 있음은 결코 우연이 아닐 것이다. "**그것을 이야기하는 것**^{erzählen/raconter}은 불가능하다." "**누구도 이곳에서 일어난 일을 상상하는 것**^{bringen zum Besinnen/se représenter표상=재-현전화하는 것}**은 불가능하다.**" "**그런 것은 불가능**

하다.""누구도 그것을 이해할 수 없다.""나 자신도 이젠 더 이상……." 어떻게 해서든 이러한 발언이 〈쇼아〉의 서두에 나오지 않을 수 없었을 것이라는 점은 감독인 란즈만의 다음과 같은 발언을 통해서도 충분히 추측할 수 있다.

> 저는 마땅히 **이 역사를 이야기하는 일의 불가능성**에서부터 작업을 시작했습니다. 저는 그 불가능성을 맨 처음에 놓아둔 것입니다. 이 영화의 서두에 있었던 것은 한 편으로는 **흔적의 소실**이었습니다. 이미 무엇도 남아 있지 않은, 무無만이 존재하는 것 같은 상태에서, 이 무無에서부터 출발해 영화를 만들지 않으면 안 되었습니다. 다른 한 편으로는 **생존자들 자신의 측에서** 이 역사를 이야기하는 일의 불가능성이 있었습니다. 이야기하기의 불가능성, 사태를 확실히 말하지 못하는—이 영화의 전체를 통해 보이는—곤란함, 그것에 이름을 부여하는 일의 불가능성, 즉 사태의 지명불가능이라는 성격이 있었던 것입니다.[35]

란즈만은 절멸의 역사에 대해서 '이 역사를 이야기하는 일의 불가능성'으로부터 출발했다.[36] 〈쇼아〉가 긍정하는 증언의 필요성'은 사실 '이 영화가 극적인 방식으로 제시하고 있는 증언의 불가능성에서부터 나오고 있'는 것이다. 이 불가능성은 위에서 언급된 바와 같이 이중의 불가능성인 바, '흔적의 소실'일 뿐만 아니라 '생존자들 자신의 측'에서 '이야기하는 일의 불가능성'이기도 했다. 이

지점들을 자례대로 살펴보자.

먼저, 란즈만에게 있어서도 "흔적의 소실 문제는 모든 면에서 중대한 문제였다".[37] 최고의 국가비밀로 간주된 엄밀한 의미에서의 절멸Vernichtung에 대해서는 어떤 사진도 영상도 남아 있지 않은데다 헤움노뿐만 아니라 이른바 라인하르트 작전의 현장이 되었던 트레블링카Treblinka, 소비부르Sobibor, 베우제츠의 절멸수용소는 도합 150만 이상의 죽음을 생산한 죽음의 공장이었음에도 불구하고 철저한 증거인멸과 해체작업의 결과 마치 아무 일도 없었다는 듯이 고요하고 평온한 농지나 숲속 공터의 모습으로 바뀌어 사명을 '완수'하고 있었기 때문이다.[38] 이 기억의 말살 기획에 대해 〈쇼아〉는 어떻게 저항하는가. 물론 그 하나는 가까스로 살아남은 사람들에게 기획의 존재 그 자체를 증언하게 하는 것이다. 예컨대 리하르트 그라샤루는 "트레블링카의 문을 들어간 한 사람 한 사람의 배후에는 '죽음'이 있었고, '죽음'이 있지 않으면 안 되는 것이라 여겨졌다. 왜냐하면 **누구도 절대로 증언하는 일이 가능해서는 안 되었기 때문**"이라고 증언하고 있다.[39] 또 한 가지는 이를테면 흔적의 소실을 역으로 이용하는 것으로, 기록영상중심의 영화(대표적으로 알랭 레네 감독의 〈밤과 안개〉)와는 정반대로 이 '기억의 비장소non-lieux de la mémoire'(란즈만)의 현재를 "미친 듯이" 반복 영사함으로써 헤움노 공터의 고요와 평온, 소비부르 숲의 그윽함과 하늘의 푸름, 트레블링카의 돌의 침묵과 같은, 그같은 사건의 부재 그 자체를 통해 부재의 사건을 환기시키는 방식이다. 이 점과 관련해서 펠먼은 특히 〈쇼아〉의 '주검의 부재'를 강조한다.[40] 그녀에 따르면 나치에 의한 '증인의 말소과정'은 '문자 그대로 시체의 말소작업' 즉 '소각작업'에 의해 '보완'되지 않으면 안 되었다. 왜냐하면 모든 증인을 살해하는 일에 성공한다 해도 여전히 "시체가 물적으로 그들 자신 살해자들의 증인으로서 남아 있기" 때문이다. "여기에는 9만 명이 잠들어 있지만, **절대 단 하나도 이들의 흔적이 남아 있어서는 안 된다.**"(모토케 자이도르가 전한 뷔르나의 게슈타포 소장의 명령)[41] 이에 대해서 〈쇼아〉는 시체 없는 수많은 범죄현장을 '여행함'으로써 "우리들을 이곳들의 시체=물체 부재의 증인으로 삼는다"고 펠먼은 말한다. 제노사이드와 그 잔학함에 대한 영화이면서 동시에 어떠한 잔학한 영상에도 호소하지 않는다는 것이 "〈쇼아〉의 가장 두드러지게 놀라운 측면 중 하나"인 것이다.[42]

그런데 〈쇼아〉의 경우보다 중대한 문제는 '생존자들 자신의 측'에서의 '이야기하기의 불가능성'이었다. 란즈만은 슬레브니크가 이스라엘에서 처음 만났을 당시에는 "터무니없고 혼란스러운 이야기"를 해서 "무엇도 이해할 수 없었다"고 한다. 서술하기를 거부하기 이전에 사건에서 받은 쇼크로 인해 정신적으로 빈껍데기가 되어버려 "무엇도 전할 능력이 없는" 생존자도 적지 않다. 헤움노의 또 다른 생존자 모르데하이 포드흘레브니크Mordechaï Podchlebnik는, "(헤움노에서 내 안의) 모든 것이 죽었다"고 진술하고 있다.[43] 홀로코스트가 '증인 없는 사건'인 이유는 비록 그들이 사건의 한복판에서 육체적으로는 생환하였으나 정신적으로는 죽었고, 혹은 적어도 죽음으로부터의 부활에 곤란을 겪고 있기 때문이기도 하다. 슬레브니크는 '나 자신도 이젠 더 이상' 그 사건을 '이해할 수 없다'고 말한다. 그러나 그는 아마 당시에도 그것을 이해할 수 없었을 것이며, 그리고 그가 그때에도 그것을 이해하지 못했던 것은 그 일이 정신적으로 죽은 자死者가 되지 않고서는 경험할 수 없는 사건이었기 때문일 것이다.

모든 것을 봐 버리고 말았던 때에도 내게는 아무 일도 일어나지 않았어. (…중략…) 나는 고작 13살이었는데 그때까지 본 것이라고는 전부 죽은 자들, 시체였지. 아마도 내게는 이해되지 않았을 거야. 혹시 그때 내가 좀 더 나이를 먹었더라면, 아마도 (…중략…). 나는 필시 이해하려하지 않았던 거겠지. 그때까지 나는 다른 것을 본 적이 없었어. 게토에서 내가 본 것이란, (…중략…) 우지의 게토에서는 한 발 내딛으면 죽은 사람들 또 죽은 사람들이었어. 어차피 이런 것임이 틀림없다, 이게 당연한 거다, 이런 거다, 라고 생각했어. (…중략…) 그러니까 여기 헤움노에 왔을 때는 나는 이미 벌써 (…중략…) 무엇이든 아무래도 좋았지.[44]

유대인 특별노무반Sonderkommandos, 존더코만도스, 수감자들 중의 하급관리 으로 아우슈비츠의 소각로에서 일했던 생존자 필립 뮐러Filip Muler 의 증언은 더욱 생생하다.

모든 것이 나에게는 이해불가능이었다. 마치 정수리에 일격을 당한 것처럼 벼락을 맞은 듯한 느낌에 나 자신이 어디에 있는지도 알 수 없었다. (…중략…) 그 때 나는 쇼크 상태로 전신이 마비되어버려 명령을 받으면 무엇이든 하는 상태였다. 나는 완전히 이성을 잃고 망연자실해 있었기 때문에…….[45]

사건의 핵심을 이야기할 수 있는 것은 사건의 핵심에 있었던 자들뿐일 것이다. 그러나 이 사건은 사건의 핵심에 있었던 사람들이 바로 그 **핵심에 있었기 때문에 이야기할 능력을 잃어버리고 만**, 그러한 사건이다. 이 경우 특별노무반에 부과된 '운명적 비밀'의 강제, '철저한 기만'에 의한 상황의 파악불가능성, '타자의 언어'에 대한 무지 등 갖은 종류의 난처함이 사태를 더욱 악화시켰다.[46] 펠먼은 이런 사태에 대해 "내부는 목소리를 가지지 않는다"고 표현하고 있다. 홀로코스트를 '증인 없는 사건'이라고 말하는 그녀의 '철학적 가설'은 바로 이 지점에서 그 중심에 도달한다.

내부는 목소리를 가지지 않으므로, '내부에서＝내부를' 증언하는 것té-moigner de l'intérieur 은 불가능하다. 내부에서는 내부가 이해불가능하며,

내부는 **자기자신에게 현전하지 않는다.** (…중략…) 이 자기에의 부재에 있어서의 내부는 이미 내측에 있는 사람들에게도 **사고될 수 없는**inconcevable 것이다. (…중략…) 침묵의 장소 및 목소리의 소실점으로서 내부는 **전달불가능**intransmissible하다. (…중략…) 소각로의 내부, '모두 지워 없어진, 모든 것이 고요해져 버린' '문의 반대쪽'에는 상실이 있다 ─목소리의 상실, 생의 상실, 앎의 상실, 의식의 상실, 진리의 상실, 느끼는 능력의 상실, 이야기하는 능력의 상실. '홀로코스트의 내부에 있다'고 하는 것이 의미하는 바는 바로 이 상실의 진리에 의해 구성된다. 그러나 이 상실은 다시, 이 내부의 진리를 내부에서 증언하는 것의 불가능성을 정의하는 것이다.[47](강조는 펠먼)

'내부의 진리를 내부에서 증언하기의 불가능성.' 이러한 인식 속에는 현 시대에서 '증언한다'는 행위가 짊어진 상처의 깊이가 여실히 담겨 있다. '내부의 진리를 내부에서 증언하는 것'이 '불가능'하다면 그것을 '외부'에서 증언하는 일은 '더더욱 불가능'할 것이다. 〈쇼아〉에는 슐레브니크나 뮐러와 같은 유대인 특무반 생존자 외에도 절멸에 관계한 전SS와 나치관계자, 절멸수용소 주변에 살았던 폴란드 농민들이 증인으로 등장해 '외부'에서의 증언이 왜 불가능한지, 그것이 어째서 오히려 '제2의 홀로코스트', 즉 '증인 살해의 반복'으로 나아가는지를 여실히 보여준다.[48] 이렇게 '증언의 불가능성'은 틀림없이 〈쇼아〉의 '가장 깊고 결정적인 주제'가 되는 것이다.

그렇다면 이 '증언의 불가능성'은 사건에 대해 절대적인 침묵을 요구하는 걸까. 이야기할 수 없는 것은 역사적 무無로 치부하고 침묵할 수밖에 없는 것인가. 결단코 그렇지 않을 것이다. 증언의 곤란함이 늘어나면 늘어날수록 더더욱 '증언의 필요성'이 증대되는 사건도 있으며, 펠먼도 말하고 있는 바와 같이 '절멸'의 핵심에 있는 '증언의 불가능성'으로부터는 "완전히 독자적인 방식을 통한" **"이야기하기의 절대적 필요성"**이 출현한다고까지 언급할 수 있다.[49] 란즈만 자신도 '이 역사를 이야기하는 것의 불가능성'에서 출발해 여러 증언을 통해 '내부'의 전달불가능성을 확인해 나가지만, 그럼에도 〈쇼아〉의 문제는 '전달하는 것transmettre'에 있음을 분명히 하고 있다.[50] 절멸을 '망각의 구멍'에 묻어버려서는 안 되며 또 완전범죄를 이루게 해서도 안 된다고 한다면, 이야기할 수 없는 것 앞에서 언제까지고 말을 잃은 채로 있을 수는 없다. 이야기할 수 없는 것을 눈앞에 둔 증인의 침묵에서 이익을 인출하고 사건의 역사적 무[化]만을 결론내는 것은 예전의 학살자가, 그리고 오늘날의 수정주의자나 부정주의자가 노리는 바로 그것이다. '내부의 진리'에 대해서 이야기할 수 있는 것을 이야기하는 것만으로는 충분치 않다. '내부의 진리'라는 것의 본질이 이야기할 수 없는 것에 있다고 한다면, 이야기할 수 없는 것을 그럼에도 불구하고 이야기하는 행위가 필요한 것이다. 그러나 이야기할 수 없다는 말은 역시 그 말의 정의에 따라

이야기할 수 없는 것이 아닌가. 불가능한 것을 가능하게 하는 것은 불가능하지 않은가. 확실히 이 경우 이야기할 수 없는 것을 **이야기=서술**histoire의 방식으로 이야기하는 일은 어디까지나 불가능할 것이다. 이 사건 특히 그 '내부의 진리'에 대해서는 이야기=서술의 방식으로는 가능하지 않다는 것, 일정한 절이나 기승전결을 가지고 하나의 정합적 전체로서 질서를 이루고 있는 통상적 언설discours의 형태로 이야기할 수 없다는 것은 슬레브니크를 비롯한 많은 증인들이 보여주고 있는 바다.[51] '모든 것이 나에게는 이해불가능이었다'고 말하는 뮐러, '완전히 이성을 잃고 망연자실해' '나 자신이 어디에 있는 지도 알 수 없었다'고 말하는 그에게, 언제 어디서 무슨 일이 있었는지에 대해, 이성의 질서ordo rationis에 따른 '정상적인' 설명적 서술을 요구하는 것은 이미 무리한 일이다. 그런데 여기에 하나의 역설이 있다. 그것은 란즈만이 그럼에도 여전히 불가능한 증언을 증인들에게 요구할 때 증인들이 단편적으로 뱉어내는 몇 개의 단어가, **이야기=서술로서는 좌절스러운 바로 그것을 통해**, 이야기할 수 없는 것을 간신히 시사하고 있는 듯 보인다는 점이다. 펠먼도 말하고 있는 바와 같이 "증언은 서술하기의 불가능성에 부딪쳐 실패하지만, **동시에 우리들에게 그 불가능성을 말한다**".[52] 그들의 말이 끊임없이 토막토막 끊기고, 끝없이 분열되고, 극도로 단편화되는 것은 피할 수 없다. "영화는 여러 증언의 많은 단편들을 결집rassembler하고자 하지만 온갖 증언의 집합은 10시간의 영사 후에도 전체성이나 전체화의 어떤 가능성도 허락하지 않으며 겹겹이 쌓아올려진 공약불가능한 갖가지 증언들은 보편화 가능한 이론적 주장에도, 일의적 이야기의 총체une somme narrative univoque에도 도달하지 않는다."[53] 오히려 이 사건은 "증언 그 자체의 해체를 수행하는 이러한 단절화에 의해서야말로" 그 이야기할 수 없는 것을 시사한다. 이런 의미에서 증언의 단편화는 단순히 **불가피**한 것만이 아니라, 사건의 본질을 손상시키지 않기 위해서, 즉 이야기할 수 없는 것을 이야기할 수 없는 것으로서 시사하기 위해서 오히려 **필요**하기조차 하다고 말해야 할 것이다. 그렇기에 란즈만 역시 '증언의 불가능성'을 증언하는 〈쇼아〉 자체가 하나의 이야기가 되지 않기 위해서, 즉 '역사영화'가 되지 않기 위해서, 특히 텔레비전 드라마 〈홀로코스트〉와 같은 '낭만'이 되지 않기 위해서 모든 주의를 기울인다.[54] 사건의 시간적 순서는 무시되고 착종되고 역전되는 경우마저 마다하지 않으며, 특히 "일종의 죽음의 조화로운 발생이었다는 듯한"[55] 설명적 서술은 거부된다. 이렇게 해서 〈쇼아〉는 일견 모순되어 보이는 '이중의 역사적 과제', 즉 '한편에서는 침묵을 깨뜨리는 과제에, 다른 한편으로는 설명을 절단한다고 하는 과제'에 응하고 있는 것이다.[56]

절멸에 대한 일대증언집이라 할 〈쇼아〉가 언설적 형식을 취하지 못하고 하나의 이야기로 전체화되지 않는 갖가지 말의 단편이라고 함은, 이 사건의 '내부의 진리'에 다가서려 하면 할수록 증언의 말들이 시적 언어에 가까워진다는 뜻이 아닐까. 절멸을 노래하는 이

디시어의 시선집을 편집한 라셸 에르테르는 '아우슈비츠'와 시의 양립불가능성을 말하는 아도르노의 주지의 명제에도 불구하고 "절멸에 대한 이야기가 본질적으로 시에 의해 말해지는 여러 이유"를 생각해 보아야 한다고 말한다.[57] "이 전대미문의 사건을 앞에 두고 다른 형태의 언설은 어찌해 볼 엄두도 낼 수 없는 상태에 몰린 듯하다. 서술하는 목소리는 언제나 현실에 닿지 않는다. 이야기 내지 언설의 장르는 위대한 힘을 가진 작품을 창조해 왔으나 그래도 역시 극복하기 어려운 한계에 부딪친다. 모든 설명의 시도는 필요하고 불가피하기조차 하나 환원적이고 불충분한 듯 생각된다." "인식할 수 없는 것이 말해질 수 있는 **유일한 양식**"은 '시'라는 그녀의 말에 동의할 수 있는지 아닌지는 일단 제쳐두고, 프리모 레비처럼 파울 첼란의 시적 언어를 그 '애매함'을 이유로 잘라버리고 마는 논의는 확실히 시적 언어의 증언력을 지나치게 과소평가하는 태도라 하지 않을 수 없다.[58] 〈쇼아〉의 증언 능력도 한편으로는 그 '시적 구성'[59]에서 나온다고 해도 결코 과언이 아니기 때문이다. 다만 그렇다고 해서 절멸에 대한 지적인 설명의 노력이 무의미한 것이라고도 말할 수 없다. 지적 설명의 노력은 여전히, **가능한 한** "필요하고 불가피하기조차 하다". 〈쇼아〉에 등장하는 역사가 라울 힐버그는 "이 영화 속에 있는 지知의 부분"을 상징한다 할 것이며, 이런 지적인 부분은 영화 속에서도 "눈앞이 아찔한 사건의 충격에 대항하기 위한 싸움에서 절대적으로 필요한 것"으로서 제시되고 있다.[60] 레비의 산문이 '수용소적 세계'를 증언하는 '위대한 힘을 가진 작품'인 것은 논란의 여지가 없다. 이야기할 수 없는 것에 대한 신비주의나 몽매주의는 끝내는 **이야기하기 자체의 포기**로 귀착한다. 기억하지 않으면 안 되는 사건에 대해 이야기하기 자체를 포기한다는 것은 말도 안 되는 일이지만, 다른 한 편으로 '이야기(=서술)하기의 불가능성'을 말하는 무수한 증언까지도 존중해야 한다고 한다면 문제는 역시 언설을 잘라내면서 침묵을 부수는 저 '이중의 역사적 과제'에 응하는 것 이외에는 있을 수 없다. 반드시 기억해야 하는 사건에 대해 이야기할 수 있는 것을 이야기하는 것은 당연한 일이다. 그러나 동시에 여기서는 분명히 **이야기(=서술)할 수 없는 것에 대해서도 이야기하지 않으면 안 되는 것이다.**[61]

여기서 한 번 더 '증언의 불가능성'에 주목해 보자. 〈쇼아〉가 증언하는 '증언의 불가능성'은 확실히 절대적 침묵을 불가피한 것으로 규정하고 있지는 않지만, 역사에서 망각의 위협이 손쓸 수 없이 점점 심각해지고 있다는 사실을 진지하게 받아들이도록 재촉하고 있음은 분명하다. '흔적의 소실'이든, '내부' '목소리의 상실'이든, '이야기하기의 불가능성'이 이 사건의 핵심에 포함되어 있다는 것은 부정하기 어렵다. 여기서 펠먼의 고찰이 주목을 요하는 또 하나의 지점은 '망각의 구멍'의 존재를 결국은 부정한 아렌트와는 달리 여기서 "역사 이해의 새로운 가능성"을 향해 확실히 일보 전진하고 있다는 데 있다.

이 영화의 새로움은 바로 그것이 전하는 다음과 같은 놀라운 지각, 즉 우리들 모두는 부지불식간에 역사적 사건의 현실성에 대한 근본적 무지에 빠져있다는 통찰에 있다. 이 무지는 '역사'에 의해 간단히 지워버릴 수 있는 것이 아닌—반대로 이 무지가 '역사'로서의 '역사'를 감싸 안고 있다. 이 영화가 제시하는 것은 얄궂게도 역사서술의 여러 태도까지도 포함한 **망각의 역사과정**processus historique d'oubli의 작동에 어떻게 '역사'가 기여하고 있는가 하는 것이다.[62]

여기에 '역사'라는 것은 **로고스 및 뮈토스로서의 역사**, 이야기=서술로서의 역사 일반, 이야기로서의 역사편찬=역사서술 일반을 의미한다. '우리들 모두는 부지불식간에 역사적 사건의 현실성에 대한 근본적 무지에 빠져있다'라는 말은 사건으로서의 역사는 이 의미에서의 '역사'에는 끝끝내 환원되지 않는다는 뜻에 다름없다. 사건으로서의 역사는 단지 우리가 알고 있는 것, 이야기=서술되어 있는 것에 환원되지 않는 것만이 아니다. 그것은 또한 우리들이 **알수 있는 것**, **이야기=서술할 수 있는 것**으로도 환원되지 않는다. 만일 우리들의 역사적 기억이 이야기=서술의 형식을 가진 전달행위에 근본적으로 의존하는 것이라고 한다면, 사건으로서의 역사는 더더욱 우리들이 **기억할 수 있는 것**으로는 환원되지 않는다고 말해야 할 것이다. 아는 자로서의, 이야기=서술하는 자로서의, 그리고 기억하는 자로서의 우리들의 현재를 넘어서서는 어떠한 일도 역사 안에 존재하지 않는다는 확신, 우리들의 현재가 상기작용에 의해 정신에 내화할 수 있는 것만이 우리들의 역사성을 구성한다는 그런 확신은, 과거란 실은 과거에 대한 현재인 것이고, 미래 또한 미래에 대한 현재일 뿐이기에, 우리들의 현재에 현전하지 않는 모든 것은 단적으로 무無라는 철학의 역사와 함께 오랫동안 지속된 확신의 하나로, 흔히 그렇게 생각되는 것보다 그 뿌리는 훨씬 깊다. 그렇지만 지금까지의 고찰은 이 우리들의 현재의 자명성이야말로 '역사'의 원原-폭력에 다름 아니라는 점을 분명히 시사하고 있다고 생각된다. '흔적의 소실'이나 '이야기하기의 불가능성'('상상하기'나 '이해하기'의 불가능성)으로 말미암아 우리들의 현재에서 애초부터 벗어나 있는 타자들, 그들의 기억될 수 없는 것이나 이야기할 수 없는 것에도 어떤 형태로든 장소를, '기억의 비장소非場所'를 부여하지 않으면 안 된다. 우리들의 현재 안에서는 **결코 현재화할 수 없는 과거와의 관계**, 우리들의 현재에 의해서는 결국 기억되지 못하는 '망각의 구멍'에 가라앉아 버린 과거와의 관계에 의해 우리들의 현재가 끊임없이 이화異化되고 타화他化되는 듯한 역사성을 생각하지 않으면 안 되는 것이다. 우리들의 현재의 자명성을 철저하게 질문에 부치는 작업이 필요하다. 어떤 역사적 사고도 그 '상실의 진리'를 역사성의 본질로서 집어넣는 것, 즉 우리들의 지식을 넘어, 기억을 넘어, 전문傳聞이나 전승이나 전통을 넘어, 이야기=서술하는 행위를 넘어서는 것과의 관계를 우리들의 역사와의 관계 그 자체 속에 집어넣는 작업을 하지 않는 한 결국은 우리들의 현재가 지닌 특권을 의식적으로나 무의식적으로나 인식하는 것으로 끝나버리고 말 터이기 때문이다. 기억의 요청에 대한 응답도 결코 상기=내화될 수 없는 역사적 타자들, 결코 이야기되거나 서술되지 못하는 역사적 타자들의 불가능한 기억, 끝나지 않는 상喪을 포함하지 않는다면, 그 다른 기억, 다른 해석, 다른 이야기의 폭력에 맞선다고 자인하면서도 '역사'의 원-폭력을 무의식중에 반복하게 되어버리고 말 것이다.[63]

펠먼이 말하는 '역사 이해의 새로운 가능성'을 나는 이렇게 생각한다. 그녀의 사고는 란즈만의 〈쇼아〉를 둘러싼 상세한 고찰을 통해 확실히 이 방향으로 한 발 내디딘 듯 보인다. 그런데 이러한 것을 인식하면서도 끝내 지적해 두지 않을 수 없는 것은 그럼에도 불구하고 펠먼의 사고에 약간의 질문이 남는다는 것이다. 이는 주로 두 가지 점과 관계된다.

먼저 첫째로, 펠먼이 그 모든 고찰을 마치고자 할 때 뜻하지 않게 다음과 같이 말하고 있음을 놓쳐서는 안 될 것이다.

영화는 소년=예술가슐레브니크의 노래 속에서 **언어와 생生을 부활시키고**, '인형들Figuren'의 **언어상실을 회복시키며**, 죽음을 생에 따라 탐사하고, '인형들'의 비현실적인 불가시성에 표정, 목소리, 멜로디, 노랫소리의 유니크한 특이성을 부여하며 그들에게 **다시 생명을 부여한다.** (…

중략…) 현실의 단편이며, 예술과 역사 사이의 가교인 이 노래가—
영화 전체와 마찬가지로—예술이 현실을 포착하는 것을 대표함과
동시에 **역사의 말할 수 없는 것**l'indicible**으로부터 장해를 제거하고 증언한다
는 행위를 가능하게 하는 것이다.**[64]

여기서 '인형'이라는 것은 유대인 특부반이 도랑에 묻고, 다시
파내고, 최후에는 소각로에서 태워버린, 가스로 살해된 무수한 시
체를 이른다.[65] 그렇다고 한다면 위의 펠먼의 말에 얼굴을 내비치고
있는 것은 **변증법** 최후의 유혹이라고도 할 수 있는 것임을 짐작할
수 있을 것이다. 한 번은 가장 래디컬한 방식으로 그 '상실'이 확인
되었을 '생'의 현전. '목소리'의 현전. '말parole'의 현전. 이러한 것
들을 최후의 최후에서 '영화 전체'나 슬레브니크의 '노랫소리'의
'예술'적 효과에 호소해 '부활'시키는 것이 진정 펠먼의 시나리오
였던 것일까. 지금까지 보아 온 바와 같이 모든 이야기=서술의 좌
절 후에, 재차 좌절을 통해, 시나 노래나 영화가 '증언의 불가능성'
그 자체를 증언한다는 인식은 분명히 납득가능하다. 하지만 이 증
언은 바야흐로 **사건 그 자체를 증언하는 것의 불가능성**을 말하는 것이므
로, '**인형들의** 언어상실을 회복시키'거나, '역사의 말할 수 없는 것
으로부터 장해를 제거'하거나 하는 일은 결코 가능하지 않을 터이
다. 만일 생존자들이 증언에서 **그들 자신의** '생'이나 '말'의 어떤 종
류의 '부활'을 인정한다 해도 이 증언이 원래 '자기 자신에게 현전

하지 않는' '내부'를 재-현전화하는 일은 있을 수 없으며, 란즈만이 말하듯 "〈쇼아〉는 그 존재에 있어, 그 본질에 있어, **생존자들에 대한 영화가 아닌 죽은 자들에 대한 영화**"라고 할 때, 또한 〈쇼아〉의 과제가 "**어떻게 죽음을 영화로 만들까**"라는 것이었다고 할 때, 죽은 자들의 '생'이나 '말'을 생존자들의 '생'이나 '말'로 보상하는 일은 결코 가능하지 않은 것이다.[66]

둘째로는, 이미 하나의 유혹이, 이렇게 말해도 괜찮다면 이스라엘의 유혹이 있다. 예를 들어 펠먼은 〈쇼아〉의 첫 부분인 슬레브니크의 헤움노 귀환 장면에 앞서 자막으로 나타난 란즈만의 서언 중에서 "내가 그슬레브니크를 발견한 것은 이스라엘에서였다"는 짧은 문장을 극도로 중요시하며 "이 영화의 예술적인 힘은 틀림없이 이 발견에서 나온다"라고까지 주장하고 있다. 그런데 그녀에 의하면 이 발견이 중요한 이유는 그것이 단순히 이스라엘**에서의** 발견이었다는 데 그치지 않고 동시에 또한 이스라엘**의** 발견이었기 때문이다.

> 이 발견은 따라서 동시에 **하나의 토지와 그 유일한=유니크한 의의**signification unique의 발견이기도 하다. 즉 한 편으로는 유럽 유대인의 학살로부터 생존자들이 결집하는(자기를 회복하는) 것se rassembler, se retrouver이 가능한 장소, 다른 한 편으로는 외부에서 온 란즈만이 **처음으로 내부에 주목해**, (반유대주의적 허구에 대립하는) **유대적 현실**─물질적으로 창조되고 조건 지어진 현실, 즉 **하나의 역사적 도달점**을 발견하

는 일이 가능한 장소, 그러한 장소인 이스라엘의 발견이기도 한 것이다. (…중략…) 이스라엘은 **란즈만 자신이 처음으로 내부에서=내부를** (내적인 동시에 외적인 증인으로서) **증언하는 것이 가능한 장소**, 따라서 그 덕분에 '나'라고 말할 수 있게 되고, 자기 자신의 증언을 분절하는 것이 가능하게 된 하나의 목소리를 드디어 그가 찾아내는데 성공한 장소인 것이다.[67]

이렇게 〈쇼아〉는 이스라엘의 발견 없이는 가능하지 않았던 작업이 된다. 여기서 나의 질문이란 이런 것이다. 〈쇼아〉와 이스라엘 간의 본질적 관계를 강조함으로써 펠먼은 〈쇼아〉와 그것이 증언하는 '내부'의 이야기할 수 없는 것을 다시금 하나의 강력한 이야기에, 즉 홀로코스트와 이스라엘 국가의 성립을 본질적 계기로 갖는 '유대적인 것'의 죽음과 재생의 이야기에 결부시키기 시작한 게 아닌가. 그리고 그로 인해 불가피하게도, 역시 기억의 손을 벗어나고 있는 다른 사건의 망각을 회복시키고, '역설적이게도' 그 '역사'의 구성 자체에 의한 '망각의 역사과정'의 활동에 스스로 이미 다소간 '기여'하게 되는 것은 아닌가.

실제로 펠먼은 이 논의에서 '홀로코스트의 생존자들의 재생과 결집의 장소'인 이스라엘, '전후와 홀로코스트 이후 유대적 재생의 구현'이며 '절멸에 대한 내셔널한 저항의 구현'이라는 이스라엘상像을 조금의 유보도 없이 전제하고 있다.[68] 그리고 이것은 사실을 말하자면, 란즈만의 전작 〈왜 이스라엘인가〉가 전제한 이스라엘상에 다름 아니다. 란즈만에 의한 이스라엘의 발견이 '하나의 토지와 그 유일한=유니크한 의의'의 발견이었다고 펠먼이 말하는 것도, 란 즈만이 이 '토지'에 무엇보다 우선 '하나의 역사적 도달점'으로서 의, 즉 홀로코스트에서 살아남은 '유대민족'의 '재생과 결집'의 결 과로서의 '유대적 현실'을 보았기 때문이다. "나는 1952년에 처음 으로 이스라엘에 갔는데, 거기에서 하나의 **참다운 유대적 세계를 발견** 했던 일, 이른바 **유대적 긍정성**la positivité juive을 발견했던 일은 정말 로 충격이었습니다. (…중략…) 나는 즉시 이들 이스라엘 사람들을 나의 형제로 느꼈고 내가 프랑스인으로 태어난 것은 단순한 우연 에 지나지 않는다고 생각했습니다."[69] 펠먼에 의하면 이것이 란즈 만에게는 최초로 인지된 "**내부**의 생각지 못한 압도적 계시"였으며, 그러므로 그가 이스라엘에서(이스라엘로부터) 발견한 '내부'라는 것 은 "바야흐로 처음 그것으로서 인지되고, 그 현실이 일거에 그의 안에서 깊은 반향을 일으킨 **유대적인 것**judéité**의 내부**"에 다름 아니었 던 것이다.[70]

　이것은 즉 〈쇼아〉가 그 증언불가능성을 증언하고 있던 그 '내부' 가 본래 '유대적'인 것이었다고 말하는 것은 아닐까. 란즈만이 〈쇼 아〉를 찍을 수 있었고 '내부에서=내부를 증언하는 것이 가능'했던 것은, 무엇보다도 그가 본래 유대인이기 때문이고 그렇게 유대인 으로서 '유대적인 것의 내부'를 구현하는 이스라엘에 공명하고 그

공명을 통해 절멸의 '내부'에, 즉 본래 '유대적인 것'으로서의 이스라엘이야말로 그 기억을 보존한다고 여겨진 사건 '내부의 진리'에 접근할 수 있었다는 것으로 정리되어 버리는 게 아닐까. 그리고 결국 이렇게 하여 그 이야기할 수 없는 것은 무언가 본질적으로 '유대적'인 '진리'가 되고, 유대라는 고유명을 각인시킨 '하나의 역사'의 내부로, 즉 대문자로서의 **"유대적 '역사'"**의 내부로 회수되고 마는 것은 아닐까("유대적 '역사'의 말할 수 없는 내부"[71](cette indicible intériorité de l'Histoire juive)로서의 홀로코스트라고 펠먼은 말하고 있다).

'역사의 말할 수 없는 것'으로부터 '유대적 **역사**의 말할 수 없는 내부'로의 그러한 횡적인 미끄러짐은 이야기할 수 없는 것에 대한 기억의 '유일한＝유니크한' 보유자로서의 이스라엘의 특권화, '유대적 **역사**'의 특권화로 손쉽게 전개될 수 있다. 이스라엘을 '도달점'으로 하는 유대적인 것의 '역사'＝이야기는 스스로를 '살아남은 자'의 '역사편찬'에 대항하는 죽은 자들을 위한 이야기라고 주장하면서도 동시에 '살아남은 자'의 '역사편찬' 그 자체로서 기능할 수도 있다는 것, 그리고 그것은 그 '역사'＝이야기가 팔레스타인 사람들을 '**애초부터 이 세상에 존재한 적이 없었다는 듯이**' 거듭 이야기되어 왔던 것이기 때문일 뿐만 아니라, 그것이 불가피하게 절멸의 목소리 없는 내부를 우리들의 현재의 자기결정에서, 즉 '(내셔널하고, 정치적이고 또 군사적인) 유대적 자기결정'에서 의의를 부여하는 **동일화**의 이야기가 되지 않을 수 없기 때문이기도 함을 잊어서는 안 된다. 앞서 살펴본 '역사 이해의 새로운 가능성'을 진정으로 존중한다면, 이야기할 수 없는 것이 특정한 '역사'에 의해 자기고유화되는 것은 어떤 뜻에서도 금지되어 있음을 알 수 있을 것이다. 앞서 나온 역사가 비달 나케는 홀로코스트와 관련해 스파르타의 노예 헤일로타이의 '제거=소실'을 언급하는 투키디데스Thucydides를 인용하며, 엄격한 은닉이나 흔적의 결여 때문에 무엇이 있었는가를 구체적으로 서술할 수 없게 되는 사건의 존재에 대해 주의를 촉구하고 있다.[72] 사건의 존재만이라도 알려지고 추정되어 상상될 수 있는 경우는 아직 행운이다. 결코 이야기된 적이 없었던 사건, 결코 기억된 적이 없었던 사건이 있었다고 한다면 우리들의 현재는 그것을 알 수 없다. '완전한 망각'이라는 것이 있다고 한다면 우리들의 현재는 **망각이 있었다는 사실조차도 알지 못한다.** 말해진 적이 없었던 몇몇 절멸이, 기억된 적이 없었던 몇몇 재앙쇼아이 있었을지도 모르는 것이다.[73]

아렌트는 '망각의 구멍'을 기억했는가

"
우리들은 기억의 파국을 지켜보고 있다.
"

자크 데리다, 「파사쥬」[1]

이와사키 미노루는 「방위기제로서의 이야기-〈쉰들러 리스트〉와 기억의 폴리틱스」『겐다이시소(現代思想)』1994년 7월호에서 앞선 1장의 소론(처음 발표될 당시의 제목에는 「기억할 수 없는 것, 말할 수 없는 것-역사와 이야기를 둘러싸고」이다)을 거론하면서, '아우슈비츠'가 제기하는 기억에 대한 물음의 본질론적인 측면에서는 일견 타당하다고 평가하면서도 그 문제를 둘러싼 나의 한나 아렌트에 대한 해석에는 반대의견을 내세웠다. 그는 다음과 같이 말하고 있다. "기억에 대한 다카하시 자신의 명민한 물음이 아무리 심각한 문제제기일지라도, 그의 아렌트 해석은 동시에 기억에 대한 그의 취급방식과 문제설정 방식의 취약함을 거꾸로 드러내 보이고 있는 것은 아닌가."[2] 이와사키가 전개시키고 있는 〈쉰들러 리스트〉를 둘러싼 비판적 고찰에 대해서 나는 기본적으로는 이견이 없다. 표상representation의 한계에 대한 물음을 빠뜨린 채, 〈쉰들러 리스트〉라는 '홀로코스트 영화'가 홀로코스트의 기억은커녕 오히려 그 망각을 초래할 수 있다는 것, 그리고 그 영화에 의해 생산된 콘텍스트가 쇼아를 둘러싼 오늘날의 '기억의 폴리틱스' 속에서 최악의 효과를 발휘하지 않으리라 장담할 수 없다는 이와사키의 분석은 흠잡을 여지없이 정확하다. 문제는 나의 논문에 대한 이와사키의 이견이 솔직히 말해 **완전히** 표적을 벗어나 있다는 데에 있다. 여기서 그 이유를 설명하면서, 겸하여 아렌트가 말하는 '기억'의 문제에 대한 나의 관점을 좀 더 부연해두고자 한다.

1 —— 문제는 어디에 있는가

먼저 이와사키가 검토를 시작하는 부분을 보자(이하, 이 절에서는 인용이 다소 길어질지도 모르겠는데 가능한 한 텍스트를 존중하기 위한 것이므로 이해해 주시길 바란다).

'아우슈비츠'란 어떤 의미에서 특이한 사건인가. 그것은 '기억'의 가능성조차 부정당한 사건이고 사실로서도 존재할 수 없는 사건이다. 단지 은폐되었다는 의미에서가 아니라 그것을 표상할 가능성이 뿌리째 뽑힌 사건이라는 말이다. 오로지 사건의 흔적으로서, 부재하는 존재로서의 고요한 숲이나 폐허를 카메라로 찍어나가는 란즈만의 (〈쇼아〉의) 영상을 따라가는 동안 우리의 사고는 그러한 사건에 대한 증언불가능성의 증언이라는 아포리아를 제외하고서 '아우슈비츠'를 이야기할 수 없다는 점을 인식하게 된다. 이는 표현상의 취향이나 선택에 머물지 않는다.

적절하게도 다카하시 테츠야는 〈쇼아〉와 관련하여 '기억'이 이미 "기억될 수 없는 것, 이야기할 수 없는 것"의 존재로서만 말할 수 있다는, '아우슈비츠 이후'의 아프리오리라고도 말할 수 있을 제약을 제시하고 있다.(이는 이와사키가 나의 소론에서 축약해 인용한 부분이다.)[다카하시의 첨언]

다카하시에 따르면 사정은 기억의 버전 간에 벌어지는 싸움이 아니다. 기억되어야 할 사건 그 자체가 처음부터 사건의 소실이라는 사건이기 때문이다. 그는 그것을 한나 아렌트가 『전체주의의 기원』 3권 3장에서 이야기한 '망각의 구멍'이라는 개념과 연결시키고 있다. 강제수용소와 절멸수용소 안에서 아렌트가 계속 생각해야만 했던 '무엇보다 두려운 것'이 있었다. 그것은 모든 흔적을 남기지 않는 당사자의 완전한 말소라는 개념이다. 말소는 동시에 완전한 망각을 동반한다. 거기서 인간의 기억은 뿌리째 뽑힌다. 절멸수용소는 '망각의 구멍'의 철저한 수행이었다. 그렇기 때문에 다카하시는 이미 기억 문제의 핵심에 '기억될 수 없는 것'의 존재가능성이 있다고 강조한 것이다.(184~185頁)

여기까지는 그다지 문제가 없다. 그러나 문제가 완전히 없다는 건 아니다. 왜냐하면 이와사키가 여기서 조작 없이 연결시키고 있는 두 개의 모티프, 즉 '아우슈비츠'라는 사건의 '특이성'을 규정하고자 하는 그 자신의 모티프와 '사건의 소실이라는 사건'이라는 나의 모티프가 위와 같은 방식으로 딱 들어맞게 겹쳐지는지 아닌지가 그다지 확실하지 않기 때문이다. 나의 소론 안에서는 '아우슈비츠'나 홀로코스트의 '특이성'이라는 말이 한 번도 사용되지 않고 있다. 그것은 우연이 아니다. 나는 그것을 의도적으로 사용하지 않은 것이다. 내가 소론에서 의도한 것 중 하나는 적어도 '사건의 소실이라는 사건'의 상징으로서 사실상 기능할 수 있는 '아우슈비츠'

나 **다른 몇몇의** 사례에서 출발해, '아우슈비츠'의 '특이성'으로 논의를 수렴시키는 일 없이 거꾸로 '사건의 소실이라는 사건'의, 말하자면 **편재**偏在**가능성**을 지적하는 데 있었다. 아렌트가 말하는 '망각의 구멍'이라는 개념 자체가 이미 히틀러의 제3제국과 스탈린의 소련이라는 두 전체주의체제의 공통된 사실·현상을 가리키는 것으로서 도입되고 있다. 내가 〈쇼아〉를 고찰하기에 앞서 다음과 같이 썼던 이유도 그 고찰이 '아우슈비츠' 이외의 장소에서도 시작될 수 있음을 미리 시사해 두고 싶었기 때문이다. "만일 역사가 일반적으로 승자에 의해 기록되는 것이라면, 혹은 적어도 '살아남은 자'에 의해 쓰이는 것이라고 한다면 회복불가능한 망각의 위협에 노출되는 것은 폴란드의 유대사회나 바르샤바 게토나 마이다네크만은 아닐 것이다. '망각의 구멍'은 **아우슈비츠나 콜리마 또는 그외의 장소였기에 가능했던 것이 아니라, 도처에 있을 수 있었고,** 실제로 있었음에도 불구하고 문자 그대로 '완전한 망각'으로 인해 우리들의 기억이 미치지 않는 곳이 되어버렸는지도 모를 일인 것이다."(이 책 1장, 25~26쪽)

아우슈비츠의 특이성을 부정할 생각은 조금은 없다. 그러나 그런 뜻에서는 아우슈비츠만이 아니라 콜리마나 그 이외의 다른 장소(예를 들어 731부대의 핑팡)* 역시도 각각의 특이성이 있었으며, 나름의

---

* 만주국 하얼빈 핑팡(平房)에 주둔했던 731부대, 공식명칭 '관동군 방역급수부'는 대외적으로는 관동7군 주력부대에 물을 공급하는 급수전문 전투지원

특이한 방식으로 기억의 파괴나 표상불가능성의 문제를 제기하고 있는 것이다. 내가 이러한 몇몇 특이한 사건에서 출발하여 이들의 특이성이 아니라 '역사' 일반의 원-폭력을 강조하는 방향으로 나아가는 데에 반해, 이와사키는 오히려 "표상불가능성은 '아우슈비츠'라는 **고유한 사건의 특이성이라는 문제를 가리키고 있다**"(183頁)고 말한다. 이것은 미묘하지만 중요한 차이다. 특별히 이 점을 환기시켜 두는 이유는 단지 내 논문의 기본적인 방향성을 명확히 해두기 위한 목적만은 아니다. 아래에서 살펴보겠지만 이와사키는 국민국가와 인종주의에 대한 비판이야말로 "아렌트의 정치적인 것이라는 개념이 지닌 고유성"이었다고 말하지만, 그런 발상 자체가 아우슈비츠의 특이성으로 끌려들어갔기 때문에 나온 결과일 수 있다는 의문이 생겼기 때문이다.

어찌되었든 이렇게 이와사키는 '기억 문제의 핵심에 기억될 수 없는 것의 존재가능성이 있다'고 말하는 점에서는 나의 주장에 동의하면서도, 아렌트에 대한 나의 해석을 둘러싸고서는 다음과 같은 질문을 던지기 시작한다.

> 그러나 그다카하시는 이러한 망각의 덫을 시야에 담고 있던 아렌트가 '기억하기 어려운 것', '상기하기 어려운 것'에 대해 품고 있던 절망

부대였으나 실제로는 생체실험연구를 행한 기밀군부대였다.

의 깊이를 머지않아 단념해버렸다고 비판한다. 특히『예루살렘의 아이히만』이후, 공적 공간의 개시를 목표로 한 그녀의 정치철학에는 기억될 수 없는 것에 대한 후퇴가 생겨났다는 것이다.

"문제는 이러한 사태에 직면한 아렌트의 사고가 어디를 향했는가 하는 점이다. 곧바로 지적할 수 있는 것은『전체주의의 기원』이후 특히『인간의 조건』을 정점으로 전개된 정치적인 것을 둘러싼 사고 속에서, 그녀는 마치 망각의 구멍으로 소실되는 인간에 대항하는 것처럼 공적 공간의 본질을 인간에 대한 인간의 출현 공간으로 정의하고, 이 출현을 기억 속에 남기게 할 이야기의 중요성과 일종의 조직된 기억으로서의 그리스 폴리스의 범례성을 강조했다는 점이다. 인간의 본질이란 그 인간이 누군가라는 것이며, 그 누군가가 출현하는 것은 인간이 오로지 이야기를 남기고 사라졌을 때뿐이기 때문에 죽어가는 자의 행위와 그것을 증명하는 이야기를 불멸의 것으로 만드는 공간으로서의 폴리스를 창설했다는 점에 그리스인들의 정치적 탁월성이 있다는 그녀의 논리가 전체주의에 의한 기억의 말살을 의식한 것임은 쉽게 추측할 수 있다. 그러나 서양 역사의 연속성을 단절시킬 만큼 철저한 망각이 가능하다는 사실을 알게 된 이후임에도, 여전히 그러한 고전적인 기억과 누군가의 이야기를 - 즉 현재와 미래에 걸쳐 칭송을 불러 일깨우는 듯한 위대한 이야기를 - 모델로 내세운다는 것은 결국 일종의 노스탤지어적인 방위防衛 반응에 지나지 않는 게 아니냐고 반론한다면 너무 과한 말일까."

다카하시의 위와 같은 지적은 아렌트의 연구 속에 적잖게 존재하는 고전 지향을 일축한다는 면에서는 필요한 비판일지도 모른다. 그러나 동시에 그런 비판은 정치적인 것에 대한 아렌트의 재개시의 이야기 역시도 "아우슈비츠 이후"의 이야기인 한에서 하나의 '**방위 반응**'(우리들의 맥락에서 말하자면 〈쉰들러 리스트〉와 동일한 종류의 "방위 기제")임을 뜻하고 있다.(185頁, 강조는 모두 이와사키)

이와사키는 '『예루살렘의 아이히만』 이후'라고 썼다. 그런데 이어서 인용되는 내 논문의 한 절에서는 "『전체주의의 기원』 이후 특히 『인간의 조건』을 정점으로 전개된 정치적인 것을 둘러싼 사고"가 문제시되고 있다. 오해가 있어서는 안 되기에 확인해 두는 것이지만, 내가 아렌트에 대해 문제로 삼고 있는 것은 차례대로 우선 "특히 『인간의 조건』을 정점으로 전개된 정치적인 것을 둘러싼 사고"에서 기억이 갖는 기능이며, 다음으로 『예루살렘의 아이히만』에서의 '망각의 구멍'에 대한 명시적 언급이다. 내 생각으로는 그 어느 것도 『전체주의의 기원』에서의 기억될 수 없는 것에 대한 인식으로부터는 모종의 후퇴를 포함하고 있는데, 나는 『인간의 조건』을 대상으로 우선 기억될 수 없는 것에 대한 기억과 고전적 기억 간의 격차를 지적한 뒤 아렌트에게서 보이는 후퇴의 가능성을 질문으로서 제기하고, 나아가 『예루살렘의 아이히만』에서의 명시적 언급을 통해 그녀의 후퇴는 '명백하다'고 서술했다. 그런데도 이와사키는 결정적으로 중요한 이 후자에 대한 논의의 직전에서 인용을 절단하고 한번도 그것을 언급하지 않은 채 마무리해버린다. 이와사키가 인용했던 문장은 실제로는 다음과 같은 설명으로 이어진다.

다름 아닌 기억의 **한계** 혹은 이야기의 **한계**가 폭로되어 버린 지금, 마치 모든 것을 잃어버릴 가능성은 '없으며 또 있을 수도 없다'고 생각하는 듯, 또다시 행운의 기억과 이야기를 역사의 기반에 배치한다는 것은 '망각의 구멍'이 가하는 위협원리적가능성을 너무 과소평가하는 일이 아닐까. 사실 아렌트는 이후 『예루살렘의 아이히만』에서 다시 이 '구멍'에 대해 언급할 때 놀랍게도 다음과 같이 서술하고 있다. 전체주의적 지배가 선악을 불문하고 인간의 모든 행위를 그 안으로 소멸시켜 버리는 망각의 구멍을 설정하고자 했던 것은 사실이다. 그러나 살육의 모든 흔적을 제거하고자─소각로에서 또 노천 채굴장의 도랑에서 시체를 불태우거나 또는 폭약이나 화염방사기나 뼈를 분쇄하는 기계를 사용하는 등─1942년 6월 이래 나치가 열중했던 시도들이 결국 실패할 운명이었던 것과 마찬가지로 반대자들을 '아무런 말도 없이 사람들에게 알리지 않은 채로 소멸시키고자' 했던 모든 노력은 허사였던 것이다. **망각의 구멍 같은 것은 존재하지 않는다. 인간이 하는 모든 일은 그 정도로 완벽하지 않다. 생각대로 될 리가 없다. 세계에는 인간이 너무 많기 때문에 완전한 망각이란 있을 수 없는 것이다. 반드시 누군가 한 사람은 살아남아 보아왔던 일을 이야기할 것이다.**"

대체 어찌 된 일인가. 『전체주의의 기원』에서는 그토록 강하게 '망각의 구멍'의 '두려움'을 강조하면서, 전체주의 경찰의 이상이 '원리적으로 실현불가능한 것은 아니'며 '기술적인' 다소의 곤란만 극복된다면 '정말로' 인간을 흔적 없이 소멸시키는 일이 가능하리라고 주장했던 아렌트가 어째서 '망각의 구멍'의 존재와 '완전한 망각'의 가능성을 이렇게도 손쉽게 부정할 수 있는 것인가. (…중략…) '망각의 구멍'의 존재가능성을 부정해버릴 수는 없는 것이다. (…중략…) '반드시 누군가 한 사람은 살아남아 보아왔던 일을 이야기'한다고 가정할지라도 그 증언 자체가 '역사'가 될 수 있을지 아닐지는 결코 보증될 수 없다. **'완전한 망각이란 있을 수 없'다고 말하는 아렌트의 발언은 「전체주의의 기원」의 인식으로부터 명백히 후퇴한 것이라고 말하지 않을 수 없는 것이다.**(이 책 1장, 20~25쪽)

어째서 이와사키는 이 부분을 무시했을까. 내 논의의 가장 중요한 부분이 마치 '망각의 구멍'에 떨어져버리기라도 한 것처럼 모습을 감췄다. 어찌해도 이해할 수 없는 일이다. 『전체주의의 기원』이후 아렌트의 사고에서 기억될 수 없는 것에 대한 후퇴가 보인다는 나의 문제제기에 대해 가장 중요한 논의를 인용하는 일도, 그것에 응(답)하는 일도 없이, 이와사키는 자기가 인용한 논의(『인간의 조건』을 중심으로 한 고전적 기억에 대한 논의)에 대해서도 역시나 직접적으로 응(답)하지 않고서 '그런 후퇴는 없다'는 스스로의 해석을 의

외의 방향으로 이끌어간다.

　분명 '기억'은 이미 그 핵심에서 기억될 수 없는 것을 마주봄으로써만, 또는 이야기 불가능성에 맞닥뜨림으로써만 존립할 수 있다. 그러나 다른 한편으로 언제나 '기억'을 둘러싼 투쟁은 눈앞에서 실제로 수행되고 있는 것이다. '이야기할 수 없는 것, 기억될 수 없는 것' 역시도 그런 투쟁의 장에서만 이야기될 수 있다. 여기에서 아렌트론 그 자체로 상세하게 들어갈 수는 없지만, 적어도 이 '기억'이라는 아레나[전장]의 한 가지 양상에 대해서만은 서술해 두고자 한다. 아렌트는 결코 다카하시가 서술하듯 '기억'에 대한 물음의 수준을 후퇴시킨 것이 아니다. 오히려 그녀는 일관되게 '기억'이라는 문제에 계속 관여하고 있다. 후기의 『정신의 생활』에서 그것은 '정치적 판단력'의 문제로서 전개되고 있다. 중요한 것은 아렌트에게 '기억'의 문제란 언제나 '국민국가'의 동일성에 맞서고 동시에 '인종주의'를 향한 에네르기로 변화하지 않는 해방과 구제의 가능성으로서 매번 자각적으로 고찰되고 있다는 점이다. 즉 그녀는 처음부터 '기억'이 '국민국가'와 '인종주의'에 사로잡힌 배치를 자각적으로 되돌려 성찰하고 있다. 시민적이라고도 공공적이라고도 불리는 그녀의 사고는 결코 고전으로의 회귀가 아닌, 이 논문의 서두에서 내가 행한 배치의 래디컬한 이화異化의 시도로 이해할 수 있다.(185頁)

우선 전반부. '언제나 '기억'을 둘러싼 투쟁은 눈앞에서 실제로 수행되고 있는 것'이므로 "이야기할 수 없는 것, 기억될 수 없는 것 역시도 그런 투쟁의 장에서만 이야기될 수 있다"고 이와사키는 말한다. 전적으로 동감한다. 설마 이 지적이 나에 대한 비판이 되지는 않을 것인데, 나는 그것을 무엇보다 먼저 기억의 요청이 망각과 다른 기억 간의 투쟁 속에 있음을 확인하는 것에서부터 시작했기 때문이다. "가차 없는 시간의 흐름, 증인의 불가피한 죽음, 일상성의 지배, **특히 살아남은 자에 의한 온갖 기만** — '망각의 정치' — **에 맞서** 먼저 최우선적으로 기억하지 않는다면 계속 생각을 이어 나갈 수도 없을 것이다. (…중략…) 죽은 자들의 의지, 그들의 작품을 찬탈하는 **다른 기억, 다른 해석, 다른 이야기의 폭력에 맞서** 죽은 자들을 위한 기억, 죽은 자들을 위한 해석, 죽은 자들을 위한 이야기가 **변호로서** 발생·기립하지 않으면 안 되는 것이다."(이 책 1장, 9~10쪽) 기억될 수 없는 것에 대한 기억은 사건에 대한 일체의 기억을 파괴하고자 하는 기획에 **맞서** 기억의 요청을 격렬화시키기 위해 오는 것이지 그것을 약화시키거나 부정하기 위해 오는 것이 아니다. "절멸을 망각의 구멍에 묻어버려서는 안 되며 또 완전범죄를 이루게 해서도 안 된다고 한다면, 이야기할 수 없는 것 앞에서 언제까지고 말을 잃은 채로 있을 수는 없다. 이야기할 수 없는 것을 눈앞에 둔 증인의 침묵에서 이익을 인출하고 사건의 역사적 무[화]만을 결론내는 것은 예전의 학살자가, 그리고 오늘날의 수정주의자나 부정주의자가 노리는 바로 그것이다. (…중략…) 내부의 진리라는 것의 본질이 이야기할 수 없는 것에 있다고 한다면, 이야기할 수 없는 것을 그럼에도 불구하고 역시 이야기하는 행위가 필요한 것이다."(이 책 1장, 36~67쪽) 다른 곳에서 나는 오늘날 지구 도처에서 보이는 '기억의 정통성을 둘러싼 싸움'을 '기억의 투쟁'이라고 부르고, 제2차 대전 이후의 서양세계에서 아우슈비츠는 그 전쟁 '최대의 발화점'이었다고 쓴 적이 있다.[3] 그런 아우슈비츠를 출발점 중 하나로 하는 나의 논문이 수정주의나 부정주의이든, 이야기할 수 없는 것을 역사적으로 무라고 하는 철학적 테제이든, 표상불가능성을 은폐하는 드라마트루기 일반(예를 들어 미국 텔레비전 영화 〈홀로코스트〉)이든 이야기할 수 없는 것의 망각을 촉진하는 모든 기획에 맞서 자기를 시초부터 '투쟁' 관계 속에 놓고 있음은 명백하다.

이와사키의 논리의 후반부는 어떤가. "아렌트는 결코 다카하시가 서술하듯 '기억'에 대한 물음의 수준을 후퇴시킨 것이 아니다. 오히려 그녀는 일관되게 '기억'이라는 **문제에 계속 관여하고 있다**"는 것이 어떻게 그녀가 "'기억'에 대한 물음의 **수준을 후퇴시켰다**"는 주장을 반박하는 반증이 되는가. 애초에 나는 아렌트가 '일관되게 '기억'이라는 문제에 계속 관여하고 있'음을 전혀 부정하지 않았다. 부정하지 않을 뿐만 아니라 오히려 그것을 전제하고, 그렇게 전제함으로써 확인하고 있다. 그것은 '『인간의 조건』을 정점으로 전개된 정치적인 것을 둘러싼 사고'에 대해서도, 『예루살렘의 아이히만』에 대해서도 이미 인용한 나의 논문을 보면 너무도 명확한 일일 것이다. 아렌트가 기억의 문제에 일관되게 계속 관여하고 있었기 때문에, 바로 그녀가 '『전체주의의 기원』 이후' 일관되게 어떤 기억에 관해 생각하고 있었는가를 질문할 수도 있는 것이다. 내가 질문한 것은 **아렌트가 일관되게 유지한 것처럼 생각되는 그 기억의 개념이 과연 '기억될 수 없는 것에 대한 기억'의 수준에 어울리는 것이었는지 아닌지라는 것이었다.** 『정신의 삶』에 대해서도 마찬가지다. 거기서 기억의 문제는 '정치적 판단력'의 문제로서 전개되었다고 이와사키는 말하지만, 혹시 그렇다고 한다면 그 '정치적 판단력'에 대한 그녀의 사고에 내포된 **기억의 개념이 어떤 수준의 것이었는가**야말로 문제가 된다. 그런데 이와사키는 이러한 물음을 마치 억압하듯이 논의의 표면에서 없애버린다. 그리고 '중요한 것'은 아렌트에게 기억의 문제가 '언제나 국민국가의 동일성에 맞서고 동시에 인종주의를 향한 에네르기로 변화하지 않는 해방과 구제의 가능성으로서 매번 자각적으로 고찰되고 있다는 점'에 있다는 주장으로 옮겨가고 있는 것이다.

이 주장에 있어 이와사키는 문제가 되는 기억 개념의 내실을 아렌트의 텍스트 그 자체에 입각해 검증하는 절차를 밟지 않는다. 그 대신에 그는 기억의 개념을 특별히 직접적으로 주제화하고 있지 않는 『전체주의의 기원』 2권 5장 '국민국가의 몰락과 인종의 종말'의 논의를 소개하면서 사실상 아렌트가 이스라엘의 국민국가화에 반대하여 아랍=유대인 협조의 가능성을 찾아 실천 활동을 전개한 것으로 자신의 주장을 정당화한다. 그리고는 나에 대한 비판적 고찰을 다음과 같이 마무리한다.

반복하지만, 아렌트가 여기에서 격투하고 있는 까닭은 어떤 악과 그것에 대한 '기억'이 다시금 특정한 '국민국가'를 위한 환상의 자양분이 되어버리는 일을 회피하기 위해서이다. '아우슈비츠'의 '기억'은 어떤 특정 국민국가를 모방한다는 가장 서투른 '벼락출세parvenu'의 태도 때문에 더 깊이 심화될 수 있는 기회를 잃어버렸다. '망각의 구멍'에 대해 아렌트가 변질했다고 보는 다카하시의 시각은, 기억에 대한 다카하시 자신의 명민한 물음이 아무리 심각한 문제제기일지라도 동시에 거꾸로 기억에 대한 그의 취급방식과 문제 설정방식의 약점을 확실히 드러내는 것이 아니겠는가. 아렌트에게 기억의 문제는 다카하시가 간과하고 있는 함의를 지니고 있다. '기억', '국민국가', '인종주의'라는 연관을 비켜가는 곳에, 그리고 '기억'을 이 개념의 배치연관 바깥으로 해방시켜 나갈 수 있는 가능성을 모색했다는 점에 아렌트의 정치적인 것이라는 개념의 고유성이 있다. 때로 그것을 그녀는 '이야기의 구제력'으로 이해한다. 기억되지 못하는 것에 대한 다카하시의 훌륭한 통찰은 아렌트의 그런 구상력의 존재방식을 더욱 파고들 때 아프리오리한 제약 이상의 것으로 구체화될 수 있지 않을까.(186~187頁)

솔직히 말해 놀람을 금할 수 없다. 위 글은 마치 내 '기억에 대한 취급방식과 문제 설정방식'이 기억과 국민국가와 인종주의의 악한 연관을 질문할 수 없는 '약점'을 지녔다는 식이 아닌가(그렇지 않다면 '기억에 대한 그(다카하시)의 취급방식과 문제 설정방식의 약점'이란 것이 대체 무엇이겠는가). 그런 연관을 '비켜간다'는 '아렌트의 정치적인 것이라는 개념의 고유성'을 고려하지 않았기 때문에 나의 고찰은 기억될 수 없는 것을 기억의 '아프리오리한 제약'으로 설명하는 데서 그쳐버렸고, "어떤 악과 그것에 대한 '기억'이 다시금 특정한 '국민국가'를 위한 환상의 자양이 되어버리는 일을 회피하는" 방향으로 '구체화'되지 못했다고까지 말하고 있는 듯 보인다.

분명히 해두고 싶다. 아우슈비츠의 기억이 유대인국가 이스라엘의 동일화 이야기로 회수되어 버려서는 안 된다는 것, 이는 무엇을 감추고자 하든지 간에 내 **논문에서 가장 명백한 주장의 하나**이다. 나는 기억될 수 없는 것을 기억의 '아프리오리한 제약'으로 설명하는 데서 그치고 있는 것이 결코 아니며, 쇼산나 펠먼의 〈쇼아〉 해석이 '이스라엘의 유혹'에 굴복하고 있는 것은 아닌지 따져 묻고, **이와사키가 문제시하고 있는 것과 똑같은 바로 그 구체적 사례에 입각해** "어떤 악과 그것에 대한 '기억'이 다시금 특정한 '국민국가'를 위한 환상의 자양이 되어버리는 일"을 명확히 비판하고 있다. 이와사키는 나의 이 가장 중요한 논점 하나를 무시하고 있기 때문에 다시금 그 일부를 인용해 두고자 한다.

나의 질문이란 이런 것이다. 〈쇼아〉와 이스라엘 간의 본질적 관계를 강조함으로써 펠먼은 〈쇼아〉와 그것이 증언하는 '내부'의 이야기할 수 없는 것을 다시금 하나의 강력한 이야기에, 즉 홀로코스트와 이스라엘 국가의 성립을 본질적 계기로 갖는 '유대적인 것'의 죽음과 재생의 이야기에 결부시키기 시작한 게 아닌가. (…중략…) '역사의 말할 수 없는 것'으로부터 '유대적 **역사**의 말할 수 없는 내부'로의 그러한 횡적인 미끄러짐은 이야기할 수 없는 것에 대한 기억의 '유일한 =유니크한' 보유자로서의 이스라엘의 특권화, '유대적 **역사**'의 특권화로 손쉽게 전개될 수 있다. 이스라엘을 '도달점'으로 하는 유대적인 것의 '역사'=이야기는 스스로를 '살아남은 자'의 '역사편찬'에 대항하는 죽은 자들을 위한 이야기라고 주장하면서도 동시에 '살아남은 자'의 '역사편찬' 그 자체로서 기능할 수도 있다는 것, 그리고 그것은 그 '역사'=이야기가 팔레스타인 사람들을 '**애초부터 이 세상에 존재한 적이 없었다는 듯이**' 거듭 이야기되어 왔던 것이기 때문일 뿐만 아니라, 그것이 불가피하게 절멸의 목소리 없는 내부를 우리들의 현재의 자기결정에서, 즉 '(내셔널하고, 정치적이고 또 군사적인) 유대적 자기결정'에서 의의를 부여하는 동일화의 이야기가 되지 않을 수 없기 때문이기도 함을 잊어서는 안 된다.(이 책 1장, 46~49쪽)

나는 아우슈비츠의 기억이 유대인 국가 안으로 회수되는 논리를 비판하는 일이 오늘날 결정적으로 중요한 사상적 테마 중 하나라고 생각한다. 그런 비판이 위와 같은 명확한 실천으로 행해지고 있음에도 마치 그것이 완전히 존재하지 않는 것처럼 쓴다면, 이와사키는 내게서 '아프리오리한 제약 이상의 것'을 보려는 일을 스스로 거부하고 있다는 의심을 받을지라도 어쩔 수 없을 것이다. 동시에 그 비판은 나의 논문에서는 "이야기할 수 없는 것이 특정한 '역사'에 의해 자기고유화되는 것은 어떤 뜻에서도 금지되어 있다"(이 책, 49쪽)는 일반적 주장과도 연결된다. '(내셔널하고, 정치적이고 또 군사적인) 유대적 자기결정'에 의한 말할 수 없는 것의 사유화를 비판하는 일은, 나의 퍼스펙티브^{전망·원근법} 속에서는, 이야기할 수 없는 것에 대한 기억을 그 '무명성^{無名性}' 쪽으로 파고들어 밝힘으로써 **모든 종류의 동일화의 폭력**에 저항하려는 모티브와 연결된다. 이는 물론 이야기할 수 없는 것의 기억을 배반하는 국민국가나 인종주의에 대한 비판을 가벼이 여기는 것이 결코 아니다. 결코 그런 게 아니라, 그것은 국민국가나 인종주의에 대한 비판이면서 **동시에**, 그러한 비판에만 머물지 않고 이야기할 수 없는 것의 기억에 대한 책임을 어디까지나 철저하게 하게 위함인 것이다.

그러면 실제로 왜 논문에서는 **아렌트가 사고하는** 기억과 국민국가와 인종주의의 관계를 짐짓 문제로 삼지 않았던가. 그 이유는 그녀의 기억 개념의 문제성이 국민국가나 인종주의에 대한 **비판을 결여하고 있다는 점에 있는 것이 아니라**, 국민국가나 인종주의에 대한 **비판은 있을지라도** 다름 아닌 기억될 수 없는 것에 대한 기억의 차원을 **여전히**

빠트리고 있다고 여겼기 때문이다.

이와사키의 이의제기는 요컨대 아렌트가 아우슈비츠의 기억을 국민국가와 인종주의의 자기력에서 해방시키고 심화시켰다는 데 있고, 그러므로 아렌트가 보여주는 기억에 대한 물음의 수준이 후퇴하지 않았다는 점에 집약되어 있다. 그러나 그런 주장은 가장 중요한 과녁을 놓치고 있다. 왜냐하면 **설사** 아렌트의 기억 개념이 국민국가로부터도 인종주의로부터도 완전히 해방된 것이라고 할지라도 나의 물음은 전혀 해결되지 않고 남아 있기 때문이다. **어떤 '기억'의 개념이 '국민국가'와 '인종주의'의 자기력에서 해방되어 있다는 것이 그 개념이 '기억될 수 없는 것에 대한 기억'의 수준에 도달해 있음을 보증하는 것은 결코 아니다.** 예컨대 아렌트가 그려낸 고대 그리스인들의 기억 개념은 명백히 국민국가나 인종주의와 아무런 관련을 갖지 않는다(애초에 고대 그리스의 기억 개념이 아나크로니즘^{시대착오}을 범하는 것이 아니라면 국민국가와도 인종주의와도 관련시킬 수 없다). 그러나 그렇게 해방되어 있다고 해서, 그 기억 개념이 기억될 수 없는 것에 대한 기억의 요청에 적절히 응하고 있다고 할 수 있을 것인가. 기억을 둘러싼 아렌트의 사고는 『예루살렘의 아이히만』에서 '완전한 망각'의 가능성을 공공연히 부정하기 이전에 이미 『인간의 조건』에서 기억의 그리스 모델을 채용한 때부터, 국민국가와 인종주의의 자력권 외부에서 **다름 아닌 그 그리스 모델의 자기력에 의해** 기억될 수 없는 것에 대한 기억의 요청을 배반하기 시작했던 게 아닌가. 이것이야말로 내가 논문에서 제기했던 질문인 것이다.

그러면 기억의 그리스 모델이란 무엇인가. 그리스적 기억에 대한 기억을 바탕으로 형태를 갖춘 아렌트의 기억 개념은 어째서 기억될 수 없는 것에 대한 기억에 조응할 수 없는 것인가. 그 점을 좀 더 자세히 들어가 고찰해보자.

2 ── 아렌트의 '기억'

고전회귀

이와사키는 내가 기억의 그리스 모델에 대해 제기한 질문에 대해 '아렌트 **연구**'에서 보이는 '고전 지향'에 대해서는 '필요한 비판일지 모르지만' 아렌트 자신의 사고가 '결코' '고전회귀'인 것은 아니라고 배척한다(이미 나는 이와사키의 논문 안에서 내 생각과 접촉되는 대목의 거의 대부분을 인용했다). 그러나 문제는 '고전회귀'라는 말로 무엇을 사고할 것인가에 달려 있다. 혹시 '고전회귀'라는 말이 현대의 문제들에서 떨어져 고전문화에 침잠하거나 고대인의 경험을 현대에 그대로 부흥시키고자 하는 몽상을 칭하는 것이라면 분명히 아렌트에게 '고전회귀'란 존재하지 않는다. 그러나 혹시 모종의 의미로 고대인의 경험을 모델로 삼거나 하나의 기반으로 삼아 이후의 역사나 현재의 상태를 비판적으로 보는 태도를 그렇게 부르는 것이라면 아렌트의 사고에는 틀림없이 '고전회귀'가 존재한다. 그녀가 『인간의 조건』에서 '노동', '일', '활동'의 삼분법을 도입하고 정치의 본질을 공적 공간에서의 '활동action'이라고 규정했을 때, 그리고 이후에 이 '활동' 공간이 '사회적인 것'의 침입으로 사라지고 끝내 '노동하는 동물'의 승리에 의해 붕괴되기에 이르는 역사과정을 비판적으로 서술했을 때에 그녀가 기대어 서 있던 거점이 고대 그리스인들의 '활동'의 경험이었음은 분명하다. 게다가 그것은 다른 선택이 결코 가능하지 않았던 유일한 모델이었다. 아렌트에게 있어 정치적인 것의 본질은 어디까지나 그리스적인 것이며, 그리스 폴리스에 대한 참조 없이 '정치'를 생각하는 것은 불가능한 것이었기 때문이다. 이 점을 그녀는 『인간의 조건』 이후에도 기회가 있을 때마다 확인하고 있다. 예컨대 이렇다.

'정치적political'이라는 말을 그리스의 폴리스라는 의미로 사용하는 것은 독단적인 것도 아니고, 억지스러운 것도 아니다. 어원적 관점에서도, 학문적으로도, 모든 유럽어 속에서 그리스의 도시국가라는 역사적으로 유니크한 조직에서 기원하는 이 말은 **최초로 정치적인 것의 본질과 영역을 발견한 공동체의 경험을 반영하고 있다.** 고대 그리스와 로마의 경험을 어느 정도 참고·인용하지 않고 정치와 그 내밀한 원리에 대해 이야기하는 것은 실제로 곤란할 뿐만 아니라 오해의 여지마저 생겨난다. (…중략…) 거기서 혹시 폴리스의 의미로 정치적인 것을 이해하고자 한다면, 그 목적, 그 존재이유는 묘기[기교]로서의 자유가 모습을 드러낼 수 있는 공간을 수립해 존속시키게 될 것이다. 이것은 자유가 세계의 리얼리티이며, 말로서 들리고, 행위로서 보이고, 사건으로서 말해지고, 기억되며, 이야기로서 최종적으로는 인간 역사의 위대한 서책으로 바뀌는 그러한 영역이다. 이 자유 출현의 공간에서 일어나는 것은 그것이 활동의 직접적인 산물이 아니더라도 모두 본성상 정치적인 것이다.[4]

그리스의 폴리스는 우리들이 '정치(폴리틱스)'라는 말을 사용하는 한, 우리들의 정치적 존재의 근저로, 그 바다 밑바닥에 계속 존재할 것이다.[5]

그리스와 함께 로마가 언급되는 경우라고 할지라도 그 둘이 같은 비중을 갖는다고는 할 수 없다. 분명 고대 로마는 그리스에서는 사용하지 않던 '권위'나 '창설'이라는 관념을 정치에 도입함으로써 근대의 혁명적 전통에 커다란 영향을 끼쳤다. 그럼에도 불구하고 '활동'의 공간으로서의 정치라는 근원적 의미에서 본다면 로마의 경험은 이미 하나의 상실이라고 아렌트는 말한다. 아리스토텔레스의 초온 폴리티콘zōon politikon, 정치적 동물이 로마의 세네카에 의해 애니멀 소키알리스animal socialis, 사회적 동물로 번역된 것이 이를 증명한다. "사회적이라는 말의 기원은 로마이며, 그것에 대응하는 말은 그리스어에나 그리스 사상에는 없다."**"그러나 이처럼 정치적인 것을 사회적인 것으로 대체하는 무의식적인 행위야말로 정치에 대한 본래의 그리스적 이해가 얼마나 소실되었는가를 어떤 정교한 이론보다 더 분명히 폭로하고 있다".[6] 고대 로마는 서양정치(사상)사를 관통하는 사회적인 것에 의한 정치적인 것의 침식의 기원이다. 이와사키가 '정치적인 것의 (재)개시'라고 부른 아렌트의 이러한 입장은 로마＝라틴적 변질을 거쳐 근대 이후의 '사회적인 것'의 제패에 의해 망각되고 만 '정치에 관한 본래의 그리스적 이해"를 (재)개시한다는 일종의 '고전회귀' 없이는 **있을 수 없다.** 그 도식이 하이데거적 존재사의 그것과 어디까지 비교될 수 있는가는 흥미를 끄는 문제지만 그것은 또 다른 이야기가 될 것이다(그리스적 기원과 그 로마＝라틴적 변질, 기독교의 네거티브한 효과, 이 변질의 근대적 심화와 완성, 더하여 그리스적 근원의 분할―진정한 근원적 그리스와 그 플라톤적 변질 등등).[7]

'활동'의 기억과 불멸성

아렌트의 기억 개념은 바로 이렇게 (재)개시되는 정치적인 것의 개념과 일체이다. 위에 인용한 바와 같이 정치 본래의 영역이란 "자유가 현세적 리얼리티이고, 말로서 들리고, 행위로서 보이고, 사건으로서 말해지고, 기억되며, 이야기로서 최종적으로는 인간 역사의 위대한 서책으로 바뀌는 그러한 영역"에 다름 아닌 것이다.

'활동' 공간으로서의 '자유'의 공간은 동시에 '기억'과 '이야기'의 공간이지 않으면 안 된다. 왜냐하면 '활동'의 양식인 행위^{프락시스,} ^{praxis}와 언어^{렉시스, lexis}는 일정한 내구성을 가진 '[사]물'과는 달리 그것만으로는 발생하는 즉시 소실되고 마는 취약한 존재이므로 '활동'의 그런 '공허함'을 극복하고 '불멸'의 존재성을 얻기 위해서는 행위와 언어를 기억에 남겨 이야기로서 끝없이 말해지도록 할 필요가 있기 때문이다. 호메로스, 헤로도토스, 투키디데스 같은 그리스의 위대한 시인과 역사가들이 맡았던 것이 바로 그러한 역할이지만, 나아가 아렌트에 의하면 실은 '폴리스의 창설'이야말로 "활동의 취약함에 대한 그리스인들의 독창적이고 전^前철학적인 구제수단"이었다.

페리클레스는 펠로폰네소스 전쟁의 전사자들을 애도하는 유명한 연설을 했는데, 그 연설의 말을 믿는다면, 폴리스라는 것은 모든 바다와 육지를 제압해 자신들 모험의 무대로 삼았던 사람들의 증인이 되는 것이며, (…중략…) 활동한 사람들이 자신이 행한 좋은 행위나 나쁜 행위들을 시인들의 원조 없이 영원히 기억에 남겨 현재와 장래에 걸쳐 상찬을 불러일으키기 위한 것이었다. 바꿔 말하면 폴리스라는 형태로 공생하고 있는 사람들의 생활은 인간의 활동력 중에서 가장 공허한 활동력인 활동과 토론을 불멸하게 만들고, 활동과 토론의 결과인 행위와 이야기를, 즉 인공적 '생산물'들 중에서 가장 덧없으며 만질 수도 없고 금세 사라져 버리는 것을 불멸케 하는 것이었다. **폴리스라는 조직은 (…중략…) 일종의 조직된 기억체**organized remembrance**이다.**[8]

이러한 기억의 개념이야말로 정치적인 것의 개념과 분리될 수 없는 관계에 있고 '정치적인 것'에 대한 모든 고찰에 바싹 들러붙어 있다. 『혁명에 대하여』에서 근대의 혁명적 전통에 대한 고찰은, "자유의 활동이라는 것은 타인과 그것을 보고, 그것을 판단하고, 그것을 기억하는 경우에만 드러나고 현실적인 것이 된다"는 관념을 부동의 기준으로 삼고 있으며, "(자유의 창설로서의 혁명의) 실패를 보상할 수 있는 것, 또는 이 실패가 최종적인 것이 되는 일을 저지할 수 있는 것은 기억과 회상을 빼고는 없"음을 확인하고 있다.[9] 『혁명에 대하여』라는 저작 자체가 미국 혁명의 '활동'을 그 '기억상실'로부터 구출하려는 이야기 행위였다고 볼 수도 있을 것이다.[10] 아렌트가 즐겨 인용하는 유럽 레지스탕스에 대한 시인 르네 샤르의 경험도 계시적이다. 레지스탕스 사람들은 나치와 싸우는 가운데 자신들 사이에 홀연히 '자유'의 공간이 출현했다가 전쟁이 끝난 즉시 홀연히 소멸되는 것을 목격했던바, "그런 상실은 정치적 리얼리티의 관점에서 어느 정도 필연적이긴 하지만, 망각과 기억상실이 그것을 완전하게 만들었던 것이다". 레지스탕스의 '비극'은 어차피 붕괴할 운명에 놓인 '자유의 숨겨진 작은 섬'이 나치로부터 해방되면서 거의 자동적으로 해체되었을 때가 아니라 '기억하는

정신'이 부재한다는 사실이 분명해진 바로 그때 시작되었다는 것이다.[11]

아렌트는 "현세는 잠재적으로 불멸한다고 확신하고, 그렇게 현세의 얼개를 초월하지 않는 한, 엄밀해 말해 **어떠한 정치도** 어떠한 공통세계도 어떠한 공적 영역도 **있을 수 없다**"[12]고까지 말한다. 그런데 불멸immortal이라는 것은 다름 아닌 영원히 기억되는 것, 개체의 사후에도 사람들의 기억 속에서 영원히 살아가는 것이다. 그러므로 아렌트에겐 **기억되는 것을 향한 욕구 없이는 어떠한 정치도 있을 수 없는 것이며 망각되는 것에 대한 공포가 정치의 가장 깊은 동기를 이루고 있는** 듯하다. 사람들의 행위와 언어가 무無로 되어버리는 것과 사람들 제각각이 '누구인지'를 제시한 이 "특수인간적인 근원적 행위"의 결과가 마치 아무 것도 아니었다는 듯이 망각되어버리고 마는 것은 그 어떤 경우에도 절대 피해야만 한다. 그렇지 않으면 인간은 그 '활동'의 '공허함'과 사멸할 수밖에 없는 생존의 무거움을 버텨낼 수 없을 것이다.

인간사실·현상즉활동의 사실적 세계 전체는 우선 그것을 보고, 그것을 듣고, 그것을 기억하는 타인이 존재하고, 다음으로 만져지지 않는 것을 만져서 알 수 있는 것으로 변용함으로써 비로소 리얼리티를 획득하고 지속하는 존재가 된다. **기억되지 않았다고 한다면 어떨까.** 기억이 자기실현을 위해 필요로 하는 물화物化가 행해지지 않는다면,

즉 실제 그리스인이 생각했던 것처럼 기억을 모든 예술의 어머니로 하는 물화가 행해지지 않는다면 어떨까. 그때 활동과 토론과 사고의 생생한 활동력은 제각기의 과정이 끝남과 동시에 리얼리티를 잃고 **마치 애초에 존재한 적이 없었던 듯이 소멸해 버릴 것이다.**[13]

『인간의 조건』의 이 한 대목 속에는 기억의 말살이야말로 전체주의적 범죄의 '진정한 무서움'이라는『전체주의의 기원』3장에서의 인식이 선명하게 메아리치고 있다. '누구든지 언제라도 떨어질지 모르는, 떨어진다면 **애초에 이 세계에 존재한 적이 없었던 것처럼 소멸해 버릴** 망각의 구멍'에 대한 공포가 위의 한 대목의 배후에 투영되어 보이지 않는가. 내가 앞서 정치적인 것에 대한 아렌트의 사고에는 '마치 망각의 구멍으로의 인간 소실에 대항하는 듯'한 부분이 있고, 그것이 "전체주의에 의한 기억의 말살을 의식한 것이라는 점은 쉽게 상상할 수 있다"고 쓴 이유도 그 때문이다. 그러나 또한 주의하지 않으면 안 되는 지점이 바로 거기다. 설령 정말로 '망각의 구멍'에 대한 대항의식에서 형성된 것이라고 하더라도 아렌트의 기억 개념은 **결과적으로는** 기억될 수 없는 것에 대한 기억과는 본질적으로 다른 것이 되어버렸다고 하지 않을 수 없기 때문이다.

표상 · 영광 · 헤로이즘[영웅주의]

우선 첫째 아렌트의 기억은 무엇을 기억하는 것인가. 정치적인 것을 기억하는 것이고, 바꿔 말하면 '활동'을, 즉 '**출현의 공간**'에 **나타나서** 타인에게 자신이 누구인지를 제시했던 사람들의 행위와 언어를 기억하는 것이다. 기억되고, 이야기를 통해 계속 말해지기 위해 '활동'은 우선 타인에게 **보이고** 타인에게 **들리는** 일이 절대적으로 필요하다. 그런 뜻에서 '활동'의 공간에서는 "**존재와 현상이 하나로 동일**"하며 현상으로 나타나지 않는 것은 단적으로 말해 무無에 지나지 않는 것이 된다.[14] 이러한 사고의 현상학적 전제로부터 본다면, 아렌트가 후설이나 하이데거 식으로 빛의 은유를 자주 사용하는 것도 우연이 아니라는 것을 알게 된다. 거기에는 언제나 사적 영역의 '어둠' 대 '공적 영역의 빛'이라는 은유가 지배하고 있다.[15] 프랑스혁명의 발단은 그때까지 "암흑과 치욕 속에 **빠져있던**" 군중이 "처음으로 넓은 햇빛 속에서 출현"해 "공적 영역의 공간과 빛"을 요구한 것이었고, 미국 혁명이 획기적이었던 것은 "그때 처음으로 창설의 행위가 넓은 햇빛 속에서 생성되고 마침 그곳에 있던＝현전했던 모든 사람들에 의해 목격될 수 있었기" 때문이었다. 공적 공간에서 '활동'하거나 정치에 참가한다는 것은 어둠에서 나와 빛의 요소 안으로 걸어 들어간다는 것과 다르지 않으며, 이 관점에서 본다면 빛의 공간에 있지 않은 것은 애초에 기억의 대상이 되는 것조차 불가능하다. 기억을 위해서는 빛, 출현, 현상성, 목격증인 witness의 현전이라는 요소가 불가피하다. 이는 그러한 기억의 공간이 거의 그 자체로 표상representation의 공간과 겹쳐진다는 것을 뜻한다. 아렌트의 '기억'은 **표상가능한 것에 대한 기억**이고, 그렇지 않을 때 그 기억은 그녀가 말하는 정치적인 것에 대한 기억이 되지 못할 것이다. 이러한 기억이 대체 어떻게 아우슈비츠와 같이 '**그것을 표상할 가능성이 뿌리째 뽑힌 사건**'이와사키에 대한 기억이 될 수 있겠는가. 타인에게 보이고, 타인에게 들리는 것만을 향하는 기억이 대체 어떻게 '목소리의 상실'펠만을 본질로 하는 '문門 반대쪽'의 경험을 기억할 수 있겠는가.

이것만이 아니다. 아렌트의 표상 공간은 나아가 한층 강력한 하나의 목적론적 지향에 의해 관통되고 있다. 아렌트에게 빛 안에 존재하는 것이야 당연히 기억될 수 있는 것이지만 **진정으로** 기억에 **값하는** 것이기 위해서는 다른 것들을 능가해 한층 더 밝게 빛나는 것이지 않으면 안 되었다. 즉 '영광glory'으로 밝게 빛나지 않으면 안 되는 것이다. "활동이 **완전히** 모습을 나타내기 위해서는 우리들이 일찍이 영광이라 부른 빛나는 밝음이 필요하다."[16] 구체적로는 '영광'이라는 것이 진정으로 기억에 값한다는 것은 단지 언어나 행위가 아니라 "**위대한** 언어와 **위대한** 행위"[17]호메로스에 다름 아니라는 뜻이다. 그리스인들이 엘가erga라고 부른 것, 즉 "기억에 값하는 충분히 위대한" 행위, '위업'이라 불리는 바로 그것이 아렌트가 말하는 기억의 특권적인 대상이다.[18] 아렌트에게 '활동'의 유일의 '기준'은 '영광'이고 또 '위대함'인 것이다.[19]

이 기억의 목적론은 아렌트의 헤로이즘heroism에도 반영되어 있다. 그녀의 이야기론에는 **이중적 의미에서의 헤로이즘**이 있다. 한편으로 이야기의 본질은 어떤 사람이 누구인지를, 즉 "타인과 다른 이 행위자의 유일한 아이덴티티"를 폭로하는 것에 있기 때문에 '이야기의 주체'인 '주인공＝히어로' 없이는 이야기도 있을 수 없다. "그 사람이 누구who이고 또 누구였던가를 아는 것은 그 사람 자신이 주인공hero인 이야기 — 바꿔 말하면 그 사람의 전기 — 를 아는 경우뿐이다." 그러한 한에서는 "이야기가 폭로하는 주인공hero이 반드시 영웅적heroic인 특질을 가질 **필요는 없다**". 자진하여 활동하는 '자발성'이라는 '본래적 의미에서의 용기'가 있다면 충분하다.[20] 하지만 다른 한편으로, 그것이 '영광'에 빛나는 '위업'이기에 기억되는 인물의 이야기라고 한다면, 당연히 얼마간은 영웅 이야기적 요소를 포함하게 된다. '위대한 언어'의 화자나 '위대한 행위'의 행위자를 주인공으로 하는 이야기는 전형적으로는 역시 영웅＝히어로의 이야기가 될 수밖에 없을 것이다.

인간의 본질이 드러나는 것은 생명이 오직 이야기를 남기고 사라졌을 때뿐이다. (…중략…) 따라서 의식적으로 '완전'하고자 함으로써 '불멸의 명성'을 얻는 이야기와 아이덴티티를 남기고자 하는 사람은 누구라도 아킬레우스가 그러했던 것처럼 자신의 생명을 위험에 노출시키는 일뿐만 아니라 짧은 생애와 요절을 기꺼이 받아들이지 않으면 안 된다. 유일하고도 훌륭한 활동을 끝내고 그 이상 장수하지 않는 사람만이 의심의 여지없이 자기자신의 아이덴티티의 주인공이 되고 위대해질 수 있는 것이다. (…중략…) 확실히 아킬레우스 역시 결국에는 이야기의 작가, 시인, 역사가에게 의존하고 있다. 그들이 없었다면 그가 행한 모든 것은 공허로 남았을 것이기 때문이다. 그럼에도 불구하고 그는 이야기 작가의 손에 자신의 행위의 완전한 의미를 직접 건네줄 수 있는 유일한 '주인공hero'이고, 그렇기에 전형적인 주인공=영웅hero par excellence인 것이다.[21]

아킬레우스의 이야기가 '범례적 의미paradigmatic significance'를 갖는 것은 주인공이 '생명을 대가로 하여' '불멸의 명성'을 얻은 '전형적 주인공=영웅'이었기 때문이다. "최고의 의미에서 활동하는 인간"이란 역시 뭐라고 해도 영웅인 것이다.[22]

그렇다 하더라도 영광, 위업, 불멸의 명성, 영웅, 아이덴티티의 폭로 등과 같은 요소들이 아우슈비츠를 비롯한 '사건 소실의 사건'에 대비되는 완벽한 대극에 놓인다는 사실을 누가 부정할 수 있을까. 이러한 요소를 품고 있는 이야기라는 것에 '범례적 의미'를 부여하고 있는 기억론이 기억될 수 없는 것에 대한 기억의 요청에 어떻게 적절히 조응할 수 있을 것인가. 아렌트가 즐겨 인용하는 또 하나의 '범례'는 앞서 언급한 투키디데스에 의해 전해지고 있는 페리클레스의 장송연설이다. 그러나 기억될 수 없는 것에 대한 기억이 읽어야만 하는 것은, 투키디데스를 빌어 말하자면, '모든 바다와 육지를 제압하여' '불멸의 기념비를 세운' 영웅들의 기억이 아니라, 오히려 예컨대 내가 피에르 비달-나케에 의거해 언급했던 이들, 곧 구체적으로 무슨 일이 있었는지가 완전히 불명인 채로 '소멸'되어버리고 말았던 스파르타의 노예들^{헤일로타이}의 예가 아닐까.[23] 『인간의 조건』에서 아렌트는 고대사회의 노예에 대해 이렇게 서술하고 있다. "노예가 저주받았다는 것은 그들이 그저 자유와 가시성을 빼앗겼다는 사실을 가리키는 게 아니다. 오히려 노예들은 암흑 =무명無名상태^{being obscure}에 있기에 자신들이 존재했다는 그 어떤 흔적도 남기지 못하고 세상을 뜰 수밖에 없음'을 두려워했다."[24] 어째서 아렌트는 『인간의 조건』 안에서 아마도 유일하게 '아우슈비츠'의 공포를 연상시키는 이 노예들의 공포를, '자유'와 '가시성'과 '불멸의 명성'의 의의를 찬양하기 위한 에피소드로만 이용하고 말았을까. 죽음 직전에 이름도 아이덴티티도 박탈당해 번호로 환원된, 사후에는 숫자로만 기억되거나 아니면 숫자로조차도 기억되지 못한 극한적인 '암묵=무명상태'를 엿보았던 아렌트가 마치 그 모든 공포를 한시라도 빨리 잊어버리고자 밝게 빛나는 '불멸의 명성'에 대한 기억에 매달리는 것처럼 보이지 않은가.

페리클레스의 추도사와 관련해서 말한다면, 아렌트가 이 연설에서 오직 정치의 기억을 읽어내는 일에만 열중하면서 그 기억의 폴리틱스를 거의 불문에 붙이고 있다는 점은 매우 문제적이라 하겠다. 주지하다시피 이 연설은 펠로폰네소스 전쟁의 전사자를 '조국' 아테네에 목숨을 바친 이른바 영령英靈으로 현창한다("그들의 영웅적 이름은 오래도록 우리 폴리스에서 그 일을 생각하는 이들의 말에도 행실에도 틈날 때마다 기억을 새롭게 할 것이다").[25] 동시에 그 연설은 시민들에게 이후의 전쟁에서도 "육체는 전장에서 쓰러질지라도 너는 폴리스를 위해 용기와 덕을 아껴서는 안 된다"[26]는 교훈을 설파한다. 이는 다름 아닌 조국을 위해 죽는 것Pro patria mori을 장려하는 고대적인 전형 중 하나인 것이다.[27] 그리스 폴리스에서 이루어진 장송연설epitaphios logos의 역사를 세심히 연구한 니콜 로로에 따르면, 특히 아테네는 "사후의 영광과 이름의 기억"을 중심관념으로 하여 '폴리스를 위해 죽는 것'을 '아름다운 죽음thanatos kalos'으로서 상찬하는 이런 종류의 연설을 제도화하고 있었지만, 이 제도 속에서 죽은 자들 자신은 "모든 '기억'의 궁극적인 심급인 폴리스 앞에서 소실"되고 마는 것이었다.[28] 이는 이와사키가 말하는 국민국가나 인종주의 간의 결합에 대한 비판만으로는 기억의 사유화에 대한 비판에 있어 불충분하다는 점을 명료하게 제시하고 있다. 이와사키는 근대에 관해 "기억이 집단적인 심성의 차원에서 국민국가적 상상력의 은폐된 원천이 되어 많은 사람들에게 자기희생적인 죽음까지 요구한다"고 문제 삼고는 있지만, '국민국가' 대신 '도시국가'를 대입해도 거의 그 의미가 달라지지 않는다고 한다면, 그리스적 기억에 의거해 근대적 기억을 비판하고자 하는 전략은 큰 난점을 갖게 될 것이다.[29] 로로는 또다른 연구에서 아테네와 그리스 폴리스에서의 '정치적 심급'이 어떻게 '기억의 검열자'로서 나타났는가를 논하고 있다. 로로는 도시국가의 일체성과 연속성을 위협할 우려가 있는 내전이나 패전 이후에는 모든 종류의 비극 상연의 중지, 공적 문서에 관한 말소행위exaleiphein의 공인, 사면恩赦＝망각amnēst-ia 등에 의한 '시민적 기억의 엄중한 감시'가 행해졌으며, "아무 일도 없었다는 듯이 만드는 일, 분쟁도 살인도 원한도 아무것도 없었다는 듯이 만드는 일"이 '정치 그 자체'에 다름 아니게 되었다고까지 말한다.[30] 이것은 아렌트에게 더없이 심각한 사태일 것이다. 왜냐하면 만일 그렇다고 한다면 '망각의 구멍'을 파는 것은 이제 더 이상 20세기 전체주의국가의 전매특허가 아니라, 하필이면 그녀가 말하는 '정치적인 것'의 모델인(그리고 모든 서구적 민주정치의 연고지인) 고대 아테네의 민주정 아래에서 이미 실천되고 있었던 것이 되기 때문이다('망각의 구멍'의 편재가능성).[31]

연극 · 미 · 카타르시스

또 하나 중요한 논점을 거론해 놓자. 아렌트의 기억 개념에 내재된 표상주의는 자연스레 연극모델의 우위와 모종의 미적 요소를 불러온다. 아렌트에 의하면 "드라마라는 명칭 자체가 그리스어 동사 dran^{활동하다}에서 온 것이고, 이는 극의 연기^{acting}가 실제로 활동 acting의 모방임을 보여주고 있다".[32] 따라서 "연극은 뛰어난 정치적 예술이다"[33]라고 말할 수 있을 뿐만 아니라, "활동＝연기 중임을 드러내 보이는 것^{spectemur agendo}^{존 아담스}으로서의 정치 그 자체가 이미 일종의 연극인 것이고, 그리스 폴리스는 그것이 '출현의 공간'인 한에서 바로 '일종의 극장'이었던 것이다.[34] 공적 공간이란 '공적인 무대^{public scene}'이고 정치적 공간이란 '정치적 무대^{political scene}'이기에 활동하는 사람들은 거기서 '배우＝행위자^{actor}'로서 등장하며 '연기＝퍼포먼스^{performance}'를 행하는 그 '묘기^{virtuosity}'를 경합해 '관객＝관찰자^{spectator}'의 평가를 받는 것이다. 『인간의 조건』이나 『혁명론』에서 빛의 은유에 못지않을 정도로 빈출하는 이런 은유들은 "연극에서 유래하는 많은 정치적 은유들의 고유하고 깊은 유의미함"[35]을 아렌트가 얼마나 확신하고 있었는지를 여실히 말해준다. 『칸트 정치철학 강의』나 『정신의 삶』에서도 그 기본은 변하지 않는다. 단지 활동적 생활^{vita activa}보다는 그것을 평가하는 사고 활동으로 고찰의 중심이 옮겨감에 따라 배우＝행위자 대신에 관객＝관찰자가 전면에 나오게 되는 것에 지나지 않는다. 이와사키가 말하는 『정신의 삶』의 '정치적 판단력'론은 사건 자체에 말려들지 않고 '**표상을 사이에 끼워**^{by means of representation}'[36] 사태를 주시하는 관객＝관찰자야말로 연극^{spectacle}의 의미를 발견해내고 그 연기를 적확하게 판정=판단judge할 수 있다는 사상에 기초하고 있다. 그것은 **연극 모델이기에 필연적일 수밖에 없는 상연=표상** representation **공간의 특권화로 인해** '그것을 표상할 가능성이 뿌리째 뽑힌 사건'을 다시금 배반하고 마는 것이다.[37]

미적 요소란 무엇인가. 아렌트의 '정치적 판단력'이 칸트의 '미적 판단력'을 모델로 구상된 것은 결코 우연이 아니다. 왜냐하면 아렌트의 정치적인 것의 개념은 저 그리스적 '현상' 개념 또는 표상주의로 인해 본디부터 미적인 것과의 강한 친화성을 지니기 때문이다.

> 출현하여 미美가 되는 것을 본질로 삼는, 즉 활동하는 사람들에 의해 정치적으로 확보된 공적 영역과는 달리, 일반적으로 문화라는 것은 그런 본질을 발휘하는 공간을 제공한다. (⋯중략⋯) 정치적인 경험이나 활동은 그대로 두면 세계에 그 어떤 흔적도 남기지 않고 생겼다가 사라지지만, 미는 그것과는 완전히 대조적인 불멸성을 과시한다. 말과 행위의 위대함은 퇴색되기 쉬운바 그것에 아름다움이 부여될 때 비로소 세계에서 그 생명을 지속시킬 수 있다. 미라는 것 없이는, 즉 잠재적인 불멸성이 인간세계에 명시되는 빛나는 영광 없이는 모든 인간 생활은 불모이며 그 어떤 위대함도 계속 유지될 수 없을 것이다.[38]

따라서 위대한 '활동'의 기억은 어떠한 방식으로든 미를 포함한다. 기억되어야할 것은 '활동에 아름다움이 부여될 때 비로소 세계에서 그 생명을 지속시킬 수 있다'는 것으로, 이 기억은 필연적으로 일종의 미적 기억이 아닐 수 없다. 물론 이 미는 비극적 미라고 할지라도 상관없다. 오히려 아렌트에게 비극의 미는 '정치적 판단력'이나 기억과 '가장 깊은' 관계를 맺는다. 왜냐하면 그것은 우리가 '과거와 화해한다'고 하는 '승인의 프로세스'를 '다른 문학적 형식들 이상으로 표현하기' 때문이다.[39]

인간 존재의 카테고리로서의 역사라는 것의 기원은 오디세우스가 파이아케스인들의 왕의 궁정에서 자신의 행위와 고난의 이야기, 자신의 생애의 이야기(…중략…)에 귀를 기울였을 때 시작된다. (…중략…) 그저 우연적인 사건들을 역사로 변용한다는 것은 본질적으로 나중에 그리스 비극에서 사용된 것과 같이 언어에 의한 '활동의 모방'이다. (…중략…) 오디세우스가 자기 생애의 이야기에 귀를 기울이는 장면은 역사에 있어서도 시에 있어서도 **범례적**paradigmatic이다. '현실과의 화해', 즉 아리스토텔레스에 따르면 비극의 본질이고, 헤겔에 따르면 역사의 궁극적 목적인 **카타르시스**는 **기억의 눈물**에 의해 생겨난다. 여기에 **역사와 시에 대한 가장 깊은 동기가 비할 데 없는 순수함으로 나타나고 있다.**[40]

〈쉰들러 리스트〉와 아렌트

그런데 여기까지 오면 독자는 어떤 기묘한 느낌에 사로잡힐지도 모르겠다. 처음에 나는 〈쉰들러 리스트〉에 대한 이와사키의 비판에는 기본적으로 이견이 없다고 밝혔다. 그럼 대체 〈쉰들러 리스트〉의 어떤 지점이 아우슈비츠를 배반하고 있는 것일까. 이와사키에 의하면 "눈으로 보는 것에 카타르시스를 부여하는 (…중략…) 이 영웅이야기라는 형식 자체가 이미 홀로코스트를 배신하고 있다".(181頁) 확실히 그렇다. 그러나 아렌트의 기억론은 지금까지 살펴본 것처럼 다름 아닌 **관객=관찰자에게 카타르시스를 가져다주는 영웅이야기** — 예를 들어 아킬레우스나 오디세우스의 그것 — 를 범례시하고 있지 않은가. 비극적 미가 가진 정화와 '화해'의 힘'기억의눈물'에 호소하고 있지 않은가. 이와사키에 의하면 "정경을 재현하는 수법이 격절감만을 부여하는 이유는 아우슈비츠야말로 배우로서는 연기할 수 없는 사건이기 때문이다".(182頁) 이 역시 맞는 말이다. 그러나 아렌트의 기억론 안에서는 기억되어야 할 '활동'이 **배우=행위자의 연기=퍼포먼스**로 파악되고 있다. 그때 "일종의 반복인 모방미메시스41"을 통해 재현하는 연극은 특권화되는 것이 아닌가. 이와사키는 아우슈비츠란 "개인적 에피소드로서의 이야기가 이미 불가능한 사태"이며 그렇게 "개인의 가능성이 해체되어 흩어진" 사건임에도, 〈쉰들러 리스트〉는 "어디까지나 개인사"이며 거기에는 "이야기의 주인공이 있고""인간과 그 행위 간의 단순한 통합 가능성"이 의심되지 않고 있다고 말한다.(181~182頁) 역시 그러하다. 그러나 아렌트에게 이야기란 '타인과는 다른 **이 행위자의 유일한 아이덴티티**'를 폭로하는 것이었고, 그렇기에 **주인공** 없이는 이야기도 없는 것이며, '전기' — 즉 '**개인사**' — 야말로 그 모범이 되는 것이 아니었던가.

이렇게 보면, 일순간 〈쉰들러 리스트〉가 아렌트의 기억론의 기준에서 볼 때 "지적 야만"(이와사키, 188頁)이기는커녕 극히 높은 점수를 얻게 될 '우수작'이 아닐까 하는 생각마저 든다. 거기서 놓쳐서는 안 되는 점은 '반드시 누군가 한 사람은 살아남아 보아왔던 일을 이야기할 것'이라는 증언가능성에 대한 아렌트의 확신이 『예루살렘의 아이히만』 속에 놓여있던 문맥이다. 그 확신은 실은 〈쉰들러 리스트〉와 마찬가지로 "예외적인 독일인 한 사람의 에피소드"^{이와사키}와 관련되어 있다. 즉, **독일군 상사 안톤 슈미트**가 위조서류나 군용트럭을 사용해 **유대인 파르티잔을 원조했었다** — "무엇보다도 중요한 것은 **그가 돈 때문에 그 일을 한 것이 아니었다**"^{아렌트} — 는 증언이다. "전체주의국가는 반대자들을 아무 말도 없이 사람들에게 알리지 않은 채로 소멸시켰"으므로 슈미트와 같은 행위는 '공허하게 자신의 생명을 희생시키는 일'에 불과하다는 주장에 맞서, 아렌트는 현실에서는 '반드시 누군가 한 사람은 살아남아 보아왔던 것을 이야기할 것'이므로 "그 누구이든 실제 문제로서 무익할 수는 없는 것"

이라고 논했나.[42] 아이히만 재판 과정에서 독일인들의 그런 행위에 대한 증언은 이 부분이 처음이자 마지막으로, 이 증언이 이루어진 2분간은 "깊이를 잴 수 없는 오직 검은 색 일색의 **어둠** 속에서 돌연 반짝이는 **빛**이 비춘 것 같"다고 아렌트는 쓰고 있다. 그런데 이것이 독일군 상사 슈미트가 아니라 나치 당원 쉰들러였다고 한다면 그녀는 어떤 토론을 전개할 것인가. 슈미트의 영웅적 행위에 대한 증언에서 결국 아우슈비츠의 증언불가능성을 부정하는 주장으로 향한 아렌트는, 쉰들러의 행위를 다름 아닌 '희유한 위업rare deed'[43]으로서, '깊이를 잴 수 없는 검은 색 일색의 어둠 속에서 돌연히 반짝이는 빛과 같이' 그린 스필버그의 영화 속에서, 과연 어디까지 아우슈비츠에 대한 배반을 볼 수 있었을 것인가.

'반드시 누군가 한 사람은 살아남아 보아왔던 것을 이야기할 것이다'(One man will always be left alive to tell the story. 스토리를 이야기할 것이다)라는 주장에는 스토리텔링이 가진 증언력에 대한 확신이 담겨 있다. 물론 아렌트의 "스토리텔링의 철학"[44]아이작 디네센을 "할리우드 스토리텔링"이와사키으로 환원할 수 있을 리는 없다. 이 점은 분명하다. 하지만 이 철학은 그것이 분명 **스토리텔링**의 철학인 한에서 '이야기되기에 충분하게 정돈coherence된 스토리'[45]와 그것을 구성하는 모든 요소들을 전제하지 않을 수 없다. 그런 한에서 **이와사키 자신이 특징을 부여한 지점들**은 분명 란즈만의 〈쇼아〉보다는 〈쉰들러 리스트〉에 더 많이 적합하다. "'아우슈비츠'에서 파괴된 것을 〈쉰들러 리스트〉는 여전히 존재하고 있다는 시늉을 계속한다. 극언하자면 그것은 '아우슈비츠'의 부정이기도 하다."(이와사키, 182頁) 전적으로 그렇다고 생각한다. 비판의 총괄로서 이 이상 적절한 정식화는 생각할 수 없다. 다만 내가 염려하는 것은 이와사키의 문장 속의 〈쉰들러 리스트〉라는 낱말 대신에 '아렌트의 기억론'을 집어넣더라도 이 문장이 그대로 성립하지 않는가라는 점이다. 아우슈비츠에서 파괴된 많은 것들, 한마디로 하자면 **기억과 이야기의 고전적 공간을** 아렌트의 기억론은 여전히 존재하고 있다는 시늉을 계속하고 있지 않은가. **극언하자면** 그것은 아우슈비츠의 부정이 되어버린 것이 아닐까.[46]

마그네스와 카하네

아무리 그렇게 말할지라도, 라고 할지도 모르겠다. 〈쉰들러 리스트〉 속에는 아렌트라면 확실히 비판할 기만이 적어도 하나는 존재한다. 그것은 쉰들러의 이야기를 국민국가 이스라엘의 현존에 연결시키는 마지막 장면이다. 시오니스트 수정파를 비판하고 철저하게 아랍인과 유대인의 공생을 추구한 아렌트라면 팔레스타인 사람들을 무시하고 현재의 예루살렘을 유대인 구제의 약속의 땅으로 이상화시킨 그 영상을 단호하게 거부할 것이 틀림없다고들 할 것이다. 아마도 그럴 것이다. 나도 그렇게 믿고 싶다. 그러나 **굳이 말한다면**

이 섬에 있어서도 내게는 일말의 불안이 남아 있음을 고백하지 않을 수 없다.

아렌트의 "특정 시기 시오니즘으로의 접근은 유대인 국가의 창설을 목표로 한 것이 아니라 당시 장소를 갖지 않은 사람들을 위해 장소를 주는 격투였다. 그리고 바로 그것뿐이었다"고 이와사키는 쓴다.(186頁) 그렇지만 본인의 증언에 따르면 그녀는 단지 시오니즘에 '접근'했던 것만이 아니라 "시오니스트였다". "아시다시피 나는 시오니스트였기 때문에 내가 시오니스트 기구와 손을 끊은 이유는 유대인위원회의 반시오니즘적 입장과는 매우 달랐습니다. 즉 나는 원리적으로 이스라엘에 반대하는 것이 아니라 이스라엘의 몇몇 주요 정책에 반대하는 것입니다. 어떤 이유에서든(그들 자신의 어리석음이 그 이유였을지라도) **이 유대인국가에 파국이 찾아온다면**, 그때 우리 중 누가 어떤 의견을 가지고 있든지 간에 **그것은 필시 유대민족 전체의 최종적 파국이 되리라**는 것을 나는 알고 있습니다."[47] 이 발언이 유대인국가 이스라엘에 대한 원리적 반대와 어떻게 정합적일 수 있을까. 아렌트의 증언은 아니지만 그녀의 전기 작가 엘리자베스 영 브륄은 다음과 같이 증언한다.

1967년 중동전쟁 중에 한나 아렌트는 이스라엘의 승리를 열렬히 기뻐했다 intensely proud. 여느 때는 이스라엘의 정책에 비판적이던 그녀는, 친구 한 사람의 말을 빌리자면 '전쟁의 새신부처럼' 굴고 있었다. 아렌트는 공격적인 군사행동과 방위적인 군사행동을 분명하게 구별하고 56년 전쟁은 어리석었지만 57년 전쟁은 이해할 수 있다고 생각했다. (…중략…) (73년 전쟁이 시작된 10월 9일 프랑스 라디오국 인터뷰에서) 그녀는 "유대민족은 이스라엘에서 하나가 되었다"고 말하면서 유대교는 국민종교national religion라고 무비판적으로 설명하기까지 했다. (…중략…) 67년 때와 마찬가지로, **아렌트는 유대방위연맹**(the Jewish Defense League)**에 기부금을 전했다.**[48]

충격적이라고 할 수밖에 없다. 67년 전쟁에 대한 반응은 물론이거니와 유대방위연맹에 거듭 기부한 사실 등은 참으로 놀랄만한 일이다. 말할 것도 없이 이 연맹은 메이르 카하네정통파 랍비, 국수주의 정치가에 의해 미국에서 창설된 인종주의적 경향을 가진 유대인 극우조직이고, 1994년 2월 헤브론에서 팔레스타인 사람들을 대상으로 대량 사살사건을 일으킨 바루치 골드스타인 의사유대교 광신자도 일찍부터 그 멤버였다. 에드워드 사이드의 적확한 물음을 반복하자면, "마그네스히브리대학 총장, 유대인-아랍인 '복합국가안' 제안자와 카하네 쌍방을 지지한 아렌트는 대체 이 모순을 어떻게 [정합적으로] 조정한 것일까".[49] 만약 영 브륄의 이 **증언**이 믿을 만한 것이라면, 아렌트의 '정치적 판단력'론이 놓여있던 실천적 콘텍스트는 돌연 흐려지게 된다. 이 수수께끼를 풀기에는 이스라엘에 관계된 아렌트의 '활동'에 관한 우리들의 기억을 다시 한번 철저히 원점부터 검토하는 길밖

에 없다. 어느 쪽이든 그녀의 실천을 근거로 그 기억론의 심화를 말
하는 것은 얼마간이라도 신중하지 않을 수 없을 것이다.

제2장

—

'암흑의 핵심'에서의 기억

—

아렌트와 '인종'의 환영(幻影)

> "
> 기억에는 법이 없고,
> 법에는 기억이 없다.
> "

에드몽 자베스, 「말의 발명」[1]

한나 아렌트는 『혁명론』이나 「유럽과 미국」 등의 글에서 미국은 European mankind의 기획이라고 반복해서 서술한다.

북미의 식민지화와 합중국의 공화정은 European mankind가 행한 필시 최대의 기획이자 가장 대담한 기획일 것이다.[2]

이 문맥에서 중요한 점은 잘 됐든 못 됐든 미국은 이미 European mankind의 기획이었다는 것이다. 미국 혁명만이 아니라 그 전후에 일어난 일은 모두 '대서양문명 전체의 내부적 사건'이었다.[3]

미국 공화정은 십자군 이래 처음으로 공통의 기획으로 나아간 European mankind 최대의 모험에 그 기원을 빚지고 있다.[4]

European mankind란 무엇인가. 이것을 어떻게 이해하고 어떻게 '번역'해야 할까? 현재 일본어 번역으로는 '유럽 **인종**'이 되겠지만 그 표현이 적당하다고는 생각되지는 않는다. **인간**^{man}의 **종류**^{kind}라는 뜻에서 '인종'이라고 옮기게 됐는지 모르겠지만, 그 말은 불가피하게 race · Rasse의 차원에서의 인종을 연상시키며 인종주의 비판의 사상가 아렌트를 인종주의자로 만들고 만다.[5]

European mankind는 물론 기본적으로는 인종의 일부인 유럽인, '유럽적 인종'을 의미할 것이다. 그러나 동시에 이 단어는 독일어

판의 europäische Menschheit나 프랑스어판의 humanité européenne
가 그런 것처럼 초월론적 현상학의 철학자 후설이 말한 '유럽적 인
간성europäisches Menschentum'에도 비견될만한 뉘앙스를 띠고 있다.
European mankind도 '유럽적 인간성'도 초온 로곤 에콘zōon logon
ekhon, 로고스를 가진 동물의 첨예한 지점을 떠안고 있다. 철학과 정치의
차이 ― 아렌트라면 **대립**이라고 말할 것이다 ― 가 있다고 할지라
도, 그 둘은 어느 쪽이나 고대 그리스에서 근본이념이 창건되고 근
대의 혁명적 기획 ― 한쪽으로는 데카르트적 자각의 기획, 다른 한
쪽으로는 다름 아닌 미국 혁명의 기획 ― 에 의해 그 부활이 이뤄진
것도 한 순간, 그 즉시 장기적인 추락의 경향에 **빠져** 20세기에 들
어와서는 마침내 결정적 위기를 맞고 있다는 점에서도 매우 닮아
있다. 후설과 아렌트의 사고란 각기 그런 위기에 대한 대응에 다름
아니었다고도 할 수 있는 것이다.[6]

European mankind의 위기란 무엇인가. 그것은 그리스 폴리스에
서 창건된 정치politics 이념의 결정적 소실이라는 위기이지만, 동시
에 또한 European mankind가 '유럽 **인종**'화되는 것, 바로 그런 상태
가 갖는 위기이기도 하다. 아렌트에게 "서양의 몰락"이란 "유럽이
라는 여러 **민족**들의 가족europäische Völkerfamilie"[7]이 붕괴되면서 '인
종사회'화되는 것에 다름 아니다. European mankind를 '유럽인종'
으로 보는 것도 그런 의미에서라면 충분히 **가능하다**. 그러나 그것은
가능하기는 하지만, **있어서는 안 되는** 일이다.

유럽 여러 민족의 생존능력에 대해서 어떠한 전망이나 당연한 기대를 품을지라도, 또 민족을 전체로서 모브^{mob}·폭도화한 군중로 변화시킬 수는 없다고 아무리 설명하고자 할지라도, 홉스가 말한 필연적으로 우리들을 몰락으로 이끄는 과정의 시작점에 우리들이 서 있다는 것이 모르는 사이에 진실이라고 설명된다면, 오늘날 **서양의 몰락**이라는 것이 **인종**^{Rasse}**으로의 민족**^{Volk}**의 몰락 혹은 전환**이라는 형태로 실현될 것임은 이미 분명해졌다고 하겠다. 그렇게 급기야 독일민족은 '슬라브인'만으로, 그리스민족은 '백인'만으로, 프랑스 민족은 '혼혈인종'만으로 되어버리고 말 것이다. 그것이 바로 서양의 몰락일 것이다. 왜냐하면 자연과학이나 정신과학을 전공으로 하는 학자들이 뭐라고 말하든 인종이란 정치적으로 말하자면 인류^{Menschheit}의 시작이 아니라 그 끝이며, 민족의 기원이 아니라 그 몰락이고, 인간의 자연적 탄생이 아니라 부자연적인 죽음이기 때문이다.[8]

주의해야 할 것은 여기서 '민족'이 '인종'과 함께 '인류'나 '인간'에 대립하는 것이 아니라, '인류' 및 '인간'과 함께 '인종'에 대립하고 있다는 점이다. 아렌트에 의하면 '민족'이란 본래 "공생하는 사람들이 구성하는 정치적 조직 덕분에 존재하는 것"[9]이고, 그녀가 의미화하는 '정치'와 연결되어 있다. 내셔널리즘이나 민족주의, 국민국가에 대한 알려진 비판에도 불구하고 '민족'으로의 귀속 그 자체는 아렌트에게 '인간'의 조건이다. '인종으로의 민족의 몰락'으로서의 '서양의 몰락'은 다름 아닌 '정치'의 종언에 따른 '인간'의 '죽음'이며 '인종'의 '끝'인 것이다.

바꿔 말하면 아렌트가 생각하는 '정치'는 한편으로는 '유럽'과, 다른 한편으로는 '민족'과 본질적으로 관련되어 있다. 아래에서 나는 그런 연관을 특히 기억이라는 개념을 이끄는 실마리로서 파고들고자 한다. 어째서 기억인가 하면 제1장(및 보론)에서 논한 바와 같이 아렌트의 정치사상은 전체로서 '기억의 정치학'이라고 부를 수 있는 부분이 있고, 그런 한에서 그 개념은 그녀가 말하는 '유럽' 및 '민족'의 의미에도 적지 않은 빛을 비추고 있음에 틀림없기 때문이다. 그런데 이런 접근은 필연적으로 아렌트의 아프리카 표상이 갖는 문제성을 부상시킨다. '인종으로의 민족의 몰락'이란 기억의 관점에서 말하면 실제로는 기억의 무화無化이고 어둠 속으로의 기억의 전락인 것인바, 그런 기억의 어둠을 구체적으로 이미지화시키는 것이야말로 다름 아닌 '아프리카'이고 '암흑의 핵심'으로서의 블랙 아프리카이기 때문이다. European mankind의 붕괴, '서양의 몰락'은 아렌트에게는 **유럽의 아프리카화**로서 표상되고 있는 것이다.

1 ─── 아프리카의 기억

예를 들면 이렇다.

인권을 국민국가 속에서 실현되는 인민＝민족주권Volkssouveränität
과 결합시키는 일의 진정한 의미가 처음으로 분명해졌던 것은, **유럽
의 한가운데에 있으면서도 마치 미국대륙의 황야로 불운하게 추방당한 듯이**
인간으로서도 민족으로서도 기본적 권리를 전혀 보증 받지 못하는
사람들이나 민족집단이 계속해서 나오게 됐을 때이다.[10]

『전체주의의 기원』2권 5장에서 '국민국가의 몰락과 인종의 종
언'을 논하는 아렌트는 인종의 추상적 보편성과 그것을 보증해야
할 국민국가의 민족중심적 성격 간의 근본모순을 비판하면서, 그
런 모순의 결과로 나타나는 방대한 수의 무국적자의 출현을 위와
같이 '유럽의 한가운데'에서의 '아프리카'의 출현으로 비유하고 있
다. '인간'과 '민족'의 끝('인간으로서도 민족으로서도 기본적 권리를 전혀
보증 받지 못하는 사람들')은 '유럽'의 끝과 하나이며, '유럽'의 끝은
"유럽의 외부, 암흑대륙 미국"의 시작인 것이다.[11]

그런데 그 비유는 이미 어떤 기억에 입각해 있다. 그녀가 지금 눈
앞에서 보고 있는 사건은 일찍이 다른 장소에서 일어난 유럽의 미
국화를 특정한 방식으로 연상시키는 것이었고, 그렇게 기억을 환

기시키는 것이었기 때문에야말로 그런 비유로 서술되고 있는 것이다. 그것은 17세기 중반에 남미로 건너간 네덜란드계 이민 보어인 Boers의 '백인인종화'에 관련된 기억이다.

인종적 교설과 끝없는 팽창과정을 중핵으로 하는 제국주의가 민족 전체를 모브로 바꾸기 위해서는 일찍이 애국주의가, 나중에는 내셔널리즘이 행한 것과 같이 민족을 장악하고 동원할 필요가 있었을 것이다. 그러나 그런 일은 지금까지 유럽계 소수민족인 보어인에게만 일어났다. 보어인은 미국의 여러 부족들 한가운데에서 불행한 운명과 조우하고 있었으므로, 그들에겐 모든 곤란을 피하기 위하여 백인의 인종조직으로 도망쳐 들어가는 것이 가장 손쉽고도 빠르게 도망치는 방법이었다.[12]

'아프리카의 여러 부족들 한가운데에서 불행한 운명unglückliches Schicksal과 조우'했던 '유럽계 소수민족'이라는 아렌트의 서술은 '유럽의 한가운데에 있으면서도 마치 미국대륙의 황야로 불운하게 in widriges Schicksal 추방당한 듯'한 무국적자들에 대한 서술과 완전히 대응한다. 보어인이 조우한 '불행한 운명'이란 남미의 열악한 토지 위에 놓이게 된 것, 대다수 원주민 인구가 '집약적 농업과 조밀한 거주'를 원치 않았기에 본래 유럽계 소수민족이던 보어인이 "단기간에 현지의 야만적인 유목민과 다르지 않게 되어버렸"던 것,

"민족에서 백인종 부족으로 전락했"던 것을 말한다.[13] "**민족에서 인종으로의 결정적이고 파멸적인 전화**"에 있어, '미국의 여러 부족들 한가운데'에서 유럽(보어인)의 미국화(인종부족화)는 제1차 세계대전 후의 '유럽 한가운데'에서의 유럽(여러 민족들의 가족)의 미국화(인종사회화)를 선취하고 있다. 『전체주의의 기원』 2권을 매듭짓는 '국민국가의 몰락과 인종의 종언'이라는 장의 마지막 말, 즉 오늘의 "문명세계"가 "내적 붕괴의 과정 속에 수백만이라는 셀 수 없을 정도의 인간을 미개부족이나 문명과는 인연이 없는 야만인과 본질적으로 동일한 상태로 떨어뜨림으로써 흡사 자기 자신의 내부로부터 야만인을 낳고 있었던 듯하다"[14]는 말도 유럽과 미국의 관계를 문명과 야만의 대립에 겹치는 아렌트의 전제를 안다면 결코 단순한 레토릭이 아니라는 것을 알게 될 것이다.

보어인의 '백인 인종화'에 대한 기억이라고 말했으나 물론 사태가 단순하지는 않다. 분명 아렌트는 그 사건에 관해 집중적인 고찰을 행한 『전체주의의 기원』 2권 2장의 '암흑대륙의 환영세계'이라는 절에서, 마치 그녀 자신이 당사자 또는 목격증인이었던 것처럼 보어인의 경험을 그 내면으로까지 들어가 생생히 묘사한다. 단순히 "객관적"인 역사서술이 아니며, 그렇다고 어떤 "정치적" 입장에서 재단하는 것도 아닌, 보어인들의 '경험' 내지 '의식'의 내실을 있는 그대로 개시하는 것—그것은 아렌트가 스스로 설정한 과제이기도 했다. 그녀에 의하면 20세기의 인종이데올로기에 "결정적인 의미"를 갖는 것은 여러 선구적인 인종사상들이라기보다도 오히려 "유럽인이 미국에서 맛본 **경험**"이었다.[15] 보어인은 "19세기에 스스로 인종주의사회를 구성한 유일한 백인민족"이지만, 그 인종주의 사회는 그들이 "이해는 고사하고 자신들과 같은 인간이라고 인정할 용의조차 없었던 종족의 인간들과 맞부딪쳤을 때에 그 위기를 극복할 수 있도록 산출된 비상수단"에 다름 아니었다. 그러므로 인종주의가 근현대의 정치에 미친 숙명적인 작용을 이해하기 위해서는 무엇보다 먼저 그런 '위기'에 대한 보어인의 '경험'에 안쪽으로부터 접근하지 않으면 안 된다. "객관성"을 표방하는 역사학이나 비교민속학이라는 학문, 또는 이미 '경험'에서 이탈해 모종의 "정치적" 입장에 선 시선은 그 어느 것도 도움이 되지 않는다. 아렌트가 의거하는 것은 일종의 "문학적" 기억, 곧 조셉 콘래드의 소설 『**암흑의 핵심**Heart of Darkness』 프랜시스 포드 코폴라 감독의 1979년 영화 <지옥의 묵시록> 원작이다.

인종 망상을 정당화할 수 있는 근거는 이론적으로도 정치적으로도 존재하지 않는다. 따라서 그것을 발생시킨 경악을 이해하기 위해서는 민족학자에게 가르침을 청해도 쓸데가 없다. 민족학자는 바로 그런 공포로부터 자유롭지 않으면 자신의 연구가 성립될 수 없는 것이기 때문이다. 또 인종주의 광신자는 이 경악을 초월해 있다고 자칭하기 때문에, 나아가 온갖 종류의 인종사상에 정당한 싸움을 거는 사람은 인종사상이란 대개 아무런 현실적 경험의 기초도 갖지 않는다고 당연히 생각하는 경향이 있기 때문에 그 어느 쪽도 도움이 되지 않는다. 그것들보다 조셉 콘래드의 이야기^{Erzählung}『암흑의 핵심』쪽이 역사, 정치, 비교민족학의 저작들보다 인종 망상에 대한 경험의 배경을 밝히기에 더 적절할 것이다.[16]

특정 종류의 역사적 경험을 서술하기 위해 문학 텍스트를 채용하는 것은 아렌트의 상투적인 수단이고, 『전체주의의 기원』만 해도 19세기 유대인 사회사와 프루스트, 그리스 제국주의와 키플링, 대륙제국주의의 관료제와 카프카과 같이 벌써 몇 가지의 예들이 떠오른다. 그것은 행위의 증언형식으로서의 이야기^{Erzählung, story}를 중시하는 사상에 기초한 전략이자, 특히 여기서처럼 '인종 **망상**'의 기원에 있는 '경악' 혹은 '공포'에 접근하고자 하는 경우에는 충분히 의미 있는 전략이라고 할 수 있을 것이다. 그렇다고 하더라도 어째서 콘래드의 『암흑의 핵심』일까? 이 선택에는 적잖은 문제가 함유되어 있다.

먼저 『암흑의 핵심』은 보어인의 경험을 그린 것도, 그들을 모델로 한 것도 아니다. 아렌트 자신의 말을 믿자면, "보어인은 전혀 문학을 창조하지 않았기 때문에 그들이 유럽민족에서 미개민족의 추장으로 변화해 있던 발전 단계를 우리들은 추측할 수밖에 없는" 실정이다.[17] 『암흑의 핵심』이 작가 자신의 콩고 여행에서의 "경험의 기록"콘래드이었다고 말하고, 또 커츠의 모델이 콩고 오지의 대리인 크라인이 아니라 아렌트가 상정한대로 카를 페터스독일령 동아프리카의 식민자였다고 할지라도, 『암흑의 핵심』은 결코 보어인의 경험에 대해 직접적으로는 증언할 수 없다. 아렌트는 본래 있어야만 할 문학적 기억의 부재를 보전하기 위해 다른 장소에 대한 다른 문학적 기억에 호소하는 것인바, "경험 그 자체"에 대한 **대리보충**代補**의 대리보충**을 조작하는대리보충을 대리보충하는 일 말고는 할 수 없는 것이다.

두 번째로 아렌트는 『암흑의 핵심』을 '역사, **정치**, 비교민족학'과는 다른 '이야기'이자 '정치'와는 구별되는 '경험'의 서술인 것처럼 말하고 있지만 이는 실태와는 먼 것이다. 치누아 아체베가 그랬던 것처럼 "『암흑의 핵심』에서의 인종주의"를 말하는 것도 불가능하지 않다.[18] 인종주의적 '광신'이나 반인종주의적 '싸움'과는 다르다고 해도, 적어도 이 작품이 "단순히 문학적인" 작품이 아닌, '인종'과 관련한 어떤 본질적인 '정치'를 포함한 작품이라는 것은 분명하다. 템즈강 하류에 떠오른 범선 네리호 위에서 말로가 이야기하는, 오지의 대리인 커츠를 찾는, 즉 '암흑의 핵심'을 향해가는 여행의 기록은 콩고에 대한 벨기에의 제국주의적 지배가 가져온 비참한 귀결을 고발하는 양상을 넌지시 보여주면서도, '암흑대륙 아프리카'를 보는 '유럽 문명'의 시점을 끊임없이 확인하고 있다. 사이드도 지적한 것처럼 "말로는 자신의 아프리카 여행 이야기를 들려주면서 커츠의 행위를 반복해 확인하는, 즉 아프리카의 불가해함

strangeness을 역사화하고 이야기하는 행위를 통해 아프리카를 유럽의 패권 내부로 되돌리려는"[19] 것인바, 거기서 **아프리카 경험을 이야기하는 것과 아프리카에 대한 유럽중심주의적 표상을 수용하는 것을 분리시키는 일은 불가능하다.** 이 '정치'를 아렌트가 문제 삼지 않고 『암흑의 핵심』을 '경험'의 '이야기'로만 보고자 하는 것은 그녀 자신이 이 '정치'를 공유하고 있다는 증좌인 게 아닐까. 아래에서는 이 의문에 답해 보고자 한다.

2 ── 기억의 어둠으로서의 아프리카

『암흑의 핵심』에서 아렌트가 인용한 유일한 대목.

이들 선사시대적인 인간prehistoric man이 우리를 저주했는지 숭배했는지 아니면 환영했는지, 누가 그것을 말할 수 있었겠는가. 우리는 주위의 이해로부터 차단되어 있었다. 우리는 정신병원의 광란을 눈앞에서 목격한 정상인들이 그러하듯 놀람과 은밀한 공포에 사로잡혀 유령처럼 그곳을 지나쳐 왔다. 우리는 너무도 멀리 떨어져 있었기에 이해할 수 없었고, 원시시대의 어둠 속에서, 그러니까 대부분의 **흔적**sign도 그 어떤 **기억**memories도 남기지 않고 멀리 지나가 버린 그런 시대의 어둠 속에서 헤매고 말았기 때문에 **기억**하는 일remember 또한 할 수 없었다. 대지가 이 지상의 것이라고는 생각할 수 없었다 (…중략…) 그리고 인간은 (…중략…) 아니, 그들은 인간이 아닌 것이 아니었다. 그렇다, 그 점이 가장 다루기 어려운 것이었다−그들도 인간이 아니지는 않은 것 같다는 이 의혹 말이다. 그런 생각이 서서히 마음속에 잠입해 들어왔다. 그들은 고함치고 날뛰고 빙빙 돌며 그리고 무서운 형상을 드러냈다. 그러나 그 불쾌함에 전율이 감도는 것은 그들이 인간이라는 생각이 들었을 때―즉, 그들이 우리와 같은 인간이고 이 야만과 격정의 광란이 먼 곳에서 우리의 피와 이어져 있다고 생각되었을 때였다.[20]

보어인(유럽인)이 '이해는 고사하고 자신들과 같은 인간이라고 인정할 용의조차 없었던 종족의 인간들과 맞부딪쳤을 때'의 '공포'와 '경악'. '선사시대적인 인간'이나 '기억'이 끊긴 '흔적' 없는 '원시시대의 어둠'이라는 표현은 아렌트가 『암흑의 핵심』에서 읽어내고자 한 것을 조금의 차질도 없이 표시하고 있다. "대륙전체에 북적대는 주민으로서의 흑인들을 보았을 때 유럽인을 엄습한 근원적 공포"란 "이 흑인 역시도 인간이라는 사실 앞에서의 전율"이며, 이어 "**이러한** '인간'은 단연코 자신들과 동류여서는 안 된다는 결의"가 생겨남으로써 인종주의가 형성되었다고 아렌트는 말한다.[21] 그렇다면 '**이 흑인**'이란 무엇이고 '**이러한** 인간'이란 어떤 인간인가. 기억을 가지지 않는 인간이고 기억을 가지지 않으므로 **역사도 가지지**

않는 인간이다, 라고 그녀는 답한다. "암흑대륙 아프리카"의 '암흑'이란 이 기억의 어둠, 기억의 "어둠의 핵심"으로서의 암흑이다. 기억도 역사도 가지지 않는 인간은 "과거도 미래도, 목적도 업적도 알지 못하는 생물"에 다름 아니며 **"그러므로** 그들(유럽인)에게는 정신병원의 환자와 같이 전적으로 이해할 수 없는 존재였다"고 아렌트는 해석한다.[22] 보어인의 '불행한 운명'이 시작되는 것도 여기부터이다. "여기의 환경적 조건에 동화되었을 때만" 자멸을 피할 수 있었던 그들은 스스로 기억에 있어서의 이 '암흑의 핵심'으로 들어간다. "보어인은 원주민을 인간으로서가 아니라 새로운 대륙의 원료로 간주하고 원하는 만큼 이 원료를 착취하면서 나태한 기생적 생활을 보내는 와중에 스스로가 원시적 부족의 단계로까지 추락하고 말았"던 것으로, 그들의 흑인노예제는 "유럽의 한 민족이 흑인부족의 생활양식에 스스로를 동화시킨 방식"이었다.[23] 아프리카에 대한 보어인의 그런 '동화'야말로 그들이 '민족에서 인종으로의 결정적이고 파멸적인 전화'를 야기한 바로 그것이었다. 즉 '인종'이란 '기억 없는 [인]민族'의 다른 이름인 것이다.

여기서 의문이 생긴다. 보어인이 아프리카에 대한 '동화'로 인해 '원시적 부족의 단계로까지 **추락하고 말았**"다고("현지의 야만적인 유목민과 다르지 않게 되어버렸"다고) 서술하고, 그것을 '**불행한 운명**'으로서 '민족에서 인종으로의 결정적이고 **파멸적인** 전화'였다고 말하고 있는 것은 아렌트이다. 그렇다면 그녀에게도 '기억 없는 [인]민'으로서의 '인종'이 실재하는 것이 아닐까. 아프리카 원주민을 '선사 시대적 인간'으로, 기억도 역사도 가지지 않은 '원시 시대의 어둠'의 주민으로 이야기하는 말로의 인식을 그녀 역시도 공유하고 있는 것은 아닐까.

분명히 아렌트는 원주민이란 '**그들**(유럽인)**에게는** 정신병원의 환자와 같이 전적으로 이해할 수 없는 존재였다'고 쓰고 있으며, '그들에게는' 어디까지나 아프리카에서의 '경험'이 문제인 것처럼 논의를 시작한다. 그런데 그녀는 결국 '그들에게는'이라는 서술을 자기 자신이 받아들이고 마는바, '인종 망상을 정당화할 수 있는 근거는 이론적으로도 정치적으로 존재하지 않는다'고 언명해 놓으면서도 그녀는 자신의 독자적인 '인종' 개념의 기초를 놓고 '인종 망상'을 정당화하기까지 한다.

인류의 역사는 여러 **민족**의 이름을 **기억**하고 있지만 그들 민족이 **부족**이었던 시대의 선조에 대해서는 불명확한 지식만을 줄 따름이다. 인종이라는 단어는 사이비 과학적인 여러 이론들의 안개 속에서 골라내져 독자적인 **역사의 기억도 기억에 값하는 사적**事蹟도 전혀 갖지 않은 미개부족을 지시하는 말로 사용되자마자 명확한 의미를 띠게 된다. 이와 동시에 인종은 본질적으로 정치적인 개념이 되고 특정한 정치적 조직 형태를 지시하는 단어가 된다. 히틀러는 '인종'이라는 단어를 이러한 의미로 사용하면서 "우리는 인종이 아니다, 먼저 인종이

되지 않으면 안 된다"고 반복해서 강조하고 있었다. 다른 나치 문필가들도 ― 그들 대부분이 아프리카에서 태어난 재외 독일인이었던 것은 우연이 아니다 ― 비슷한 사고방식을 가지고 있었다. 이런 뜻에서의 **진정한 인종**이란 아프리카와 오스트레일리아 이외의 다른 곳에서는 드러나지 않았다고 생각된다. 그들은 오늘에 이르기까지 완전히 **역사**와 **사적**을 결여한 유일한 인간, 즉 하나의 **세계**를 구축하는 일도 하지 않은 사람들, 자연에 손을 가함으로써 어떤 의미로도 자연을 이용하지 않았던 유일한 사람들이다.[24]

'진정한 인종wirkliche Rasse'이라고 쓴 것은 연필이 미끄러진 탓이 아니다. 원주민 부족Stämme은 "진정한 인종 조직체wirklicher Rasseverband"이며 "거의 동물적인 존재, 즉 진정으로wirklich 인종적 존재로까지 퇴화한 민족"이라고 아렌트는 반복해서 쓰고 있다.[25] 그녀에게 '진정한 인종'은 '독자적인 역사의 기억geschichtliche Erinnerungen도, 기억에 값하는 사적Taten도 전혀 갖지 있지 않은" 인간집단이라는 '명확한 의미präzise Bedeutung'로 정의된다. 그것은 '민족Volk'이 갖는 본래의 정치적 조직은 갖지 않지만, "미개인조차도 모종의 형태를 띤 인간 공동의 생활을 영위하는"[26] 한에서 '본질적으로 정치적인' 것이지, '사이비 과학적인 여러 이론들'이 주창하는 바와 같은 "생물학적" 존재는 아니다. 그리고 아렌트는 '진정한 인종'이 20세기 유럽의 히틀러에 의해 '유럽 여러 민족들'이 해체된 끝에 막

꿈꾸기 시작한 것이 아니라 아프리카와 오스트레일리아에서는 '오늘에 이르기까지' 분명히 실존하고 있었던 것이라고 말한다. 나치가 꿈꾼 것과 아프리카 원주민의 존재가 동일하다고 한다면, 그녀가 보어인의 인종주의에 이해를 표하면서 그들의 '인종 망상'을 '정당화'했을지라도 특별히 이상한 점은 없을지도 모른다. "다른 경우와 달리 보어인의 인종주의racism에는 한 조각의 **진실**authenticity과 말하자면 결백함innocence이 함유되어 있다."[27] "보어인은 **정당한 경멸**soviel berechtige Verachtung과 **한층 더 정당한 공포**noch viel berechtIgteren Grauen를 통해 그들이 멸시한 원주민 부족 한가운데로 그들 자신이 추락하고 말았다는 것을 그들 스스로는 거의 깨닫지 못했을 것이다."[28]

인종주의 비판자 아렌트에 의한 '진정한 인종'의 발견. '인종 망상'의 정당화. 이것을 일시적인 실수로, 나중에 극복될 초기적인 편견의 표현으로 결론지어 정리될 수 없는 이유는, 그것이 아렌트 '정치' 사상의 중심인 '기억'이나 '사적' 같은 개념을 조작하고 '세계'나 '고향' 같은 개념을 동원해가면서 행해지고 있기 때문이다.

아렌트가 말하는 '정치'는 고대 그리스 로마의 기억과 밀접하게 결부되어 있다. 이 기억은 기억에 대한 기억이며, "일종의 조직된 기억organized remembrance"이던 그리스 폴리스는 도시창설의 "위업=사적res gestae의 기억"이라는 로마적 관념에 대한 기억이다. 그녀에 의하면 언어와 행위deed, Tat(위업=사적)를 요소로 하는 인간의 활동

action은 인간들에게 기억되고 계속 이야기되지 않으면 곧바로 리얼리티를 잃고 마치 아무것도 없었던 것처럼 소멸해 버린다. '정치'의 존재 이유는 인간들의 '공통세계'를 수립하고 유지함으로써 '활동'을 그 '허무함'에서 구하는 것이다. 고대 그리스에서도 그러한 기억을 통해 사적을 남길 수 있는가 아닌가가 인간과 동물을 구별했던 것이며, 나아가 "인간과 동물과의 그런 구별은 **인간의 종 그 자체에도 적용된다**". "죽어야만 하는 것보다는 불멸의 명예를 바라는 자만이 **진정한 인간**이고, 반대로 자연이 수여한 쾌락만으로 만족하는 자는 **동물처럼 살고 동물처럼 죽는 것이다.**"[29] 아프리카나 '인종'에 대한 아렌트의 표상은 이미 그런 '정치' —— 기억의 정치 —— 라는 관념과 근저에서부터 밀접히 관련되어 있는 것이다.

미개부족의 비극은 그들이 완전히 손을 댈 수 없는 자연 안에서, 그렇기에 자연에 억압당한 채로 살고 있는 것에 있고, **그들 생의 하나하나의 흔적**Spur**을 후대에 전할 수 있는 공통세계**, 즉 전체로서 인간적으로 이해할 수 있는 그들의 존재증명이 될 수 있을 만한 공통세계를 건설하는 일 없이 살고 죽어가는 것에 있지만, 그렇게 자연에 갇힌 상태와 이로 인한 **허무함**Flüchtigkeit이 우리에겐 '자연 상태'의 본래적 특징이라고 한다면, 현대의 무국적자·무권리자는 사실상 '자연 상태'로 되돌려지고 만 것이라고 할 수 있을 것이다. 분명히 그들 중에는 야만인이 아니라 모국의 가장 교양 있는 계층에 속한 자도 많지만, 그럼에도 그들은 야만상태를 거의 완전히 극복한 세계의 한가운데에 있으면서, 도래할 야만화, 있을 수 있는 문명 퇴화의 최초 사용자인 것처럼 여겨지고 있는 것이다.[30]

'도래할 야만화' 혹은 '있을 수 있는 문명 퇴화'란, 반복해 말하지만 유럽의 아프리카화를 뜻한다. 보어인의 예는 "역사의 과정이 필연적으로 진보한다는 환상을 부서뜨리는 일에 큰 역할을 담당했다".[31] 왜냐하면 그들은 "정상적인 유럽의 생활상태로 다시는 복귀할 수 없는 인간"이 되어 "자신이 사는 **세계**의 창조와 변혁에 끊임없이 관여하면서 산다는 유럽인의 기본적 에토스"를 불가역적으로 잃어버리고 말았기 때문이다.[32] '공통세계'의 수립과 유지, '세계의 창조와 변혁'으로서의 '정치'는 역시 본질적으로는 유럽적인 것이다. 그것은 또 '인간'이 본질적으로는 유럽적인 것이라는 뜻이기도 하며, 그 European mankind야말로 본래 '인종'의 에센스라는 뜻이기도 하다. 유럽의 아프리카화란 인간의 동물화이며, '진정한 인간'의 '거의 동물적인' 인간으로의 퇴화인 것이다. 세계 안에 있는 것In der Welt sein으로서의 인간, 세계를 가진 자Welthaft로서의 인간과 세계에 결여된 자weltarm으로서의 동물, 민족Volk으로서의 공통세계와 같은 규정의 지점들에서 아렌트의 사상이 하이데거의 세계론에 연결되어 있음은 말할 필요도 없을 것이다.[33]

공통세계로서의 '세계'는 기억과 함께 '법'을 불가결한 구성요소로 삼는다. 아프리카 원주민과 그들에게 '동화'한 보어인의 '무세계성Weltlosigkeit'은 기억의 부재만이 아니라 '법'의 부재, '완전한 무법상태Gesetzlosigkeit'의 표지이기도 한 것이다.

인종부족의 비실재성, 그들의 망령처럼 보이는 행동은 그들이 세계를 구축하지 않았던 것에서 유래한다. (…중략…) 세계를 갖지 않는 것에서 생겨난 원주민 부족의 이 비현실성이야말로 아프리카에 피비린내 풍기는 끔찍한 절멸행동Vernichtungen과 완전한 무법상태를 초래했던 것이었다. 인종조직체의 환상적 성격은 인간에 의해 세워지고 법에 의해 지배된 세계의 결여에서 기인하고 있다. 보어인의 트랙이주, 즉 그들이 옆집의 굴뚝 연기를 참지 못하고, 그 어떤 법률도 따르지 않고, 그 어떤 **경계선**도 인정할 수 없었던 것은 그들이 신이 되고 지배자가 된 흑인세계schwarze Welt에 그들 자신이 편입되어 버린 결과였다. 서로 간의 그 어떤 결합도 법률도 없는 그들의 아나키한 공동생활에는 그들이 참으로 불행한 운명widriges Schicksal을 보낸 암흑대륙의 숙업과 같은 무세계성·무목적성이 들러붙어 있다.[34]

'경계선Grenze'이라는 말에 주의하자. '세계'란 **경계선에 의해 에워싸인 공간**이다. 아렌트에게 기억과 법이 함께 '세계'의 구성요소인 것은 그것들의 본질적 기능이 모든 새로운 시작을 일정한 경계선 내부로 '에워싸는einhegen' 것에 의해 "그 안에서만 자유가 현실화되는 공간을 만들어 내는"것이기 때문이다. "**실정법의 경계선**boun-daries**이 인간의 정치적 존재에 대해 갖는 의미는 기억**memory**이 인간의 역사적 존재에 대해 갖는 의미와 같다.** 그것은 공통세계가 사전에 존재하고 있었던 것, 다시 말해 각 세대의 생존기간을 초월해 모든 새로운 원천시작을 흡수하고 그럼으로써 유지되는 어떤 지속이 현실에 존재하고 있음을 보증하는 것이다."[35]

법의 경계선에 의해 에워싸인 '공통세계'. 아렌트가 의거하는 것은 재차 그리스의 기억이다. 그리스 폴리스에서의 법nomos이 갖는 본뜻이 '경계선'이고 구체적으로는 "사람들과 타인을 가르는 벽"이었던 것을 그녀는 여러 번 환기시킨다. 그리고 폴리스polis의 본뜻도 실은 '바퀴 모양의 벽'이었던 것처럼 자유의 공간으로서의 도시국가, 즉 가장 전형적인 '공통세계' 그 자체가 이 성벽=경계선에 의한 '에워쌈' 없이는 있을 수 없는 것이었다. "폴리스의 성벽과 법률의 경계선은 마치 이미 존재하고 있던 공적 공간 주변에 만들어진 듯하다. 그러나 물론 실제로는 이 공적 공간이라는 것도 성벽이나 법률과 같은 안정된 보호물이 없다면 오직 활동과 토론이 계속되고 있는 순간에만 존속할 수 있는 것이다."[36] 그래서 다음과 같이 된다. "공적 영역 내부는 경계선으로 그어져 있는바, **인간적으로 의미가 있는 어떠한 활동도 그 선을 넘어가서는 안 된다.**" "모든 문명은 이런 경고를 흘려듣고 그 경계선을 넘고자 하는 경향을 보여 왔"지만, 그 결과는 "화석화라는 널리 알려진 형태로 문명이 소멸하거나 그

게 아니면 더 이상 동화될 수 없는 야만인부족이 문명을 짓밟고 새로운 지배를 수립하거나 둘 중 하나였다".[37]

보어인이 아프리카적 존재에 '동화'됨으로써 거부했던 것은 바로 "경계선 그 자체"였다고 아렌트는 말한다. 그리고 그것을 보어인의 "고향Heimat" 상실과 연결 짓는다. 보어인이 예컨대 트랙이주을 반복하고 "경계선으로 구획된 일정한 아프리카 영토"를 '고향'으로 부르지 않았던 것은 "특정 토지와의 결속, 한 민족이 정치체로서 구성하는 patria조국와의 결속"을 그들이 버려버리고 말았기 때문이었다. 정리하자면 "patria에 대한 무이해, 토지와의 결속의 진정한 결여"가 "진정한 인종"의 특징이고, "정주하는 것Ansiedlung"은 '민족'에 속하는 셈이다.[38] "너희들이 가는 곳, 너희들의 폴리스가 되리라"는 그리스 식민활동의 표어도 '정주' 그 자체를 부정하고 있는 것은 아니다. '고향'을 잃어도 새로운 '고향'을 발견할 수 있다면 괜찮겠지만, 그 새로운 '고향' 역시도 경계선으로 구획된 '특정 토지'일 것이다.

아렌트의 '정치' 사상에서 중심적인 개념들, 곧 '세계', '공통세계', '고향', '법', '기억', '사적' 등이 '정치' 개념 바로 그 자체와 더불어 아프리카를 '암흑대륙'으로 보고 아프리카인을 '인간적 세계'를 갖지 않는 인간으로, '거의 동물적인 존재'로 보는 그녀의 '인종'관 및 '민족'과 '미개부족'을 본질적으로 구별하는 관점과 분리될 수 없이 결부되어 있음은 이미 명백하다. 거기서는 그녀의 현대사회 비판을 가능하게 하는 '무세계성' '고향상실' '뿌리 없는 잡초적 성격Wurzellosigkeit' 등의 관념 역시 이미 '진정한 인종'을 표상하는 장치로 기능하고 있다. '국민국가의 종언과 인권의 종언'이라는 절에서 그녀가 제기한 "여러 권리들을 가질 권리"[39] 역시도 "인간에 의해 구축되고 인간의 기술에 의해 발의된 세계의 기획에 참여"할 수 있는 권리로서 또 '여러 **민족**들의 가족'인으로서의 '인류'에 속할 권리로서 정의되고 있는 한, 이상과 같은 아프리카 원주민의 배제를 정확히 그 이면에 두고 있는, 그런 배제와 완전히 조화를 이루는 것이라고 해야 할 터이다.

3 ── 법으로서의 기억, 폭력의 기억과 기억의 폭력

이상의 논의에서 도출되는 결론을 전체로서 당장에 꿰뚫어 보기 어렵다. 여기서는 일단 기억에 관한 다음 몇 가지만 언급해 두자. 즉 아렌트의 기억은 '법'으로서의 기억, '벽'으로서의 기억, '경계선'으로서의 기억이라는 점이다. 이 기억이 인간의 '역사적 존재'에 대해 맡는 역할은 법이 '정치적 존재'에 대해 맡는 역할과 같은 것이라고 아렌트는 말한다. 이는 무엇을 뜻하는 것일까.

아렌트의 기억은 어떤 인간이 속한 '공통세계'나 '정치적' 공동체를 '역사적'으로 볼 때에, 그 역사성을 다른 공통세계나 다른 정치적 공동체의 역사성으로부터 구별하고, 또 모든 공통세계와 정치적 공동체 외부의 무역사성으로부터 구별하는 '경계선'을 형성한다("사람들을 타인으로부터 이격시키는 벽"). 그것은 본질적으로 "모든 새로운 시작"의 무대가 되는 공통세계와 정치적 공동체의 '지속'을 보증하고 그것에 '영속성'을 부여하기 위한 '보호물'이지, 공통세계와 정치적 공동체의 존립 그 자체를 다시 질문하는 기억이 아니다. 정치적 공동체 자신의 '시작'에 대한 기억, 즉 '창설'의 활동에 대한 기억 ─ 로마의 창설, 아메리카 공화정의 창설 등 ─ 이 특권화되고, 그 이후에 생길 '모든 새로운 시작'에 '넘어가서는 안 될' 경계선Grenze을, 즉 한계Grenze를 지정하는 것이다. 아렌트의 기억은 내부의 기억, 자기의 기억, 아이덴티티를 만들어내는 기억인 것이다. 사적=업적Tat, deed ─ "위대한 말과 위대한 행동"호메로스 ─ 의 기억이 범례화되는 것도 납득이 간다. 공통세계의 외부에 있는 모든 사건, 정치적 공동체의 창설과 함께 '암흑의 핵심'으로 물러나는 모든 사건은 원칙적으로 기억의 바깥에 놓인다.

백인민족이 주위의 흑인부족에게 동화해 버리고 만 것을 가장 명백하게 제시하는 증거는, 유럽인이 아프리카에서 행한 무서운 살육이 말하자면 아프리카 대륙 자체의 전통에 아무런 곤란 없이 최적화되어 있는 것이라고 할 수 있겠다. 적대 부족의 근절은 오래전부터 아프리카 원주민 전쟁의 규칙이었다. 진정한 인종 조직체의 내부에서 일어나는 모든 사건에 숙명이라고도 할 수 있을 끔찍한 허무함은 예컨대한 추장이 많은 부족을 그의 지도 아래 성공적으로 통합하고 조직한 경우일지라도 더욱 강화되는 것이지 달리 변화되지 않는다. 19세기 초엽 줄루의 여러 부족들을 통일하고 규율과 전투력을 지닌 군대를 만든 샤카왕의 경우에도 줄루 민족Volk이나 줄루 국민Nation을 창설하지는 않았다. 그가 달성한 것이라고 한다면 백만인 이상의 적대 부족 또는 약소 부족 사람들을 근절했던 일뿐이다. 훈련과 조직적 군사행동이란 제어하기 어려운 자연에 의해 인간의 절멸을 재촉하는 것이지 인간이 그 안에서 살 수 있는 하나의 세계를 짓는 일을 결코 가능하게 하지 않는다. 그들이 가진 유일한 힘이 절멸Vernichtung의 힘인 이상, 그들은 그 일에 의해 스스로의 손을 기쁘게 할 따름인 것이다. 그러나 절멸 자체는 금세 환영적 양상을 띠기 시작한다. 왜냐하면 **절멸은 인간이 기억할 수 있고 모종의 영속성을 가질 수 있는 세계에는 속하지 않는 것이**기 때문이다.[40]

놀랄만한 전도다. 위에서 아렌트는 마치 모든 악은 아프리카로부터 온다고까지 말하듯이 '유럽인이 아프리카에서 행한 무서운 살육' ― 아프리카 원주민들을 희생자로 만든 살육 ― 을 **본래의 유럽인**이 아니라 **아프리카화한 유럽인**이 행한 살육인 양, 유럽인이 아프리카의 '전통'에 '동화'됐기 때문에 일어난 살육인 양 제시하고 있다. 유럽인이 유럽인으로서가 아니라 아프리카인으로서 행한 살육이라고 말하는 것이다. 이래서는 유럽인의 그 살육이 다름 아닌 아프리카인에 의해 자행됐다고 말하는 것과 다름없는 게 되지 않는가. "보어인에 의한 호텐토트족의 근절, 독일령 동아프리카에서 자행된 카를 페터스의 처참한 살인, 벨기에 국왕에 의한 **평화로운 콩고 주민의 대량학살**"[41] 등이 여기서는 '아프리카대륙 자체의 전통'을 따랐을 뿐인 것으로 되고 만다. 아렌트에 의하면 "인구가 희박해 **독자적인 문화도 역사도 가지지 못한 채로** 유럽의 손에 떨어진" 두 대륙, 아메리카 대륙과 오스트레일리아 대륙에서의 '원주민 근절'[42] 또한 본래 유럽인의 행위가 아니었던 것이 되고 말 것이다.

그리고 아렌트에게 그들의 절멸 행위는 기억될만한 가치가 없다. 그들은 공통세계의 외부에 있으며 '인간이 기억할 수 있고 모종의 영속성을 가질 수 있는 세계에는 속하지 않'기 때문이다. 절멸은 모든 '인간적 세계'의 바깥에, 즉 '벽'의, '경계선'의, '법'의 바깥에 있기 때문에 '법으로서의 기억'에 값하는 대상이 되지 못하는 것이다. **'절멸'의 기억은 아렌트의 '기억' 개념에는 속하지 않는다.** 따라서 역설적인 것이지만 유대인 절멸Vernichtung의 기억 역시도 예외는 아니다. 법으로서의 기억은 원칙적으로 법의 파괴, 법의 절멸로는 향하지 않는다. 공통세계와 정치적 공동체의 기억은 공통세계와 정치적 공동체의 파괴, 그것들의 절멸로는 향하지 않는다. 과감히 이렇게 말할 수도 있을 것이다. 아렌트의 '기억' 개념은 엄밀히 말하자면 **폭력의 기억을 배제하고 있다.** 아렌트에게 폭력은 "엄밀히 말하자면 정치의 영역 외부"에 있다. 그녀에게 인간은 정치적 존재인 한에서 초온 로곤 에콘^{zōon logon ekhon · 이성과 언어를 가진 동물}, 즉 말로고스을 부여받은 존재이고, 폭력은 말을 발화할 능력을 갖지 않는 것이기에 "전前정치적"이고 "폴리스 외부의 생활에 고유한 것"이다.[43] 즉 폭력은 벽의 바깥, 경계선의 바깥, 법의 바깥인 것이다. 전쟁과 혁명조차도 "동시에 폭력이 지배적인 역할을 맡고 있는 한에서" '엄밀히 말하자면 정치 영역의 외부에서 일어나고 있'는 것이 된다.[44] 폭력이 법의 외부를 의미한다면, 법으로서의 기억은 폭력의 기억일 수 없다. 폭력비판을 근본 모티프 중 하나로 삼는 아렌트의 '정치' 사상은 **폭력을 정치의 외부에 두고 기억을 정치에 대한 기억으로 여기는 한, 원리적으로 폭력의 기억은 배제되지 않을 수 없는** 것이다. 그녀의 상기가 노예제의 "근원적 폭력"[45]보다는 폴리스의 자유를 칭송하고 북아메리카의 식민지화와 '원주민의 근절'보다는 아메리카 혁명의 '영광'을 향하는 것도 결코 우연이 아니다. 이 기억은 다시 '공적 공간'과 '사적 영역'이라는 널리 알려진 분할에 따라, '사적 영역'의 어둠 속으로 억지로 밀어 넣어진 모든 폭력의 기억, 예컨대 성적인 폭력의 기억이 배제되지 않을 수 없을 것이다.

또 법으로서의 기억은 법의 외부에 상정된 폭력만이 아니라 **법 그 자체의 폭력, 벽과 경계선 그 자체의 폭력**도 시야 바깥으로 멀리 내어놓고 있다. 법과 경계선에 관한 아렌트의 서술, 곧 '인간'이 살아가는 법적 세계 ─ 본질적으로 유럽적인 세계 ─ 와 '무서운 살육'이 지배하는 '무법상태' — 본질적으로 아프리카적인 세계 — 를 대립시키는 아렌트의 서술이 **남아프리카를 둘러싸고** 1958년에 공표되었음을 상기하자. 남아프리카 연방은 그 무렵 거의 완전한 '법적' 인종주의 국가로서의 체제를 갖추고 있었다. 이 나라의 '공적 공간'은 '문명'과 '법'의 이름으로 '넘어가서는 안 되는' 무수한 '벽'과 '경계선' — 아파르트헤이트^{분리, 격리} — 에 의해 European mankind 내부로 보존되어 아프리카 원주민을 외부로 추방시키고 있었다. 2년 뒤에는 기억해야만 될 '샤퍼빌 학살'이 '법' 쪽에서 야기된다. 물론 이것은 '법' 그 자체의 폭력을 현시하는 가장 상징적인 예시 하나에 불과하다. "보어인 중에는 아마 **지금도 여전히** 그들의 아버지들·할아버지들을 야만상태로 되돌리는 원인이 됐던, 모골 송연한 최초의 공포가 살아있을 것이다"라고 1958년 아렌트는 쓰고 있다.⁴⁶ 마치 아파르트헤이트가 '한 조각의 진실'과 '결백함'을 포함하고 있는 것이며 '진정한 인종'에 대한 '정당한 경멸'과 '정당한 공포'에 의해 동기 부여되고 있는 것이라고 주장하는 것처럼 말이다.

'법' 외부의 폭력과 '법' 그 자체의 폭력. 이러한 폭력의 기억을 제쳐두고서 오늘날 "기억"에 대해 이야기하는 것이 가능할까. 폭력의 기억 없는 폭력비판이 가능할까. 폭력의 기억을 배제하는 기억은 **기억의 폭력**이 되어버리는 게 아닐까.

기억하지 않으면 안 되는 것은 '인간이 기억할 수 있고 모종의 영속성을 가질 수 있는 **세계**'에 속해 있는 것으로 한정되지 않는다.

가장 절박한 기억의 요청은 오히려 다른 곳에서 온다. 모든 폭력, '근절'의 폭력, '세계'의 외부에 있는 절멸이든 '세계' 그 자체의 절멸이든, 일반적으로 절멸의 폭력. '인간이 기억할 수 있고 모종의 영속성을 가질 수 있는 **세계**'라 불리는 것의 **창설** 자체가 이미 '근절'의 폭력을 포함하고 있는지도 모른다. 절멸의 폭력의 망각과 은폐에 의해 자기를 '법'으로 만드는 것인지도 모른다. '세계' 그 자체의 폭력, '법' 그 자체의 폭력, '벽'을 만들어 '경계선'으로 '에워싸는' 것 그 자체의 폭력, '법'으로서 작용하는 **기억 그 자체의 폭력**도 '기억'하지 않으면 안 된다. '인간이 기억할 수 있는 **세계**에는 속하지 않는' 것에 대한 기억, '기억할 수 없는 것에 대한 기억'도 추구하지 않으면 안 되는 것이다.

4 ── 기억의 지정학^{지오폴리틱}

—아시아, 아프리카 분할, 유럽의 분할

아래부터는 기억 없는 [인]민, 즉 '진정한 인종'으로서의 아프리카 원주민에 대한 표상이 아렌트의 언설 속에서 형성하고 있는 일종의 지정학적 배치를 일별해 보자.

먼저 아시아에 대해서. 아렌트는 역시 남아프리카의 사례에서 출발해 아시아와 아프리카의 차이를 다음과 같이 확인한다.

남아프리카 현지의 저렴한 노동력 공급이 일시적으로 막힐 때면 언제라도 인도인이나 중국인이 언제든 대량으로 유입되어 남아프리카 인종사회 속에서 즉시 토착 흑인과 동등한 취급을 받게 되었다. 이렇게 아시아 민족을 아프리카적 수준으로 동화시키는 것의 결정적인 문제점은 이제 실제로 피부색만으로 일이 결정되게 되었다는 것, 그리고 아시아인에 대한 유럽인의 인종적 오만이라는 것의 본원적인 원인이 야만적이고 이해하기 어려운 종족에 대한 공포라는 **정상참작의 여지**조차 갖지 않는다는 것이다. 그것에는 그 어떤 **경험적 기초**도 존재하지 않았기 때문에 제국주의적 인종관의 **본래적 범죄**는 아프리카 민족이 아니라 아시아 민족을 다루는 데서 시작되었다. 중국인이나 인도인은 유럽민족에게 항상 이민족으로 생각되어왔지 인종으로 받아들여진 적이 없었다. (…중략…) 여기 아시아에서 인종 개념은 역사적으로 확정할 수 있는 시점에 그때까지의 별종이라는 관념을 밀어내고 그 지위를 빼앗은 것이기 때문에, 아프리카에서의 인종 개념보다도 훨씬 위험한 것이고 정치적으로는 시작부터 훨씬 죄 많은 무기였던 것이다.[47]

'제국주의적 인종관의 본래적 범죄eigentliche Verbrechen'는 '아프리카 민족이 아니라 아시아 민족을 다루는 데서 시작되었다'고 말한 이유는 무엇일까. '아프리카 민족'은 실은 '민족'이 아니라 '인종'이며 '진정한 인종'에 대한 인종주의는 '경험적 기초'를 갖는 것이기 때문에 '정상참작의 여지'가 있기 때문이며, 그것이 저 '한 조각의 진실'과 '결백함'을 포함한다고 여기기 때문이다. '이민족'을 박해하는 것은 '여러 민족들의 가족'이라는 '인류'의 이념에 반하기 때문에 죄가 되지만, '야만적이고 이해하기 어려운 종족'은 처음부터 '민족'이 아니기 때문에 애초에 '인류'에도 속하지 않으며, 따라서 그들에 대한 인종주의는 '본래의 범죄'가 아니라고 말하는 셈인 것이다. "유럽인이 아프리카나 오스트레일리아에서 처음으로 원시적 민족과 마주쳤을 때 **인류** 성립에 대한 성서의 신화는 더없이 심각한 시련에 내몰렸다. 그들은 우리가 **인간의 이성** 또는 **인간적 감정**이라고 부르는 것을 **명백히 전혀 지니고 있지 않았고**, 원시적인 문화조차 쌓아올리지 않은 채로 명확한 민족적 습관의 규정도 없이 살았으며, 그들의 정치조직이란 **동물의 공동생활**로 보이는 형태를 넘어서지 않고 있었다"고 아렌트는 쓴다.[48] 그런 뜻에서 '인류'의 안과 밖의 '경계선'은 '민족'과 '인종'의 '경계선'에 일치하고, 또한 아시아와 아프리카의 '경계선'과 일치하는 것이다.[49]

그렇다고 할지라도 아시아와 유럽이 동일한 것은 아니다. '민족'의 세계 안에도 '경계선'이 그어져 있고, 그것이 European mankind와 아시아를 이격시키고 있다. 그렇기에 예컨대 다음과 같은 단언이 나온다.

시오니즘 운동은 반유대주의에 강한 영향을 받고 있었기 때문에 여러 가지 그릇된 해석을 갖기에 이르렀지만, 그 중에서도 유대민족이 비유럽적 성격을 가진다는 잘못된 관념이야말로 필시 가장 광범위하게 최악의 결과를 야기하는 일이 될 것이다. 시오니스트는 유럽 여러 민족들에게 불가피한 연대―약소민족뿐만 아니라 강대한 민족에게도 불가피한 연대―를 훼손시켰을 뿐만 아니라, 믿을 수 없는 일이지만 유대인이 언젠가 가질지도 모를 유일한 문화적·역사적 향토Heimstätte까지 빼앗으려 했던 것이다. 왜냐하면 팔레스타인과 지중해 전역이란 설령 정치적인 의미에서는 어느 시대라고 특정할 수는 없을지라도 지리적, 역사적, 문화적인 의미에서는 항상 유럽 대륙에 속해 왔기 때문이다. 이렇게 유대민족은 우리가 일반적으로 서양 문화라고 부르고 있는 것의 생성과 발전에 크게 공헌했음에도 불구하고, 시오니스트는 부당하게도 그것을 허사로 만들고자 했다고 말할 수 있을 것이다. 실제로 (…중략…) 아시아의 한 민족의 역사로서 유대사를 해석하는 시도가 숱하게 행해져왔다(이런 종류의 논의가 드러내는 멍청함은 헝가리 민족의 사례를 참고하는 것만으로도 분명해질 것이다. 헝가리인은 아시아계지만 기독교를 수용한 뒤로는 언제나 유럽계 민족으로 받아들여져 왔다).[50]

유대민족이 "유럽에 내속하는 민족innereuropäisches Volk"이라는 말은, 유대민족의 '아시아'적 성격에 대한 부정을 명시적으로 동반하고 있는지 아닌지는 별개로 하더라도, 아렌트의 일관된 인식이라 할 수 있다.[51] 놀라운 것은 '팔레스타인과 지중해 전역'이 유럽에 속한다는 주장이다. 사라센 제국과 오스만 투르크의 시대만으로도 수백 년에 이르는 이슬람교 지배의 시대, 이 지역이 '지리적, 역사적, 문화적'으로는 '항상' 유럽에 속했다는 따위의 말이 어떻게 가능한 것일까. 한편으로(헝가리인에 대해서는) '기독교적 유럽'의 관념을 전제로 하면서, 이 '기독교적 유럽'이 '항상' 타자로서 적대시해왔던 이슬람세계를 어떻게 유럽으로 회수하는 일이 가능한가. 어느 쪽이든 이러한 주장으로부터 아래의 두 가지 점을 확인할 수 있다.

하나는 유대민족과 팔레스타인이 둘 다 유럽에 속한다면 **유대인과 팔레스타인의 관계는 유럽 내부의 관계가 된다.** 아렌트가 추구했던 팔레스타인 땅에서의 '유대 및 아랍 두 민족의 우호'는 유럽계 민족 간의 우호이지 '유럽 연대'의 일부가 되는 것에 그치지 않는다. 유대인이 팔레스타인에 '유일한 문화적·역사적 향토'를 갖는 일은 유럽계 민족이 유럽 일각에 '독자적인 역사의 기억'과 이어지는 고향을 갖는다고 하는, 오로지 유럽 내부의 문제가 될 것이다. 아렌트는 유대민족의 유럽성을 부정하는 시오니스트가 유대민족으로부터 그 '유일한 문화적·역사적 향토'일 팔레스타인을 '빼앗으려 하고 있다'고 말함으로써 단순히 팔레스타인에 대한 유대민족의 '역사적' 권리를 승인하고 있는 것만이 아니다. 팔레스타인 그 자체를 미리 유럽화해 버림으로써 다른 기억, 다른 역사, 다른 문화를 가진 팔레스타인·아랍인의 목소리를 감쪽같이 제거해버리고 마는 것이다.

또 다른 하나는 아프리카 북쪽과 남쪽의 분할이다. '지중해 세계 전역'이 유럽에 속한다고 한다면 아프리카의 북부 해안 지역은 당연히 유럽에 포함되고 이 내해內海의 바람이 미치지 못하는 '아프리카 암흑 대륙'과 구별된다. 북아프리카는 아프리카라 할지라도 실은 유럽에 속하고 문명세계에, 민족과 '인간'과 '인류'의 세계에 속하는 것이며, 남아프리카야말로 본래의 아프리카, 문명세계의 외부, '암흑의 핵심'으로서의 아프리카이며, 인간이되 '인간'이 아닌 '거의 동물적인 존재'의 세계, '여러 민족들의 가족'으로서의 '인류'에 속하지 않는 '진정한 인종'의 세계인 것이다. 그렇다면 어째서 북아프리카는 유럽인가. "보어인이 사는 북부 해안 지대는 고대로부터 유럽에 알려져 있었고 여러 방법으로 유럽에 종속되어 왔다." 또한 "유럽 남부의 여러 민족들은 지중해를 넘어 아프리카 해안에 지배권을 확립하고자 여러 차례 시도해왔고, 그때마다 기독교와 바다 저편 이웃인 이슬람교와의 차이 때문에 실패를 거듭해왔지만, 그들의 기획은 항상 이 지역을 본국의 영토로 직접 합병함으로써 유럽의 일부가 되도록 하는 것을 지향했던 것이지 식민지로 취급하면서 관리하고자 했던 게 아니었다."[52] 요컨대 아렌트에 따르면 북아프리카는 고대부터 유럽에 '알려져' 있었기 때문에, 유럽에 '종속되어 있었기' 때문에, '유럽의 일부'로 포함시키고자 하는 유럽의 '기획' 대상이었기 때문에, **그렇기에** 북아프리카는 유럽에 속하는 것이다. 북아프리카는 유럽에 **종속**되어 왔기 때문에 유럽에 **귀속**된다. '유럽의 일부가 되도록 하는' 것을 목표로 한 유럽의 '기획' 아래 있었기 때문에, '유럽의 일부로 보는' 유럽의 '전통'이 있었기 때문에 그것은 '유럽의 일부'**이다**. 여기서 아렌트는 유럽의 의지에 완전히 동일화되고 있으며 유럽의 시선을 자신의 시선으로 대체하고 있다고 말하지 않을 수 없다.[53]

유럽에 의한 아프리카의 분할. 그러나 그와 반대로 아프리카에 의한 유럽의 분할도 존재한다. 그것은 '진정한 인종'과의 거리, '기억 없는 [인]민'과의 거리에 기초한 내셔널리즘의 분할이다.

아렌트에게 국민국가$^{nation\ state,\ Nationalstaat}$와 그 내셔널리즘은 결코 단순히 부정적인 것이 아니라 제국주의나 인종주의와의 싸움에서 오히려 저항의 거점이 되는 것이었다. 국민국가는 고대의 도시국가와 함께 "생활의 넓은 부분이 공적 문제의 대상이 된 고도로 발달된 정치적 공동체"이며 "본질적으로는 법적인 제도"이기에, 내셔널리즘 역시도 "법을 따르며 그중에서도 특히 법치국가에서 보증된 영토의 한계를 넘어서지 않았다". "네이션의 전제를 이루는 것은 자국의 국경^{Grenze}을 넘어선 곳에서부터는 다른 나라의 법률이 시작된다는 점, 그리고 인류를 형성하는 여러 국민들의 가족 중에서는 상호 이해와 협정이 가능하고 필요하다는 점이다."[54] 국민국가도 내셔널리즘도, 정치적 공통세계를 만들어내는 저 '벽'의 불가침성, '경계선'의 불가침성을 인정함으로써 문명세계에 속해 있다. 바로 그 점에 내셔널리즘과 제국주의 간의 '결정적인 대립'이 있으며, 인종주의가 "내셔널한 정치의 존재의식 그 자체를 원리적으로 부정"하는 까닭이 있다. "인종사상은 내셔널한 성질의 경계 Begrenzungen를, 그것이 지리적 경계이든 언어적 경계이든 혹은 전통적 관습에 의해 결정된 경계이든지 간에 처음부터 완전히 무시하고 있었다."[55] 아렌트에게 국민국가 붕괴의 역사란 그러한 경계선 모두를 파괴하려는 운동과 벌인 국민국가의 '위대'한 '싸움'의 역사이기도 했던 것이다.[56]

그런데 그런 뜻에서의 국민국가와 내셔널리즘은 실은 '서유럽'의 것으로만 한정되지 않는다. 즉 사실상 영국과 프랑스―후자가 '전형적인 네이션nation par excellence'―가 그것이다. 독일 동쪽―'중부 유럽'과 '동유럽'―의 내셔널리즘은 '종족적=폴키슈völks-ch'라 불리며 '진정'한 것으로부터 구별되고, 서유럽 내셔널리즘의 최악의 형태―쇼비니즘―보다 더욱 '오만'하고 또 '악질'적이라고 여겨진다.[57] '종족적 내셔널리즘'은 독일이든 러시아든 어떤 민족의 본질을 '피'나 '정신'과 같은 눈에 보이지 않는 신비적 요소를 통해 규정하기 때문에 위험할 정로로 인종주의에 가깝다. 그리고 양자를 구별하는 아렌트의 논의에서는 거듭 기억 개념이 중요한 역할을 맡고 있다.

'종족적 내셔널리즘'은 "**역사적으로 전해지고 기억된 업적**geschichtlich

tradierte und erinnerte Leistung에서가 **아니라** 자기 종족Stamm의 심리적 ·
육체적 특성에서 기반을 찾는다". 왜냐하면 중부 유럽 및 동유럽의
민족이 "서유럽 민족의 국민적 긍지와 겨루기 시작하자마자, 그들
은 자신들에게는 공동으로 논밭을 갈며 정착해 온 토지도 국가도
업적도 없으며 그저 자랑할 만한 것이라곤 자기 자신뿐―즉 기껏
해야 언어(마치 언어 그 자체가 업적이라는 양)이고, 잘못하면 슬라브
의, 게르만의, 체코의, 또는 그 이외 다른 이모저모의 '[영]혼'뿐―
이라는 사실을 깨달았기"때문이다. 예를 들어 독일 사상사에서
다름 아닌 '피의 연줄絆, 유대·기반'이라고 하는 유기적 역사관이 두드
러진 역할을 연기하는 '본질적 원인'은, "유럽 전체가 눈앞에서 마
주한 기억에 아직 선명히 남겨져 있는 통일 프랑스 국민의 빛나는
힘과 비견될 수 있는 무언가"를 찾아내고자 할지라도 "독일어권에
는 통일적 네이션으로서의 기억ein nationales Gedächtnis이 형성되어
있지 않다"는 "정치적 고충"이 있었기 때문이다.[58] 사적으로서의 기
억, '업적'으로서의 기억, 그 위에 '토지'와 '국가'에 결속된 기억의
유무가 '진정'한 내셔널리즘을 준準인종주의인 '종족적 내셔널리
즘'으로부터 구별한다. 다름 아닌 이 하나의 이유로 인해 광신적 쇼
비니즘도 인종 망상보다 나은 것이다. "인종 망상과 비하면 극단적
인 쇼비니즘조차도, 유전과는 관계없이 자기 민족의 것이라 정해
진 세계를 공동으로 쌓아올려 왔다는 업적에 대한 긍지로부터 생
겨나며, 항상 국토 자체가 그런 공동 업적의 최고 심볼이 된다."[59]

숭부 유럽과 동유럽은 '종족적 내셔널리즘'이 지배하고 사적과 업적으로서의 공통세계의 역사적 '법'이 되는 기억이 부재하기 때문에 유럽이라 할지라도 아프리카에 가깝다. 그 땅에서는 아프리카와 같이 "인류의 이념과 유대＝기독교적인 인류 공통기원의 신앙"이 지체 없이 "심각한 충격"을 받게 된 것도 이상한 일이 아니라고 아렌트는 말한다. "발트 해에서 아드리아 해에 걸친 인구과밀 벨트 지대에서는 **유럽민족이 아프리카에서 체험했던 것과 같은**, 인간의 겉모습을 한 원시적 부족을 보고 경악하는 정도까지는 아니었다. 거기서의 '고귀한 야만인'이란 실제로 식인종을 발견하지 않고서도 혈통이 다른 인간들 서로가 서로에게 얼마나 참혹할 수 있는지를 알고 있었다."[60]

여기까지 살펴본 바와 같이 아렌트의 '정치적인 것'의 개념과 그에 뒤따르는 일련의 지정학적 테제는 모두 직접적이든 간접적이든 기억의 암흑 아프리카, 기억의 "암흑의 핵심" 아프리카라는 표상과 밀접히 결속되어 있다. '진정한 인종' 아프리카 원주민이라는 저 표상이 보어인이나 유럽인 제국주의자의 망상일 뿐만 아니라 아렌트 자신의 '인종 망상'이기도 하다는 점은 명백하다. 아프리카 원주민이 그 어떤 '독자적 역사의 기록'도 갖지 않고 그 어떤 '인간적 세계'도 쌓아올리지 못했다는 따위의 말은 미리 특정한 '기억'이나 '인간적 세계' — 이 경우에는 유럽적인 '기억'이나 '인간적 세계'

—를 특권화한 것이 아니라면 결코 할 수 없는 것이다. 아렌트가 여기에서 타자의 기억 및 타자의 역사에 대해 놀라우리만치 무감각하다는 점은 부정할 수 없을 것이다.

예를 들어 거기서 아렌트가 결코 묻지 않았던 아프리카 원주민의 목소리가 있다. 그녀에게는 존재하지 않을 것이었던 남아프리카의 기억, 그 증언이다.

한참을 거슬러 올라갑니다만 내가 자란 트랜스카이라는 마을에서 소년인 내게 부족의 장로는 백인이 오기 이전 옛날의 좋은 시대에 대해 자주 말씀해 주셨습니다. (…중략…) 이 나라의 초기 아프리카 사회의 구성이나 조직에 나는 대단히 매력을 느꼈고 나의 정치적 시야를 넓히는 데에 큰 영향을 받았습니다. 토지는 당시의 주요 생산수단이었지만 부족 전체의 것이었고 개인적인 소유권이라는 개념도 없었습니다. 계급도 부자도 가난한 자도 없었고 인간이 인간을 착취하는 일도 없었습니다. 사람은 모두 자유롭고 평등하다는 것이 통치의 토대였습니다. 이 일반원칙이 인정되고 있었다는 것은 부족의 문제를 봉행하는 인비조, 피초, 코토라 등으로 명명된 평의회의 규칙에 명시되어 있습니다. 평의회는 완전히 민주적으로, 부족의 전 구성원이 협의에 참가할 수 있었습니다. 수장과 부하, 전사, 기도사祈禱師 등 전원이 이 평의회에 참여해 의사결정을 위해 노력했습니다. 이 평의회는 매우 무게감 있었고 지대한 영향력을 미치는 기관이었기에 부족은 이 기관에 상정하지 않는 한 그 어떤 주요 조치도 결정할 수 없었습니다. 그런 사회에는 미개한 불확실 요소 또한 많이 있으며 현대의 요구를 따라가지 못한다는 것도 분명합니다. 그러나 그러한 사회에는 노예나 농노로 억압받는 자가 없어지고 빈곤, 결핍, 불안정이라는 것도 사라지는 혁명적 민주주의의 씨앗이 내재되어 있습니다. 그런 사정에 고무되어 저나 동료들은 지금까지도 정치투쟁으로 몰아세워지고 있는 것입니다.[61]

이 문장들은 "보어인 중에는 아마 **지금도 여전히** 그들의 아버지·할아버지들을 야만상태로 되돌리는 원인이 됐던, 모골 송연한 최초의 공포가 살아있을 것이다"라고 아렌트가 쓴 지 겨우 4년 후인 1962년, 재판장에 선 넬슨 만델라의 제1회 법정진술 중의 일부이다. 아렌트의 말과는 전혀 대극에 있는 남아프리카의 기억, 그녀가 인정하지 않았던 다른 '인간적 세계'의 기억, 다른 '정치적인 것'의 기억이 거기에 존재한다는 사실은 분명할 것이다. 물론 이 기억 역시도 이미 이야기이며 나아가 '법정진술'이기까지 하다. 공동체의 과거를 미화하는 경향이 없다고는 할 수 없는 이 기억의 이야기에 의해 망각되어버렸을지도 모르는 것, 예컨대 '백인이 오기 이전'의 폭력의 기억에 대해서도 둔감해져서는 안 될 것이다. 그러나 동시에 그 기억은 바로 남아프리카의 공동체에 내재한 '혁명적 민주주의의 씨앗'에 대한 기억이라는 점에 의해, 아니 그저 '인간적 세계'

의 기억이라는 점만으로도 European mankind의 '문명'과 '법'이라는 이름의 자기특권화를 고발한다. 그리고 아렌트가 자기와 타자 사이에 그어놓은 가장 근저적인 '경계선' 또한 탈구축되는 것이다.

제3장
|
정신의 상처는 아물지 않는다

"

하나도 없는

목소리들—하나의
밤의 웅성거림이, 때 아닌 때, 너의
마음으로부터 전해 받은, 여기에서, 처음으로
불러일으켜진다—하나의
눈의 크기로 된, 깊게
칼자국 난 과일 잎사귀, 그것이
기름 흘리도록 하는, 상처는
아물려하지 않는다.

"

파울 첼란 「목소리들」[1]

1 —— 죽음의 기억

영화 〈쇼아〉의 서두, 40만 명의 유대인이 학살당한 나치 절멸수용소 헤움노에서 살아 돌아온 유대인 생존자 모르데하이 포드홀레브니크(P)가 란즈만 감독(L)의 인터뷰에 답한다.

L : 헤움노에 있었을 때 당신의 내면에서 죽어버린 것은 무엇인가요?

P : 모든 것이 죽었습니다. 모든 것이 죽었지만, 그래도 역시 인간이니까 살고 싶다고 생각했지요. 그러기 위해서는 잊지 않으면 안 됩니다. 마음 깊은 곳에 남겨져 있던 것까지 잊을 수 있다는 것은 신의 축복이에요. 일부러 그 일을 화제로 삼고 싶지는 않군요.

L : 이야기를 하는 편이 좋다고는 생각하지 않나요?

P : 좋지 않아요. 내게는, 좋은 일이 아니네요.

L : 자, 그럼에도 이야기를 하는 이유는 무엇인가요?

P : 지금은 그렇게 하지 않을 수 없으니 이야기하는 거죠. 확실히 아이히만 재판에 관한 책을 받기는 했습니다. 그 재판에서 증인으로 섰으니까요. 하지만 그걸 읽지도 않았어요.

L : 생[환]자로서 목숨을 이어왔습니까, 아니면……?

P : 현장에 있었을 때는 죽은 존재로서 그 사건을 살아 왔어요. 왜냐하면 살아남으리라고는 생각지 못했으니까요. 하지만 지금은 이렇게 살아있습니다.

L : 이야기 하면서 항상 미소를 띠고 계시네요. 왜인가요?

P : 그럼 어떻게 하라는 말씀인가요? 울기라도 하라는? 웃을 때도 있고 울 때도 있지요. 하지만 살아있는 이상, 미소 짓는 편이 낫지 않을까요…….[2]

포드흘레브니크는 살아있는 것일까, 죽은 것일까?

그는 스스로 말한다. 헤움노 수용소에서 자기 안의 '**모든 것이 죽었**'다고. 헤움노에서 자신은 생존자로 살아 돌아온 것이 아니라 '**죽은 존재로서 그 사건을 살아 왔**'다고. 포드흘레브니크에게 일어난 것은 **정신적으로 죽은 존재가 되지 않고는 경험할 수 없는** 일이었기 때문에 그의 '마음 깊은 곳에 남겨져 있던 것'이란 그 **죽음의 기억** 이외의 다른 무엇이 아니다.

포드흘레브니크는 그러나 헤움노 수용소 최후의 날들의 격렬한 숙청 현장에서 빠져나와 오래도록 생명을 지속했다. '인간'이기 때문에 역시 '살고 싶다'고 생각했지만 '그러기 위해서는' 모든 것을 '**잊지 않으면 안 된다**'. 죽음의 기억을 끌어안은 채로는 '인간'으로서 살아가는 것이 불가능하다. 여기에서 **기억은 죽음을, 망각은 삶을** 의미한다. '기억하지 않으면 안 된다'는 것은 죽음의 규정이고, '잊지 않으면 안 된다'는 것은 삶의 규정인 것이다.

따라서 '마음 깊은 곳에 남겨져 있던 것까지 잊을 수 있다'는 것은 '신의 축복'이라고 포드흘레브니크는 말한다. 그러나 현실에서 모든 것을 잊어버리는 일 따위는 결코 불가능한 것이다. '살아있는 이상' '미소 짓는 편이 낫기' 때문에 미소 짓도록 애쓰고 있지만, 잊어버리는 것이 불가능하기에 '울 때도' 당연히 있다. 실제로 이어지는 장면에서 그는 울면서 당시의 시체 처리 작업의 실태를 증언한다. 조금이라도 기억이 환기되면 **낫지 않는 상처가 다시 아파오기** 때문에 '일부러 그 일을 화제로 삼고 싶지 않'은 것이고, 그것에 대해서 '이야기하는' 것은 조금도 '좋지 않은' 일이다. 헤움노의 경험을 이야기하는 것 — 만약 이것마저도 아직 이야기^{récit}라고 말할 수 있다면 — 은 말하는 사람인 포드홀레브니크에게 **카타르시스**를 주지 않는다. 그 '기억의 눈물'^{한나 아렌트} 역시도 카타르시스를 가져오지 않는다. 그것은 어찌해도 '정화'되지 않는 죽음의 기억이며 그저 견디기 어려운 고통을 전해줄 따름인 것이다.

그럼에도 이야기를 하는 이유는 무엇인가. 포드홀레브니크는 '그렇게 하지 않을 수 없'는 때가, "이야기해야 할 책무를 부여받는 bien obligé de parler" 때가 있기 때문이라고 말한다. 아이히만 재판에서 증언을 요구받았을 때 그는 책무를 다했지만, 아렌트의 책을 받았음에도 스스로 나서서 읽어보려고 하지는 않았다. 란즈만에게 "역사의 기록을 남기는 증언"^{얀 카르스키[3]}을 요구받았을 때 그는 '그렇게 하지 않을 수 없'기 때문에 그 책무를 받아들였다. 그러나 '현장'의 기억을 이야기하기 시작하자마자 그 표정은 고통으로 일그러지고 눈물을 억누를 수가 없었다. 그는 역사 앞에서의 책임을 다하기 위하여, '살아'남고자 '잊지 않으면 안 되'었던 기억을 상기시켜야만 했다. 이 기억은 말하자면 매번 **정신적으로 죽은 존재가 되지 않으면 상기할 수 없는** 기억이다. "언제까지나 계속 피가 흘러내리는 상처"엠마뉴엘 레비나스[4]가 여기 있다.

2 ─── 용서는 가능한가 - 헤겔과 죽은 자들

"정신의 상처는 상흔을 남기지 않고 아문다"고 헤겔은 잘라 말했다. 『정신현상학』 6장 「정신」의 마지막, 이른바 '악과 용서'의 논의이다. '의식의 경험' 과정 전체가 종국에 가까워지고 "정신이란 무엇인가"에 대한 인식이 완성되려는 바로 그때, 헤겔은 의식에 최후의 시련을 부과한다. 행위에 의해 악을 범한 의식(양심)이 스스로의 잘못을 인정하고 고백했다면, 판정하는 의식(양심)은 선악을 넘어 이 타자의 존재를 통째로 인정하고 '용서Verzeihung'해야 하며, 그렇지 않을 때는 보편적인 '상호 승인'이 성립될 수 없다. 곧 자기와 타자의 대립을 극복하고 모든 부정적인 것을 속죄하는 절대긍정의 말, '유화宥和, 조화=화해의 그러함das versöhnende Ja'을 발현할 수 없는 것이다. 바꿔 말하면 악을 용서할 수 있는 '정신의 위력'을 인식하는 것이야말로 '절대정신' 성립의 최종조건인 것이다.

정신은 절대적 자기확신 속에서 모든 행해진 것과 현실 위에 군림하는 자유로운 주인이자, 그것들을 내팽개쳐버리고 **아예 없었던 것으로 만드는 일**ungeschehen machen**이 가능하다.** (…중략…) 정신의 상처는 상흔을 남기지 않고 아문다. 행해진 것은 지나가버리는 것이 아니라 정신에 의해 자기 자신으로 되돌아온다. 행위의 의도로서든 현존하는 부정성이나 제한으로서든 행해진 것의 개별성의 측면은 쓸려나가듯이 즉시 소멸해 간다.[5]

헤겔이 말하는 '정신'은 "우리가 되는 나, 나가 되는 우리Ich, das Wir, und Wir, das Ich ist"로서, 인류적 공동체와 개인, 보편자와 개별자, 전체와 개체를 총합하는 것만이 아니다. 그것은 '모든 실재'로서의 이성의 자기 확신이 '진리'로까지 고양되고, "자기 자신을 세계로서, 또 세계를 자기 자신으로서 의식하고 있는" 것이다.[6] 그런 뜻에서 정신의 운동이란 세계의 운동에 다름 아니고 역사 그 자체와 일치하는 것이 된다. '정신의 상처는 상흔을 남기지 않고 아문다'는 단언은 그러므로 동시에 역사철학적 테제이다. 그 어떤 **돌이킬 수 없는 행위**도, 그 어떤 **용서할 수 없는 범죄**도 역사 안에서는 존재하지 않는다는 것, 모든 '부정성'의 기억 — 역사의 '상흔' — 은 정신의 힘을 통해 '소멸'시킬 수 있다는 것이 여기서 피력되고 있는 확신이다.[7]

그러나 과연 그럴까.

확실히 용서할 수 있는 '위력'을 인정하지 않을 수는 없다. 몇 가지 조건이 충족된다면 용서는 **가능**하며 많은 경우 **필요**하기도 할 것이다. 헤겔은 이들 조건 중에서 가장 본질적인 몇 가지를 지적하고 있다. 즉 행위가 이미 '법'에 비추어 평가되어 심판받고 있는 것. 바꿔 말하면 '악'의, 또는 '상처'의 인지. 또 '악'을 범한 의식이 스스로의 잘못을 인정하고 개심하여 용서를 청하고 있는 것, 즉 헤겔이 말하는 '고백Eingeständnis'이 그것이다.

하지만 그러한 조건들이 누차 결여되어 있는 것만은 아니다. 다만 이들 조건 모두 어떠한 공통된 근본조건이 만족되지 않으면 의미를 잃을 뿐이다. 그 근본조건은, 바로 '생生'이다. '상처'를 낸 가해자와 '상처'를 입은 피해자가 함께 '살아있는' 것, 사건을 '생[존]자로서 살아'왔고 여전히 '살고 싶다'고 생각하고 있어야 한다. 이 조건이 충족되지 않으면 용서는 불가능하며 화해도 유화도 성립될 수 없다. 화해나 유화는 '생'의 논리, '생[존]자'의 논리이자, 나아가 '살기 위한' 논리이기도 하다. 그리고 바로 그렇기 때문에 이 논리에 의해 역사 전체를 덮어 가리는 일은 불가능한 것이다. 왜냐하면 역사는 돌이킬 수 없는 죽음의 기억, 특히 무고한 희생자들의 죽음의 기억을 결코 건너뛸 수 없기 때문이다. '살기 위하여' '생[존]자'는 죽은 자들을 망각하고 죽음의 기억을 '소멸'시키며, 일어났던 일을 '일어나지 않았던 일'로 만드는바, 역사의 '상처'는 '상흔을 남기지 않고 아무는' 카타르시스를 맛본다. '생[존]자' 중에는 가능하고 필요하기까지 한 용서나 화해가 어떤 경우에는 '생'의 환상이자 '망각의 정치'이며 죽은 자를 향한 '생[존]자'의 폭력에 다름 아니게 되어 버리는 것이다.

포드홀레브니크가 휘말린 쇼아^{홀로코스트}를 생각해 보자. **그런 범죄를 용서하는 일이 가능할까.** 쇼아의 피해자가 가해자를 '용서'하고, 그 상처가 '상흔을 남기지 않은'채 아물고, 양자 사이에 화해와 유화가 성립되는 일이 과연 가능할까. 그 사건을 '일어나지 않았던 일'로 만들고 그 '의도'나 '부정성'의 기억을 '소멸'시키고 '정신의 위력'을 자랑하는 일 따위가 과연 허용되는 일일까.

포드홀레브니크는 헤움노에서 그의 내부에 있던 '모든 것'이 죽었다고 말한다. 살기 위해서는 이 죽음의 기억을 잊고 정신의 상처를 치유하지 않으면 안 되지만, 그에게 그 기억은 악령에 홀린 것처럼 저지할 수 없는 것이었고, 상처를 '상흔을 남기지 않고' 치유하는 일 역시 도저히 가능해 보이지 않는다. **상처가 너무도 깊기** 때문이다. 상처가 지나치게 깊을 경우, 피해자가 가해자를 용서하는 '정신의 위력' 그 자체, '주체성' 그 자체가 파괴될 정도로 깊을 경우, 용서란 이미 곤란한 일이 된다. 그렇다고 한다면 헤겔적 '정신'이 그 '위력'을 과시할 수 있는 것은 그것이 아물 수 있는 상처밖에 알지 못하고 '소멸'시킬 수 있는 '부정성' 밖에 알지 못하며 '돌이킬 수' 있는 잘못밖에 알지 못하는, 그럼으로써 너무도 깊은 상처를 입은 '개별성'을 쉬 망각해 버리고 있기 때문이 아니겠는가.

레비나스의 논의는 헤겔적 '용서'의 논리가 지닌 맹점을 거의 직접적으로 들추어내고 있는 것처럼 보인다.

친밀한 사회에 결속되고 자신의 행위와 관계된 유일무이한 자유를 앞에 두고 있었을 때, 나는 대화를 통해 스스로의 행위를 용서pardon 받는 일이 가능했다. (…중략…) 자기 자신의 과거를 망각하고 자기를 쇄신할 수 있는 반면, 행위에 의해 되돌릴 수 없는 일을 저지른 자아는 자유에 대한 이 궁극적 장해로부터 용서를 통해 해방되었던 것이다. 왜냐하면 행위의 유일한 희생자가 그 행위를 잊는 일에 동의했거나 혹은 동의할 수 있었기 때문이다. 방면된 자아는 다시 절대자로 화한다. 그러나 **폭력을 당한 희생자가 그 폭력을 말소할 수 있다면 그것은 본래적 의미에서의 폭력이라고 할 수 없다.** 이 폭력은 그것에 의해 공격 받은 자유를 잠식하지 않는다. 왜냐하면 그 자유는 거의 신적이라고도 말해도 좋을 자유, 즉 **용서할 수 있는 권능**pouvoir**을 아무 상처 없이 보존하고 있기** 때문이다. (…중략…) 정의와 불의는 어떤 자유에 대해 휘둘러진 폭력, 즉 현실의 상처를 전제로 하고 있는 것이다.[8]

분명 포드흘레브니크는 그럼에도 여전히 살아있고, '살고 싶다'고 생각한다. 그런 한에서 그가 짊어진 상처를 결코 흔적 없이 치유할 수 있다고 말할 수 없는 것과 마찬가지로 그 상처가 절대로 치유될 수 없는 것이라고 미연에 잘라 말하는 것 또한 불가능하다. 결과로서 치유되지 않고 끝날지, 아니면 어떤 식으로든 치유가 기적처럼 다가올지는 별도의 문제로 할지라도, 피해자의 상처에 대해서는 어디까지나 치유하고자 하는 노력이 필요하며 상처가 깊으면 깊을수록 그런 노력은 더욱 필요하다고까지 말해야 할지도 모른다. "살아있는 한, 인간에게는 항상 희망이 남아 있다" 아우슈비츠의 유대인 특별노무반의 생존자 필립 쉴러.[9] 생[존]자의 논리는 또한 '희망'의 논리이기도 하다. 쇼아홀로코스트의 상처조차, **생[존]자만 고려하는 경우라면** 절대로 치유될 수 없다고 단언할 수 없으며, 사건을 '일어나지 않았던 일'로 만드는 것이 아니라 사건에 대한 기억을 유지하는 가운데 그럼에도 곤란한 상처를 여전히 계속 추구해 나갈 필요가 있을 것이다.

그러나 죽은 자는 다르다. 그저 유대인으로 태어났다는 '이유'만으로, 따라서 실제로는 그 어떤 이유도 없이 '살 가치가 없는 자'로 취급받고 온갖 모욕을 받으며 말살된 5백만 혹은 6백만의 죽은 자들에게 치유란 결코 **있을 수 없다.** 죽은 자들이 말살자들을 용서하는 일도 불가능하며, 이 말살 행위는 영원히 '되돌리기' 어려운 상태에서 멈춰있다. 이 경우 가해자와 피해자의 화해나 유화는 엄밀한 의미에서 **불가능**한 것이다.

쇼아홀로코스트의 경우 많은 말살자가 자신의 죄를 인정하지 않고 세상을 떠났다. 그러므로 헤겔이 말하는 '고백'의 조건은 이미 만족될 수 없지만, 그러나 그 문제만이 아니다. 5백만 혹은 6백만의 무고한 죽음과 관련해서 본다면 '행위의 유일한 희생자'가 '용서하는 권능' 그 자체를 처음부터 잃어버리고 말았기 때문이다. 살아남은 피해자가 용서할 수 있는 것은 본래 자신에 관해서일 뿐이고 자신이 받은 상처에 관해서일 뿐이다. 어떤 장군의 변덕으로 인해 소중한 자식을 참살당한 모친조차도 용서할 수 있는 것은 그저 자신이 받은 고통에 대해서일 뿐이며, 어린아이에게 가해진 잘못에 대해서는 살해당한 어린아이 이외의 다른 누구도 그것을 용서할 권리를 가지지 않는다^{이반 카라마조프}.¹⁰ **죽은 자들에게 가해진 잘못을 살아남은 자들이 대신해서 용서할 수는 없다. 살아남은 자는 그것을 기억하고, 죽은 자들을 대신해 증언할 수 있을 따름이다.**

그러나 이반의 도전에 대해 알료샤가 답하지 않았던가. "모든 것에 대해, 모든 사람을 용서할 수 있는" 단 한 사람 있다. "모든 사람을 대신해, 스스로 자신의 무고한 피를 흘린" 자, 예수 그리스도야말로 그 사람이라고. 그리고 헤겔 역시도 궁극적으로는 이 그리스도의 죽음에 호소해 '용서'를 설명하고 있지 않았던가.

정신은 이미 도덕성에 대해, 또 종교의 영역에 대해서는 더욱 자유로운 것으로서 그 자신에 있어 긍정적인 것으로서 알려져 있다. 따라서 사람들 각각을 악으로까지 연결시켜가는 제한은 정신의 무한성에 있어서는 무無와 같은 것이다. **정신은 일어난 일을 일어나지 않은 것으로 할 수 있다**^{Der Geist kann das Geschehene ungeschehen machen}. **행위는 분명 기억** ^{Erinnerung} **속에 남겠지만, 정신은 그것을 제거한다.** (…중략…) 정신의 진정한 의식의 관점에서 보면 그리스도의 죽음 안에서 인간의 유한성이 살해된다. 그리하여 그 자연적인 것의 죽음이 보편적인 의미를 갖는 다. 즉 유한한 것, 악 일반이 절멸된다vernichtet. 세계는 이렇게 유화[조화]되는 것이다.[11]

그리스도의 죽음이 의미하는 것은 다름 아닌 "**신은 죽었다**Gott ist tot"라는 것, "신 안에서조차 부정否定이 존재한다"는 것이다. 그것은 '가장 공포스러운 사상'이며, '최고의 고통'과 '구원이 전혀 없다는 감정'이 거기에 결부되어 있다. 그러나 헤겔에 의하면, 이 신의 죽음은 동시에 "신이 자신과는 소원한, 멀리 떨어진 것을 죽이기 위해서 그것과 동일화한" 것이며, 따라서 '절대적인 양극의 법 바깥에서의 통일'로서 '무한한 사랑'에 다름 아닌 것이다. **그리스도의 '오욕으로 점철된 죽음'의 진리는 '무한한 사랑'으로서의 '용서'이다.** 그것은 모든 부정적인 것의 부정'부정의 부정'이며, 모든 죽음을 죽이는 것'죽음의 죽음'이므로, 그것에 의해 비로소 '악 일반'이 '절멸'되고 '세계'가 '유화조화'된다. "그리스도가 세계의 죄를 대속한" 것이다.[12]

그러나 그것은 그리스도의 죽음에 의해 **미리** 세계가 유화되고 대속되었다는 뜻일까. 그리스도의 죽음 이후에 범해진 모든 악'악 일반'이 아프리오리하게선험적으로 용서받았다는 뜻일까. 만약 그렇다고 한다면 레비나스와 함께 "무한한 용서의 가능성은 무한한 악을 초래한다"[13]고 말할 수밖에 없을 것이다. 그 어떤 악도 최종적으로 용서받는 것이 **예정**되어 있을 뿐 아니라 항상 이미 용서되어 버리고 마는 세계라면 모든 악이 극렬하게 창궐하지 않겠는가. 헤겔도 그런 세계를 바랐던 것은 아닐 것이다. 그는 그저 인간이 행위의 결과에 갇혀 자유를 잃고 그 이상의 생의 가능성을 죽이고 마는 것을 비판하면서, 선악 및 옳고 그름正不正의 대립을 넘어 인간존재 그 자체를 승인하는 '위력'이 '정신'에 구비되어 있다는 것, 그리고 그리스도의 죽음에 의한 대속이라는 기독교의 가르침에 그런 '정신'의 진리가 표현되어 있다는 것을 주장하고자 했을 것이다.

바로 그 점에 헤겔적 '용서'가 다름 아닌 '생'의 논리인 까닭이 제시되어 있다. 젊은 헤겔이 『기독교의 정신과 그 운명』에서 처음으로 '사랑'에 의한 '용서'의 사상을 전개했을 때, 그것은 문자 그대로 모든 상처를 치유하고 자기를 회복하는 '생Leben'의 힘을 근거로 삼는다. "생이라는 것은 자신의 **상처**를 재차 **치유하고**, 분리되어 적대하는 생을 다시금 자신 안으로 **되돌림으로써** 범죄가 만들어낸 율법과 벌을 폐기=지양aufheben할 수 있다."[14] '생'이 '정신'으로 발전할지라도, '용서'가 여전히 "죽음을 견디고 죽음 한가운데서 자기를 유지하는" '정신의 생Leben des Geistes'의 논리이며 죽음을 '초월해 사는=**살아남은**Überleben' '정신의 생'의 논리인 것에 변함은 없다.[15] 그것은 언제나 **살아남은** 존재를 기초로 하여, 살아남지 못했던 자들의 죽음을 전체적 '생'으로 회수하기를 원한다. 즉 그것은 '초월해 사는' 것이 불가능한 죽음을 알지 못한다. '되돌리'기 어려운 부정성을 알지 못한다. 치유할 수 없는 상처를, '언제까지나 계속 피가 흘러내리는 상처'를, '영원한 출혈éternelle hémorragie'[16]을 알지 못하는 것이다.

신의 용서에 대해서는, 인간이 인간에게 행한 돌이킬 수 없는 범죄란 **신이라 할지라도 용서할 수 없는 것**이라고 말해야 할 것이다. 다시 한번 레비나스를 원용하자. "우주 전체를 창조하고 떠받치는 신도, 인간이 인간에 대해 저지른 범죄를 받아들이거나 용서할 수는 없다." "그 누구도, **신조차도 희생자를 대신할 수 없다**."[17] 희생자가 짊어진 '현실의 상처'가 죽음일 경우에, 달리 말해 용서할 권리를 가진 '행위의 유일한 희생자'가 처음부터 죽은 자일 경우에 가해자가 용서받는 일은 있을 수 없는바, 만일 신이 그것을 용서한다면, 즉 '일어난 일을 일어나지 않은 일로 하거나' 죽은 자들에게 덮씌운 악이나 잘못을 아무 것도 아닌 것, '무無와 같은 것'으로 하여 '기억' 속에서 '제거해' 버린다면, 그것은 신에 의한 역사의 개찬, 곧 신의 리비저니즘revisionism, 역사수정주의이라고 하지 않을 수 없을 것이다.[18]

문제가 심각해지는 부분은 기독교적 반유대주의에 의해 박해받은 희생과 관련된 것이다. '그리스도 살해의 하수인'이라는 오명을 얻은 유대인에 대한 학살 행위가 그리스도의 이름으로 용서받고 그 상처가 그리스도의 죽음에 의해 대속된다고 한다면 부조리일 것이다. 그렇게 생각하는 것은 오히려 박해의 완성(기독교로의 '유대적인 것'의 회수 혹은 해소)에 다름 아니다. 헤겔이 말하는 '용서'의 변증법도 그 점에서 곤란을 안고 있다. 왜냐하면 그것이 결코 유대인 **박해**를 주장하거나 직접적으로 그런 박해로 귀결되는 것은 아니라고 할지라도, 기독교로의 유대교의 **지양**이라는 논리를 명확히 포함하고 있기 때문이다. 『기독교의 정신과 그 운명』에서는 '사랑에 의한 유화'는 '유대 정신의 반대물'로서 유대인에게는 '완전히 불가해한' '광인의 사상'이었다고 서술되어 있다. 예수가 살았던 세계는 모든 것이 율법이라는 '죽음의 법도' 아래에 있었고 '사람들이 유대적인 것의 폭력 하에 갇혀 있던' 세계였다. 유대민족이 '오늘날 여전히 당면하고 있는' '비참한 상태'는 '그들이 지닌 원래의 운명의 귀결과 발전'에 다름 아니며, 그들이 '사랑에 의한 유화'를 받아들이지 않는 한 '그 운명에 의해 학대받을 것'이었다.'[19] 『정신현상학』에서도 용서를 거부하고 선악의 판단을 고집하는 '평가하는 양심'은 '완고한 마음' 혹은 '뻣뻣한 모가지' 같은 유대인이나 바리새파를 암시하는 표현으로 불린다. 정신의 상처가 치유되기 위해서는 그런 '완고한 마음이 파쇄되는 것'이 반드시 필요한 것이었다.[20]

헤겔에게도 실제로는 용서할 수 없는 죄가 단 하나 있지 않았던가. "그리스도도 이렇게 말하고 있다. 인간의 온갖 죄는 용서받을 수 있지만, **정신에 반하는 죄**die Sünde gegen den Geist**만은 용서받지 못한다.**"[21] 헤겔도 실은 '정신에 반하는 죄', 즉 모든 것을 용서할 수 있는 '정신의 위력'을 인정하지 않는 죄만은 용서할 수 없는 것이 아닌가. "세계의 대속은 존재하지 않는다"레비나스[22]고 생각하는 것, 용서할 수 없는 범죄가 있다고 생각하는 것은 용서받지 못하는 일이 아닌가. 유대인이라는 것이 '완고한 마음'을, 즉 법률과 옳고 그름의 판단에 대한 고집을 뜻하는 것이라면, 극단적으로 말해 유대인이라는 것조차 용서받을 수 없는 것이 아닌가. 유대인을 지양되어야할 존재로 보는 '용서'의 사상이 유대인이라는 것을 이유로 박해받은 사람들의 상처를 어떻게 '상흔을 남기지 않고' 치유할 수 있을 것인가.

3 —— 증언의 생生

살아남은 자는 죽은 자들에게 가해진 잘못을 죽은 자들을 대신해 용서할 권리를 갖고 있지 않다. 살아남은 자들은 그것을 기억하고, 죽은 자들을 대신해 증언할 수 있을 따름이다.

그것의 의미를 〈쇼아〉 제2부에 나오는 아우슈비츠의 유대인 특별노무반의 한 사람으로 다섯 번의 말살에서 살아남은 뮐러M의 기억과 증언은 똑똑히 개시하고 있다. 20세 때부터 2년간, 유대인의 가스 살해와 시체 소각에 강제적으로 협력했던 그는, "다음 날도 그 다음 날도 눈앞에서 죄 없는 사람들이 하루 수천 번 재로 바뀌어 사라져가는" '지옥'[23]의 참상을 조용히 이야기해 나가지만, 일순 말문이 막히고 울면서 쓰러지고 촬영중지를 요구하고 다시 일어나 계속한다.

> M : 그때 저는 깨달았어요. 내 생명에는 더 이상 어떤 가치도 없다
> 는 것을. 살아서 대체 뭐하겠나? 무엇 때문에 살아야 하는가?
> 거기서 저는 그 사람들과 함께 가스실로 들어갔어요. 죽기를
> 작정했던 겁니다, 그 사람들과 함께. (…중략…) 한 무리의 여
> 성이 다가왔습니다. 저를 바라보면서 이렇게 말했습니다. "여
> 기는 이미 가스실 안입니까?"
>
> L : 이미 그 안에 있었던 겁니까?
>
> M : 가스실 안입니다. 그러자 여성 한 사람이 계속해서 말했어요.
> "자, 당신도 죽을 생각이군요? 하지만 무의미해요. 당신이 죽
> 는다고 해도, 우리들의 생명이 살아 돌아올 일은 없어요. 의미
> 있는 행동이 아니에요. 여기에서 나가지 않으면 안돼요. **우리들
> 이 맛본 고통을, 우리들에게 가해진 잘못을, 그것을, 당신이 증언해 줘
> 야만 해요.** (강조는 원문)[24]

밀러의 기적적인 생환에 의해 처음으로 우리들 앞으로 도착한
한 여성의 희미한 목소리. 얼굴도 이름도 모른 채, 그저 밀러와 '동
향'체코인 유대인 여성이라는 것 이외에 '누구'인가를 입증할 그 어
떤 '신원보증'도 없는 목소리. 있는지 없는지, 들리는지 들리지 않
는지 너무나도 먼 목소리. 그 목소리는 우리들의 시대, 대량 살육의

시대인 현대의 '기억'과 '증언'이 얼마나 그 근저로부터 위협받고 있는지를 전하고 있다.

이 목소리를 통해 '하나도 없는 목소리들'^{파울 첼란}을 들을 수 있을까. 완전한 침묵이 강요되기 직전에 간신히 살아남은 이 목소리를 통해 **완전한 침묵을 강요받은 죽은 자들**의 목소리를 듣는 일이 가능할 것인가. 물론 그 여성의 목소리는 죽은 자들의 목소리를 온전히 대표=재현전再現前化represent하는 것일 수 없다. 그럼에도 그것은 이미 **죽은 자들**을 대신한 목소리이기도 하다. '내가'가 아니라, '**우리들이 맛본 고통**'과 '**우리들에게 가해진 잘못**'의 '증언'을 요청하는 목소리인 것이다.[25]

란즈만이 말했듯이 〈쇼아〉가 "살아남은 사람들에 대한 영화가 아니라 죽은 자들에 대한 영화"[26]라면, 그것은 이 영화에 등장하는 살아남은 유대인들의 증언이 어느 것이나 '죽은 자들을 대신한 증언'임을 의식하고 있기 때문일 것이다. 대량 살육의 시대의 가장 깊은 어둠 하나, 아우슈비츠의 가스실. 니힐리즘('살아서 대체 뭐하겠나?')의 가장 가혹한 경험 안에서 살아 돌아온 뮐러의 생은 오로지 죽은 이들을 대신해 증언하기 위한 삶이 되었다. 뮐러가 살아남은 것, 그 '죽음을 초월해 사는 것^{Überleben}'에 의해 죽은 이들에게 가해진 '고통'과 '잘못'이 대속될 리는 없다. 그 '죽음을 초월해 사는 것'이란 '일어난 일을 일어나지 않았던 것으로' 만들어 쇼아를 용서하거나 망각하기 위한 것이 아니라, 역으로 그것이 용서받을 수 없는 범죄임을 증언하기 위해 존재하는 것이다.

　크고 작은 온갖 쇼아가 있었고, 앞으로도 있을 것이다. 무수한 재난, 무수한 '절멸'이 있었고, 앞으로도 있을 것이다. 세계의 대속은 존재하지 않는다. 역사의 상처, 정신의 상처는 치유되지 않는다. 세계의 대속이 있다고, 정신의 상처가 치유된다고 믿는 것은 죽음(죽은 자들)의 기억을 망각할 때에만 가능하다.

　분명, 생[존]자들 사이에는 '희망'이 남는다. 죽음(죽은 자)의 기억을 보존하고 죽은 자를 대신해 증언하면서 생의 '희망'을 길러가는 것 외에 다른 길은 없다.

제4장
—
만신창이의
증인

—

'그녀들'에서 레비나스로

> 그 누구도 증인을 대신해서
> 증언하지 않는다.

파울 첼란, 「재灰의 영광」

1 —— 빈사의 '기억'

—제일 위의 글자는 '아—'라고 읽습니다. 입 구 변에 마음, 의지
라고 할 때의 의라는 글자가 생략되어 있지만요. 입에서 막혀서, 마
음이 밖으로 나오지 않아서…… 신음하고 있는 거지요. 그걸 하나 쓰
고, 그리고 '종군위안부'라고. 그들 중에는 60퍼센트 이상, 한국 사람
이 포함되어 있었어요.

—네.

—그걸 저는요, 누구도 입 밖에 꺼내지 않아요…… 도리가 없지요.
제가 일본 남자를 대표해서, 당신 나라에 정말로 나쁜 일을 저질렀
습니다, 라고, 이제 와서 어떻게 해야 할지 모르겠지만 부디 용서해
달라는 사죄의 마음을 표하고 있는 거예요.

—네.

—정말로 우리 동료가 못난 일을 저질러버렸다고……. 지금부터
라도 보상할 방법이 있다면 국가는 배상해야 한다는 게 제 주장이지
만……. 아직 어느 누구도 나서지 않고 있어요.

—네에.

—일본에서도 '종군위안부'였던 사람들은 이름을 밝히고 나서려
하질 않아요. 한국인 중에서도 위안부였던 사람을 찾고 있지만 아직
만나질 못했어요.

—네.

―당신은 알고 있는 사람이 있어요?

―모릅니다. 그래서 지금 그 족적을 찾고 있어요.

―음. 그 방송에서 말이에요, 나는 찾아줄 거라 생각했어요. 그리고⋯⋯ 만약 있다면, 이미 상당히 연세가 드셨겠지만, 정말로 사죄하지 않으면 안돼요. 그리고 그런 사정을 알고 있는 사람, 예를 들어 '내 약혼자가 끌려갔다'든지, 자신의 누이가 끌려갔다든지, 그런 기억이 있는 사람이 있을 거라 생각합니다. 그런 사람들도 말이죠, 역시 아무 말도 않고 있어서는 안돼요.

―그렇죠. 저⋯⋯ 우리나라 전쟁 말고, 다른 나라 전쟁에 끌려간 한국인, 조선인에 대해서는 개인적으로 어떻게 생각하세요?

―이미 '종군위안부'라는 기획 자체가 정말로 어리석은 거예요. 필요하지도 않은 것을 필요하다고 생각한 지도자가 먼저 잘못이고, 그걸 사용한 사람들도 잘못된 거죠. 하지만 혹시 말에요, 자기 나라의 여성을 데리고 가서 여차여차했다면 어쩔 수 없다고 할 수도 있을지 모르겠지만, 이웃나라의, 게다가 그⋯⋯ 전혀 남자를 알지 못하는 젊은 처녀를 그렇게 많이 끌고 가서, 그러고는 버리고 온 거예요.

―네.

―돌아오지 못하는 거죠⋯⋯ 어떻게 해서든 사죄하지 않으면 안된다고 생각해요. 보상할 방법이 있을지 없을지, 어찌해야 좋을지 가르쳐 주세요.

치바현千葉県 다테야마시館山市 교외의 한 언덕 위에 세워진 '종군 위안부' 위령비. "가위에 눌려서 밤이 오는 게 무섭다"던 일본인 '위안부' 시로타 스즈코* 씨의 고백을 듣고 1985년에 이 비를 건립한 후카츠 후미오 목사가 한국인 권현주 씨와 함께 비 앞에 잠시 멈춰 서서 '전쟁의 기억'에 질문을 던진다. 한국 KBS방송에서 제작한 다큐멘터리〈태평양 전쟁의 원혼들-종군위안부〉**의 마지막 장면이다.

전후 사반세기 이상이 지나, 이 기억은 역사의 표면에서 거의 완전히 사라져 있다. 조선반도 출신자만 해도 8만에서 20만이라는 방대한 피해자를 낸 전쟁범죄가, 일본은 말할 것도 없이 관계된 모든 나라의 공적 공간에서 거의 말해지지 않은 채, 대다수 일반 시민의 '전쟁의 기억'에서도 완전히 멀어져 있다. 만약 그런 사태를 가능하게 한 여러 요소가 어디까지나 변하지 않고 있다면 이 망각은 머지않아 완성될 것이다. 모든 피해자의 죽음, 그리고 그녀들의 피해를 알고 있는 모든 사람들의 죽음과 함께, 망각 자체가 망각되고, 거대한 부정과 그 상처는 일종의 '망각의 구멍' 안으로 영구히 삼켜져 버리고 말 것이다.[1]

---

* 가명. 1921~93. 1984년, 시로타 스즈코는 일본인으로서 스스로 위안부였음을 밝힌 최초의 인물이다.
** 1990년 8월 10일, KBS 제1TV에서 광복 45주년 특별 기획으로 제작해 방송한 다큐멘터리로 시로타 스즈코와의 인터뷰 등이 실려 있다. 일본에서는 91년 8월 23일 NHK에서 방영되었다.

70년대 들어서 일본과 한국에서 이 문제에 관한 몇 권의 책이 출판된다. 그러나 그것은 '공적' 역사로부터의 기억의 소실이라는 이 기본적 상황을 조금도 변화시키지 않았다. 국가 간의 배상교섭에서도, 공교육에서도, 공공방송·매스미디어에서도, 다른 여러 '국민적 기억'의 조직화에 있어서도, 이 사건은 일찍이 한 번도 존재하지 않았던 것과도 다름없다. 이런 상황을 조금이라도 바꾸고 '공적' 역사의 거만한 무관심에 바람구멍을 열기 위해서는, 국가와 사회의 공범에 의한 '망각의 정치'를 몸소 폭로하는 생을 살아온 증인, 살아있는 기억의 증인이 필요하지만, 85년 후카츠 목사가 위령비를 세웠던 시점에도, 그 후 권현주 씨와 대화한 시점에도, 일본이나 다른 나라에서도, "'종군위안부'였던 사람들은 이름을 밝히고 나서지 않는다". 스스로 증언하고자 하는 자가 '어느 누구도 나타나지 않는' 상태가 계속되고 있다. 주지하다시피 "언젠가는 이에 대해 일본에 소송을 내야 한다고 생각하고 있었"던 한국인 '위안부' 증언자 김학순 씨를 시작으로, 그 후 아시아 각지에서 전 '위안부'였던 이들이 차례로 이름을 밝히고 나선 것은 전후 거의 반세기가 지난, 1991년 8월 이후의 일이다.

집안에 꼼짝하지 않고 앉아 옛날을 생각합니다. 신문에서 위안부 문제를 다룬 기사를 읽고 얼마나 눈물을 흘렸는지 몰라요. 강제로 위안부가 되었다는 것을 언제나 가슴에 안고 있었기 때문에 언젠가 이 문제를 일본에 호소해야만 한다고 생각했어요. 죽기 전에 이 체험을 폭로하고 마음의 짐을 털어버리고 싶다는 생각에 이름을 밝히고 증언한 거에요. 나의 인생이 이렇게 된 것은 일본 때문입니다. 일본은 우리에게 보상하고 이 일을 역사에 남겨야 해요. 오늘날 일본이나 한국의 젊은이들은 이러한 일을 알지 못합니다. 그들에게 이 사실을 가르쳐야만 한다고 생각해요. 김학순, 1924~1997[2]

수년 전부터 언젠가는 누구에게 말하지 않으면 사람들이 위안부 일을 잊을 것이고 아이들도 모른 채 지나가 버릴 것이라 생각했어요. 그러다가 1991년 일본의 '종군위안부'에 대한 태도에 충격을 받았습니다. 그런 태도는 안된다고 생각했어요. 내가 먼저 신문기자에게 전화를 걸었지요. (…중략…) 내 이야기를 듣고 일본인들은 반성하기 바랍니다. 눈물만 흘리지 말고 사실을 알리는 게 중요해요. 다시는 이러한 일이 일어나지 않도록 나의 체험을 알리는 게 내 삶의 마지막 일입니다. 이귀분, 1927~2004[3]

1992년 6월 이웃집 할머니와 텔레비전을 보는데 "일본의 잡지에서 조선인 위안부는 돈 때문에 일본군을 따라갔다고 말한다"는 방송을 하고 있었습니다. 이 말을 들은 나는 무심코 소리쳤지요. "뭐라고, 이놈이!" 그러자 옆에 있던 할머니가 "왜 그러느냐"고 물었어요. 이를 계기로 나는 이렇게 이름을 밝히고 나서게 된 겁니다. 김대일, 1916~2005[4]

20만 명 이상일지도 모르는 여성들에 대한 성적 파괴. 그리고 성적 파괴에 의한 '인간'의 파괴. 피해자들의 대부분은 이미 전장에서 그 존재가 말소되었고, 살아남은 사람들의 대부분도 파괴된 심신을 안고 '참담한 전후'에서 죽어갔다. 오늘날 간신히 '공적 공간'에 모습을 드러내기 시작한 얼마 안 되는 증인들도 역시 만신창이로, "내일이나 모레에는 흙으로 돌아갈지도 모르는"황금주, 1922~2013[5] 시간을, 바람 앞의 등잔처럼 살고 있다.

〈태평양 전쟁의 원혼들―종군위안부〉에서 가장 잊기 어려운 장면 중 하나는 이름을 숨기고 등장한, 오키나와에 살고 있는 전 '위안부' 배봉기[***] 씨가 권현주의 취재요청을 끝까지 거부하다 노여움이 폭발해 집에 틀어박히는 장면이다. 그녀는 "너무도 많은 상처를 받은 탓에 완강히 (취재를) 거부했다. 찾아가도 문도 열어주지 않았다. 창문 밖에서 말을 전하고 이야기를 듣고 싶다고 해도 '괴롭히지 마라. 그러지 않으면 가만두지 않을 거다'며 식칼을 휘둘렀다. 끔찍한 과거를 상기시켜 지금 또다시 그녀를 상처 입혔다는 생각에 신변의 위험을 느끼기보다 오히려 마음에 갈등이 생겼다"권현주. 배봉기 씨의 반생을 그린『빨간 기와집: 일본군 위안부가 된 한국

*** 배봉기 할머니(1914~1991)는 1944년 일본 오키나와의 도카시키 섬의 위안소로 끌려왔다 종전 후 버려졌다. 이후 1972년 오키나와가 일본으로 반환될 당시 불법체류자로 분류되어 강제퇴거 대상이 되었는데 특별 체류 허가를 받는 과정에서 '전 위안부'였음이 밝혀졌다.『빨간 기와집』은 가와다 후미코가 1977년부터 10년간의 인터뷰를 통해 배봉기 할머니의 반생을 엮어낸 책이다.

여성 이야기』를 쓴 가와다 후미코도 "문을 잠그고, 때로는 낫을 휘두르는 등 취재기자를 쫓아내려 했던" 그녀의 모습을 전하고 있다. 그리고는 "과거의 기억에 속박당하고 정신이 이상해질 정도로 모진 시련에 심신이 계속 시달려" 온 그녀의 '참담한 전후'가 과연 생존해 있는 전 '위안부'들 중에서 '특수한 경우'일까를 반문하고 있다.[6] 배봉기 씨는 91년 10월, 나하 시내에 있는 독신자 아파트에서 조용히 세상을 떠난 뒤 사후 수일이 지나 발견되었다. 이런 임종도 역시 전후 몇 번이나 반복되어 왔음이 틀림없다.

만신창이의 '증인'. 바람 앞의 등잔과 같은 빈사의 '기억'. "내일이나 모래에는 흙으로 돌아갈 지도 모르는" 피해자들의 기억은 '망각의 구멍'으로의 소실을 막기 위해서라도 한시라도 빨리 '공적 공간'으로 이끌어낼 필요가 있다. 그런데 한편으로는, 기억에 '속박'되어 "정신이 이상해질 정도로 모진 시련에 심신이 계속 시달"리고 있는 피해자를 '공적 공간'으로 끌어내고자 대중이 주시하는 곳에서 증언을 다그치는 일만큼 폭력적인 것도 없다. 이 폭력은 증언되어야 할 부정이 역겨우면 역겨울수록, 피해자가 받은 치욕이 크면 클수록 더욱 폭력적이 된다. 최악의 폭력의 피해자를 습격하는, '증언의 요청'이라는 제2의 폭력. 어둠의 폭력에서 생존자를 기다리는 빛의 폭력. 공공연하게 이야기하는 것이 가진 폭력, 공공연화의 폭력, '공적 공간' 그 자체가 가진 폭력. 이 새로운 폭력을 견뎌내지 못하는 피해자는 증언하는 일이 불가능해지고 만다. 바꿔 말하면, 이 새로운 폭력을 견뎌낼 수 없을 정도로 상처받은 피해자의 기억은 '공적 공간'에는 필연적으로 도착하지 않는다. 닫힌 상처가 거대하면 거대할수록, 범해진 파괴가 철저하면 철저할수록, 즉 어떤 의미에서는 **증언의 필요성이 크면 클수록**, 그것이 역설적이게도 **불가능**해지고 마는 것이다.

피해자를 두 번 욕보이는 일, 빈사의 생을 새로운 고통으로 파국으로 몰아넣는 일은 용서받을 수 없다. 피해자에게는 침묵할 권리가 있다. 그럼에도 불구하고 침묵을 부수는 책임 역시 부과 받는다. 이 가혹한 책임을 짊어질 수 없는 사람들, 짊어질 수 없을 정도로 깊게 상처 입었거나, 짊어지기 이전에 죽임 당해버린 자들을 위해서도, 이 책임이 부과되는 것이다("역시 잠자코 있어서는 안 된다"─후카시 후미오 목사). 지금 겨우 '공적 공간'에 닿기 시작한 것은 이 가혹한 책임에 가까스로, '행운'으로 대답할 수 있었던 피해자들의 말이다. 그러므로 이들의 증언 안에서, 또한 이들의 증언을 통해 듣지 않으면 안 되는 것은 그저 단순히 증언하는 증인 자신의 목소리만이 아니다. 그와 동시에, 살아가면서 침묵하지 않을 수 없었던 사람들, 또는 '버려진' 채 그대로 '돌아오지 못'한 사람들의 목소리도 듣지 않으면 안 된다. 결코 기억되지 못했던 사람들, 결코 이야기되는 일 없었던 사람들의 목소리까지도 듣지 않으면 안 된다. '공적 공간'은 '공적 공간'에 닿지 못했던 사람들, '목소리 없는 목소리'까지도 들어야 한다. 그렇지 않는 한 그 역사적 책임을 다했다 할 수 없을 것이다.

나는 대놓고 위안부 때 일을 말하고 있지만, '위안부'가 되었던 수천수만 명의 여자 대부분은 말하지 못하고 있어요. 일본이 우리에게 나쁜 짓을 했다고 양심적으로 사죄하기 바랍니다.심미자, 1924~2008[7]
우리들의 후유증과 악몽은 아직 끝나지 않았고, 우리들을 오해한 일부 사회의 경멸과 모욕도 아직 남아 있습니다. (…중략…) 제가 살아있는 동안 정의가 바로잡히길 원합니다. 살아있는 동안에 제가 겪은 일을 분명히 밝힐 수 있어서 행운이었습니다. 제2차 세계대전에서 아니 모든 전쟁에서 여성들의 몸에 내리덮인 일에 대해 전쟁 중에 일본군의 손에 죽임을 당한 여성 희생자들을 대신해 전 세계에 알릴 책임이 저에게 있다고 생각합니다.마리아 로사 루나 헨슨[8]

2 ── 역사의 심판에 맞서는 증인

에마뉘엘 레비나스는 『전체성과 무한』에서 역사에 의한 '정의의 추구와 정의의 부인否認'이라는 '변증법적 상황'에 대해 세밀하게 기술하고 있다.[9] 문제는 바로 '공적' 역사에 의해 부당하게 박탈당한 개별자의 생의 의미를 어떻게 '변호'할 수 있으며, 어떻게 '정의'를 손에 넣을 수 있는가 하는 것이다.

의지는 죽음을 두려워한다. 그러나 레비나스에 의하면 그것은 단순히 죽음이 생의 종언이기 때문은 아니다. 오히려 의지는 죽는 다는 사실에 의해 자기 자신의 생의 의미를 해석하는 일이 완전히 살아있는 자에게 위임되고, 그에 따라 모든 배반이나 곡해, 박탈이 나 사유화, 은폐나 '망각의 정치'의 가능성이 생기는 것을 두려워 한다. 죽음을 향한 두려움은 허무를 향한 두려움이 아니라 폭력을 향한 두려움이다. 죽음이 '최대의 폭력'인 까닭은 의지가 죽음 속 에서 타자에 의해 전면적인 '소외'의 위협에 노출되기 때문이다. 거기에서 의지는 이 죽음의 '연기延期' 이외의 다른 무엇도 아닌 생 의 시간 안에서, 스스로의 생의 의미에 대해 '변호apologie'하지 않 으면 안 된다. 그리고 이 변호를 확증하기 위해서 의지는 '심판juge-ment'을 요청하고, "자기자신의 **증언**témoignage의 진리를 이 심판으 로부터 얻고자 한다".[10] 그러나 개별자의 '변호' 내지 '증언'은 어떻 게 하여 '심판'에 도달하고 어떻게 하여 '정의'를 손에 넣을 수 있 는 것일까.

의지가 요구하는 '객관적인 심판'은 '이성적인 제도들'에 의해 내려진다. 그러나 레비나스에 따르면, 그 제도들에서 죽음의 폭력 으로부터의 피난소를 구할 수 있다는 의지의 바람은 그 제도들 자 체에 내재하는 또다른 폭력이다. '이성적인 제도들'은 의지를 '보 편적인 여러 법'에 종속시키고, 의지로부터 그 유일성, 교환불가능 성을 빼앗아 그것을 '객관적인 의미'로 환원시켜버리고 만다. 확실히 자유는 그것이 단순한 착각이 되지 않기 위해서는 사회적·정치적 여러 제도 위에 자기를 위치시킬 필요가 있다. 그럼에도 불구하고 '보편적인 여러 법'에 의해 '공공의 질서'의 측에서 심판되어질 때, '일인칭의 실존'이 발하는 목소리는 싹 지워지고, '정합적 언설의 전체성' 안에서 소실되어 간다. 그것은 마치 **공적** 역사의 거만한 **무관심**에 맞부딪쳐 튕겨져 되돌아나와 버리는 것이다. 개별자의 '변호'가 그 유일성으로서 '직접화법'으로서 들리고 승낙되는 일은 우선 없다.

> 역사의 심판은 언제나 궐석재판이다. 의지가 역사의 심판에 결석한다는 것은 그것이 삼인칭 존재로서만 이 재판에 모습을 나타낸다는 의미다. 흡사 의지는 이 심판의 언설 안에 마치 간접화법과 같은 방식으로 모습을 드러낸다. 이 때 의지는 유일성이자 실마리인 그 상태를, 또한 발언parole을 이미 상실하고 있다. 보편적인 심판의 객관적 지혜나 이 심판에서 행해지는 심문을 위한 단순한 자료에 처음부터 일인칭의 발언, 직접적 지혜란 불필요한 것이다.[11]

개별자인 인간의 '울부짖음'이나 '항의'는 '보편적인 것과 비인칭적인 것의 전횡=참주권tyrannie'에 의해 압살된다. 이 '잔혹'한 '역사의 심판'이 철학자를 매료시키는 이유는 '이성적인 제도들'을 통해 보이는 것, 즉 그렇게 '가시적'이기 위해서 '명증적'인 것만이 그 대상이 되기 때문이고, '비가시적인 것'에 대한 무관심을 제도화하고 있기 때문이다. '이성'의 측에서는 보이지 않는 것이나 '정합적 언설의 전체성' 안에 속할 수 없는 목소리는 '짐승의 잔해'와 같은 위치로 깎아내려진다. 그렇기에 '역사의 심판'이란 '개별자에 대한 비가시적 **모욕**offense을 반드시 동반'하기 마련인 것이다. 레비나스는 '비가시적인 것이란, 예를 들어 가시적인 역사가 아무리 이성적으로 전개된다 해도, 역사의 심판으로부터 불가피하게 생산되는 모욕'이라고 단정한다.[12] '객관적' 내지 '공적'인 역사는 그것이 '객관적'이고 '공적'이라는 것 자체에서부터 불가피하게 귀결되는 개별자를 향한 '모욕'을 보지 못한다. '역사의 심판' 그 자체가 불가피하게 개별자에게 미치는 '모욕'을 볼 수 없는 것이다(궐석재판으로서의 '역사의 심판'은 '정치'의 심판이기도 하다. '가시적인 것'을 경계적 준거로 삼기 위해 '비가시적인 것'을 '모욕'하는 것은 '정치'도 마찬가지이다).[13] 그렇다고 한다면 의지가 요구하는 진정한 재판—'진리의 재판'—이 가능하기 위해서는, **정말 그것이 가능하다면, 보이지 않는 것을 보는** 방법밖에 없을 것이다. '비가시의 본질적인 모욕까지도 고려하는 재판', '비가시적인 것을 보는' 재판, '신의 재판'과 같은 것이지 않으면 안 되는 것이다. "최후의 결정을 말할 권리를 역사가 상실하기 위해서는 **비가시적인 것이 현현**하지 않으면 안 된다."[14] 그러한 일이 어떻게 가능할 것인가. 레비나스에 따르면 다음과 같이 가능해진다.

역사의 심판 즉 가시적인 것에 대한 심판의 귀결로 생겨나는 비가시적 모욕이 울부짖음이나 항의로만 나타난다면, 그것이 아직 내 안에서만 감지되는 경우에는 아직 심판되기 이전의 주체성을 입증하거나 또는 심판에 대한 기피를 증명할 뿐이다. 그렇지만 이 비가시적 모욕이 **타인**^Autrui의 얼굴을 통해서 나를 응시하고 나를 고발할 때, 그것은 심판 그 자체로서 생기한다. 왜냐하면 이렇게 겪은 모욕, 이 이방인, 과부, 고아의 지위야말로 **타인**의 얼굴의 공적인 현현이기 때문이다. 죽음에 대한 의지의 두려움이 살인을 저지름에 대한 두려움으로 바뀔 때, 의지는 신의 심판 아래 있게 된다.^15

역사의 '비가시적인 것'의 '현재적 출현'이란, '타인의 얼굴의 공적인 현현' 이외의 다른 어떤 것도 아니다. 여기에서 '비가시의 모욕'이, '**내 안에서** 감지되는' 것에서 **타인**을 통해 '**나를** 응시하고 **나를** 고발하는' 것으로 변한다는 점에 주의하자. 이제 문제는 '내'가 받은 '모욕'이 아니라 '타인'이 견뎌내고 있는 '모욕'이다. 여기에서 '타인'의 '얼굴'과 '모욕'은 거의 구별되지 않는다. "한 이성의 단순한 육화가 아니라 자아로 존재한다는 것, 그것은 **모욕당한 자의 모욕을 또는 얼굴**을 볼 수 있다는 것에 다름 아니다."^16 '타자'에 대한 윤리의 중심에 있는 '얼굴^visage'이란 '역사의 심판'에 따른 '모욕'을 견디고 있는 얼굴이며, '공적' 역사 밖으로 내버려진 만신창이의 '증인'들, '이방인, 과부, 고아'들의 얼굴이다. 그 얼굴들을 보고 그 얼굴들에게 보임으로 인해, '나'의 '모욕offence'은 '**치욕**honte'으로 바뀐다. 왜냐하면 '타인'의 '모욕'은 그 '얼굴'을 통해 '나를 응시하고, 나를 **고발하기**' 때문이며, '나'를 **심판하는** '심판 그 자체'이기 때문이다. "나의 독단적 자유는 나를 바라보는 눈을 통해 그 자유의 **부끄러움을 읽는다**."[17] '치욕을 느끼는 나'란 '모욕'을 견디는 '타인'의 '얼굴'을 통해 자신의 '독단적 자유'를 '심문'받는 '나'이며, 자신이 '무고'하기는커녕 '찬탈자이자 살인자'라는 것, 즉 **역사**를 구성하는 '생존자'의 측에 있다는 것을 처음으로 발견한 '나'이다. 이 '치욕'이 없다면 '정의'도 없다. 왜냐하면 이 '치욕'이 없다면 처음부터 '자아'가 '무한책임'에로 호출당하고 일깨워질 일도 없기 때문이다. 역사의 '가시적인 것' 아래의 '비가시적인 것'을 보는 심판, 그럼으로 인해 '역사 그 자체가 심판받는' 것과 같은 심판은 '주체성의 고양'을 요구한다. '타인'은 '**나를 응시하고, 나를 고발하는**' 존재이므로, '응답하도록 **나를** 독촉하는 한에 있어서, 심판은 **나에게** 내려지는 것'이기 때문이다. 그리고 이 독촉은 '무한책임을 짊어지라'는 촉구에 다름 아니다.

　　자아란 객관적 법에 의해 고정된 어떠한 한계마저도 뛰어넘어 책임을 지는 자아이며, 그렇기에 자아를 뺀 정의란 있을 수 없다. (…중략…) '나'라는 단어를 말하는 것, 즉 변호를 계속하는 환원 불가능한 개별자를 긍정하는 것, 그것은 무수한 책임에 대해 특권적인 위치를 점한다는 것을 의미한다. 그러한 책임들에 대해서는 누구도 나를 대신할 수 없으며 또한 그 책임들로부터 누구도 나를 해방시킬 수 없다. 회피할 수 없음, 그것이 자아이다.[18]

여기에는 레비나스의 '메시아주의'가 소묘되어 있다. 왜냐하면 레비나스에게 '메시아'란 '타인'에의 '무한책임'을 짊어지는 '자아' 그 자체이기 때문이다.[19] 이러한 '자아' 없이는 즉 '타자'를 위해 '타자'를 대신해 '증언'하는 '증인' 없이는 '정의'란 불가능하다. '정의'는 '객관적인 심판' 즉 '보편적인 여러 법의 정의'를 뛰어넘은 곳에 있고, 이 심판에 의해 '모욕당한 자의 모욕'에 책임을 지는 것 바로 그것이기 때문에, 이 '모욕'을 '객관적인 법에 의해 고정된 어떠한 한계까지도 뛰어넘어서' '증언'할 수 있는 '자아'를 필요로 한다. 그러므로 모든 '증인'은 '메시아'인 것이다. 레비나스의 '종말론eschatologie'은 이러한 의미에서 헤겔적인 '역사의 목적론'에 대립하는 '메시아적' 종말론이다. 헤겔의 '세계심판Weltgericht'으로서의 '세계사Weltgeschichte'란 '전체성'으로서의 '역사'에 의한 '역사의 심판'이며, 거기에서는 '후세의 역사가'나 '미네르바의 부엉이'가 '최후의 결정을 말할 권리'를 쥐고 있다. 이를 비판하는 레비나스의 '종말론'이란 '전체성과의 단절의 가능성 그 자체'이며, '종말론적 심판'이란 **"시간 안에 존재하는 매 순간마다 행해지는 심판"**이다.[20] '타인'의 '얼굴'에서 '비가시'적 '모욕'을 본 '자아'는 '시간 안에 존재하는 매 순간'에 '증언'할 수 있도록 소환되며, '역사 그 자체를 심판'하기 위한 책임을 떠맡기 때문이다.

이렇게 『전체성과 무한』에서 기술된 '정의의 추구와 정의의 부인'의 '변증법적 상황'은 '심판' 아래 선 '증인'의 상황, '증언'의 상황을 그 핵심으로 하고 있다. 레비나스가 말하는 '타자'를 향한 '나'의 '무한책임'은 사실적·경험적으로 반드시 언어적 증언의 형태를 취하는 것은 아니지만, 그러나 그것이 구조적으로는 '타자를 위해 타자를 대신해 증언하는 자le moi témoignant pour l'autre'라는 형식을 가지고 있다는 점에는 틀림이 없을 것이다. 여기에는 이미 나중에 『존재와 다르게 혹은 본질의 저편으로』에서 정식화되는 '타자를 대신하는 일자一者, l'un pour l'autre'의 구조, 즉 '대역substitution'으로서의 '증명=증언témoignage'의 구조가 발견된다. 이러한 의미에서 레비나스의 사고는 부단히 변모해 가면서도 본질적으로는 시종일관 '증언'의 철학이었다고도 말할 수 있을 것이다.[21] 그런데 여기에서 생각해보고 싶은 것은 '타자를 위해 타자를 대신하는pour l'autre' '증언'의 구조에 대해서이다.

앞에서 본 바와 같이, 레비나스는 '증언'하는 나의 유일성, 교환불가능성을 강조한다. 타자를 위해 '변호를 계속한다'는 것은 '환원불가능한 개별자'로서 '나'의 책임이며, 이 책임에 대해서는 **누구도 나를 대체할 수 없**고, 이 책임으로부터 **누구도 나를 해방시킬 수 없다**'. 역사의 '가시적인 것'의 근저에서 '타인'의 '얼굴'을 보고, **나를**

응시하는 '타인'의 '눈' 안에서 '비가시'적인 '모욕'을 보는 것은 다른 누구도 아닌 **바로** '나'이며, 따라서 이 '나' 이외에 '증인'이 될 수 있는 자는 어디에도 존재하지 않는다. 이것은 일반화 가능한 명제이다. 만약 '증언'이 엄밀히 말해, 항상 어떤 특이한 경험의 '증언'이라면, **일반적으로** '증인' ― 특이한 경험의 당사자 ― 을 대신해 '증언'하는 일은 불가능해진다. 다시 말해 **"누구도 증인을 대신해서는 증언하지 않는다**Niemand zeugt für den Zeugen**"22**고 할 수 있을 것이다.

그런데 이 '증인'의 유일성·교환불가능성은 정말 절대적인 것일까. 엄밀히 말할 때, '증인'을 대신해 '증언'한다는 것은 어떠한 의미에서도 불가능한 것일까. 그렇지 않을 것이다. 사항 자체로서도 그렇지 않을 뿐만 아니라, 만약 레비나스에게 '증인'의 유일성·교체불가능성이 절대적인 것이고 '증언'에 있어 어떠한 '대체'도 있을 수 없는 것이라고 한다면, 급기야 '메시아적 종말론' 자체가 성립되지 않게 되어버릴 것이다. 실제로 『전체성과 무한』에서 레비나스는 타자를 향한 '나'의 책임을 **조금도 감소시키는 일 없이, 사실상 어떤 의미에서는** '증인'으로서의 '나'의 교환불가능성을 붕괴시키고 있는 것처럼 보인다. 그것은 필시 불가피할 뿐만 아니라 '정의'에 있어서는 찬스이기도 하다. 단지 적확하게 포착하기가 아무래도 곤란한 찬스이긴 하지만 말이다.

논점은 두 가지다. 우선 하나는 '제삼자le tiers'가 열어젖힐 가능성이다. 주지하다시피 '제삼자'의 개념은 '나'와 '타인'과의 양자관계를 외부를 향해 여는 계기로서 도입된다. "타인의 눈을 통해 제삼자가 나를 응시하고 있다." "가난한 자, 이방인으로서의 **타인**은 자신의 비참함 가운데서도 **이미 제삼자에 봉사하고 있다**"고 레비나스는 말한다.[23] 그렇다고 한다면 "**타자**를 위해 **타자**를 대신해 증언하는 자아"인 '타인'은 그 자체로 "타자를 위해 타자를 대신해 증언하는 자아"라는 의미가 될 것이다. '타인'이 이러한 '제삼자'로서의 '증인'이라면, '나'의 '증언'은 '타자를 위해 타자를 대신'하는 '증언'인 이상 '증인을 위해 증인을 대신'하는 '증언'이 된다. '타인'이 '제삼자'의 '증인'이라면, '타인'의 '증인'인 '나'는 '증인'의 '증인'이다. 여기에 '증인을 대신해 증언하는 증인'의 가능성이 있음을 부정할 수 없다. '나'가 그 '증인'인 '타인'은, 그 '비참한 가운데'에서 '제삼자'의 '비참'을, 즉 '타인'의 '타인'의 '비참'을 '증언'하고 있다. 만약 이 구조가 없었다면 '공적 공간'에 현전한 만신창이의 증인들의 목소리를 통해, 결코 현전하지 않는 '타인'들의 목소리, 처음부터 망각되어 버린 '타인'들의 목소리를 듣는 것은 불가능할 것이다.

다른 하나는 '번식성fécondité'의 차원이다. 레비나스에 의하면 '내'가 '분리된 존재'로서 단독자로 계속 존재하는 한, '타자'를 향한 '무한책임'을 마지막까지 짊어지는 것은 불가능하다. '죽음의 폭력'은 자신을 위해 '변호'하는 자아뿐만 아니라, '타자'를 위해 '증언'하는 자아 역시 가차 없이 습격한다. '역사의 심판'에 저항하는 '증언'이 '정의'를 손에 넣기 위해서는 '나'의 시간이 어떠한 방식으로든 '나'의 죽음을 넘어 연장되어, 유한성을 벗고 '무한의 시간'으로 변할 필요가 있다. 그것을 실현하는 것이 '번식성', 즉 '아이를 낳는 일'이며 그 전제인 '사랑'^{에로스}인 것이다.[24]

'나'는 '사랑하는 여성'과의 에로스적 관계에 의해, '여성적인 것의 타자성'에 의해, 자기만의 '폐색'으로부터 해방될 뿐만 아니라 새롭게 '아이를 낳음'으로써 불가피한 '늙음'과 '죽음'을 극복해 내고 '절대적 미래'인 '무한의 시간'으로 초월한다. '무한의 시간'이란 '무한히 재개되는' 시간이며 '여러 세대의 불연속성을 가로지르는' 시간으로서, '무수한 미래성' 그 자체이다. "죽음에 대한 승리란 아이를 통해 소생하는 것이다. 아이는 죽음이라는 단절을 삼켜 버린다. 죽음—그것은 가능성이 불가능성 안에서 질식하는 것이지만, 다른 무엇도 아닌 그 죽음에 의해 자손을 향한 길^{passage vers la descendance}이 개척되는 것이다."[25] '무한의 시간'은 레비나스에게 '신의 심판'—'진리의 심판'으로서의 "타인의 심판."[26]—이 '성취'되기 위한 '궁극적 조건'으로서 '요구'된다고 하는 점에 주의하자.[27] '타자를 위해 타자를 대신해 증언하는 자아' 즉 '타자'에의 '무한책임'을 담당하는 '나'는 유한하다. 메시아적 종말론이 '성취'되고 '정의'가 실현되기 위해서는 '번식성'과 그 '무한의 시간'이 '나'의 유한성을 보전하고 보충하기 위해 와주지 않으면 안 된다. 마치 칸트에서, '영혼의 불멸'이 실천이성의 유한성을 보전하고 보충하러

와서, 처음으로 '선'의 실현가능성이 보증되는 것처럼.

시간이라는 무한한 실존은 오늘의 선량함이 부딪치는 좌절의 벽을 무너뜨리고, 진리의 조건으로서의 심판의 상황을 확보해준다. 번식성에 의해 나는 진리가 말해지기 위해 필요한 무한한 시간을 손에 넣는다. (…중략…) 시간의 성취는 죽음이 아니라 메시아적 시간이며, 이 메시아적 시간에서는 끝없는 반복이 영원한 것으로 바뀐다. 메시아적 승리는 순수한 승리다. 무한한 시간은 악의 회귀를 막지는 못하지만, 그럼에도 불구하고 메시아적 승리는 악의 복수로부터 보호받고 있다.[28]

'번식성'이란 따라서 새로운 '증언가능성'을 낳는 것, 즉 '얼굴의 저쪽'에서 '증언'할 수 있는 새로운 '증인'을 낳는 것과 다르지 않다. '번식성'이 '욕망을 낳는 욕망'이고, 선량함을 낳는 선량함, 초월을 낳는 초월이라면, 그것은 또한 증언을 낳는 증언이며, 증인을 낳는 증인일 것이다. '번식성'이 다시 '번식성을 낳는 번식성'이라면, 이 반복에는 제한이 없다.[29] '신의 심판' 내지 '메시아적 심판'이 '성취'되기 위해서는, 증인이 증인을 낳고, 이 증인이 또 새로운 증인을 낳는, '증인'의 '무한' 연쇄가 필요한 것이다. '타자를 위해 타자를 대신해 증언하는 자아'는 저 '나'를 대신해 증언할 새로운 '나'가 없다면, '신의 심판' 앞에 설 수 없다. 여기에서 나타나는 것이 거듭 '증인을 대신해 증언하는 증인'의 구조이다. '증인'으로서 '나'의 유일성, 교환불가능성은 여기에서도 절대적으로는 성립하지 않는다. "국가에 맞서 유지되는 자아의 대체불가능한 **유일성**은 번식성에 의해 **성취된다**"고 레비나스는 말한다.[30] 이것은 즉, '아버지의 유일성'이 '아버지의 선택'에 의해 '유일한 아들'을 낳고, 이리하여 "아버지의 아들은 모두 유일한 아들이자, 선택된 아들"[31]이기 때문이다. '아버지'도 '아들'도, '타인'에의 책임을 회피할 수 없다는 의미에서는, 각각이 유일한 '증인'이라는 점은 변함이 없다. '번식성'이란 바야흐로 무수의 '유일성'을 낳는 '유일성'인 것이고, '유일성'의 '무한' 반복인 것이다.

3 ── 형제들의 '이스라엘'

『전체성과 무한』의 증언론은 '제삼자'와 '번식성'이라는 개념을 도입함으로써 사실상 '증인'의 무한연쇄 혹은 '증언'의 무한반복 가능성을 인정하고 있을 뿐만 아니라, 그것을 요구하는 듯 보이기조차 한다. 증인의 교체나 증언의 전승이 절대적으로 불가능하다면, '타자를 위해 타자를 대신한' '증언'이 '정의'를 요구할 '무한책임'을 담당하는 것도 불가능할 것이다. 이 '증언'의 주체는 '타인'의 '얼굴' 안에서 "**비현전하는**"[32] "제삼자"를 위해, "죽음이라는 **단절**"

을 넘어 "여러 세대의 **불연속성**"을 관통하고, "**사이**^{intervalle}를 매개로 한 부활"³³에 따라 증언하지 않으면 안 된다. '비현전'이나 '단절'이나 '불연속'이나 '사이'를 포함하면서, 동시에 그것을 넘어서 계속 증언해 나갈 가능성, 즉 '증언'의 '차이를 포함한 반복'의 가능성이 '무한히' 열리지 않으면 안 되는 것이다.³⁴

'역사의 심판' 그 자체의 폭력성을 심판할 가능성의 조건이 되는 '증언'의 '무한한' 반복가능성. 하지만 여기서 질문이 생긴다. 레비나스에게 '증언'의 반복가능성은 정말로 '무한한' 것일까. 레비나스에게는 '증언'의 '무한한 시간' 그 자체가 이미 어떤 한정에 따라, 즉 '타자를 위해 타자를 대신하는' 래디컬한 가능성에 제약을 두고 있는 것은 아닐까.

우선 첫째로, '번식성'은 어째서 '아버지'로부터 '아들'로의 초월인 것일까. 어째서 레비나스는 『전체성과 무한』에서 '선량함을 낳는 선량함'을 항상 '아들을 낳는 아버지'로 말하고 있는 것일까.

자아는 자아로서의 그 유일성을 부성적 '에로스'에 빚지고 있다. (…중략…) 아들은 아버지의 유일성을 다시 취하면서도 아버지에게 외적인 것으로 계속 남는다. 즉 아들은 유일한 아들인 것이다. 수적인 의미에서 유일한 것이 아니다. 아버지의 아들은 모두 유일한 아들이자, 선택된 아들이다. **아들에 대한 아버지의 사랑은 타자의 유일성 그 자체와 맺는 유일하게 가능한 관계를 성취한다.** 이런 의미에서 어떤 사랑도

부성적 사랑에 가까워지지 않으면 안 된다.[35]

레비나스에게 '성차'의 문제는 극히 복잡하여 여기에서는 파고들 여유가 없다.[36] 하지만 적어도 『전체성과 무한』의 경우에는 '**그녀들**'이 진정한 '증인'이 될 수 없다는 것을 부정하기는 어려울 것이다. '무한책임'을 짊어져야 할 '선택된' 자, '도망칠 수도 숨을 수도 없는' '증인'의 '유일성'은, '타인의 유일성 그 자체'와의 '유일하게 가능한 관계'인 '아들에 대한 아버지의 사랑'에 의해서만 반복된다. "부성적 '에로스'**만이** 아들을 유일성으로 임명"[37]하기 때문이다. 물론 이 '증인'의 연쇄로부터 여성이 **단순하게** 배제되어 있는 것만은 아니다. '아버지'와 '사랑하는 여성' 없이는 '아들'을 낳는 일도 불가능하니, "번식성의 초월에는 여성적인 것의 타자성이 결부되어 있다".[38] '아들'이 태어나기 위해서는 '영웅적이고 남성적인 자아'가 '관능' 속에서 "유화적인 것으로 바뀌고 여성화되는 것effemination"[39]이 필요하다고까지 말해진다. '모성maternité'이 완전히 무시되고 있는 것도 아니다. '양친parents이라는 보호자'를 향한 아이의 '의존'을 설명하기 위해서는 '모성의 개념을 도입하지 않으면 안 된다'고도 말하고 있기 때문이다.[40] 그럼에도 이 개념은 그 이상 전혀 전개되지 않는다. 여성은 어디까지나 '증인'을 낳고 기르기 위해 필요할 뿐, 스스로 '증인'이 되는 일은 없다. '사랑'이라는 "두 실체(사랑하는 사람과 사랑받는 여성)의 이 비할 데 없는 관계"는 결국

"**부성으로 귀착하는**"것이다.[41]

'인간적 자아는 **형제관계**fraternité 안에서 정립된다'고 레비나스가 말하는 것도 결코 우연이 아님을 짐작할 수 있다. 아버지의 '무수한 미래성'이 무수한 '아들'을 낳는 것으로 가능해진다면, '생산된 자아는 세계에 유일한 자임과 동시에 형제의 한 사람frère parmi frères으로서 실존'하게 된다. '형제관계'란 "나의 선택과 (형제 간의) 동등성이 동시에 성취되는 얼굴과의 관계"이다.[42] 서로 '동등'한 자로서 '얼굴'에 책임을 지는 '증인'들 사이에는 '손위 누이'도 '누이동생'도 존재하지 않는다. '딸'이 없기 때문에 '누나'도 '여동생'도 존재할 수 없는 것이다. 레비나스에게 이 '형제관계'는 또한 자아의 '제삼자'와의 관계로의 귀결이기도 하다. '타인'의 '얼굴'을 통해 '나'를 응시하는 '제삼자'의 (비현전하는) '현전'은 『전체성과 무한』에서는 "우리를 응시하고, 우리와 관계하는 **인간 전체**toute l'humanité의 현전"[43]이고, 그리고 이 '인간 전체'는 '부성'에 기초한 '형제관계'로 귀착되는 것이다.

> 형제관계는, 마치 유類의 공통성은 개체끼리 충분히 가깝지 않다는 듯이, **아버지의 공통성**을 함축하고 있다. 얼굴은 올곧음, 즉 진정한 근접성을 통해 스스로를 현시하고, 나에게 영접된다. 이 올곧음에 상응하기 위해 사회는 **형제로부터 이루어진 공동체**communauté fraternelle가 되어야 한다. 일신교가 표현하는 인간의 이러한 **혈연＝친족관계**parenté, 즉

인종의 관념은, 얼굴을 통해, 지고한 차원을 통해, 자기 및 타인에 대한 책임을 통해 타자와 접촉하는 일에서 유래한다.[44]

　이렇게 '제삼자'와 '번식성'이 실은 같은 틀을 따르고 있음이 밝혀진다. '제삼자'와 '번식성'이 가능하게 되는 '증인'의 공동체는 궁극적으로는 일치하며, 분명히 '인간 전체' 내지 '인종'으로 불리고 있다. 그럼에도 이 '인간 전체' 내지 '인종'이라 하면 본질적으로 '공통'의 '아버지'='신' 아래에 있는 '아들'들의 '형제관계'로서 규정되고 있는 것이다. 여기에서는 무엇보다 첫째로, '그녀들'의 증언이 들리지 않는다. '남성적'임을 부정하기 어려운 이 증인공동체 안에서, '남성적 문명'[45] 바로 그것의 폭력을 고발하는 '그녀들'의 증언은 바로 '그녀들'의 것인 한 증언의 공간을 가질 수가 없는 것이다. 둘째로, '공통'의 '아버지'를 가지지 않는 자는 어떻게 되는가. 다른 '아버지'를 가진 자는 어떻게 되는가. '공통'의 '신'을 가지지 않는 자는 어떻게 되는가. 다른 '신'을 가지는 자는 어떻게 되는가. 요컨대 '일신교' — 유일의 '아버지이신 신'의 — 밖에 있는 자는 어떻게 되는가. "모든 인간은 형제인 것이다"고 말해도, 바로 그 '형제'가 '아버지의 공통성' — '아버지이신 신'의 '공통성' — 을 요구하고, 외부의 증인을 망각해 버린다면 어떻게 되는가.
　'일신교'에 대한 언급을 기다릴 것도 없이, 『전체성과 무한』의 '번식성'의 논의가 『성서』「창세기」 이해의 '유대적' 전통에서 그 구상을 빌려오고 있음은 의심의 여지가 없다.[46] 「창세기」에서는 역사가 '세대'나 '자손', '족보'를 의미하는 '톨레도트toldot'로 이루어져 있고, '아브라함'이라는 이름이 '많은 여러 민족의 아버지'를 의미하는 등.[47] 특히 '번식성'과 '증언'의 결부 관계의 '유대적' 성격에 대해서는 로젠츠바이크[****]의 『구원의 별』을 참조하지 않을 수 없다. 레비나스 스스로 『전체성과 무한』 "도처에 다 셀 수 없을 만큼 침투해 있다"[48]고 고백하는 이 책에서, 로젠츠바이크는 '영원의 민족das ewige Volk'이라 여겨지는 유대민족의 독자성을 '아이를 낳는 일'로 '진리'를 '증언=증명'하는 '피의 공동체Blutsgemeinschaft'라는 점에서 구한다.

(우리들 유대민족에게) 시간은 영원히 자기 자신을 낳는 일을 계속하지 않으면 안 된다. 여러 민족Geschlechter이 잇따라 일어나는 과정에서 자기의 생명을 영원화하지 않으면 안 되는 것이다. 여러 세대의 잇따른 탄생에서, 각 세대는 다음의 세대를 낳고, 태어난 세대는 낳은 세대의 일을 증언=증명한다. **증언=증명하는 일**Bezeugen은 **아이를 낳는 일**Erzeugen**로 생기하는 것이다.** (…중략…) 미래를 낳는 일이 즉각

**** 프란츠 로젠츠바이크(Franz Rosenzweig, 1866~1929)는 유대 종교 철학자로, 레비나스는 1935년 즈음 로젠츠바이크의 1921년 작품 『구원의 별(Der Stern der Erlösung)』을 깊이 연구한 것으로 알려져 있다. 레비나스는 『전체성과 무한』의 서문에서, 전체성의 이념에 대항하는 로젠츠바이크의 사상을 직접 인용하지는 않았지만 너무 많을 정도로 그 영향이 자신의 저작에 깊이 퍼져 있다고 밝히고 있다.

과거를 증언＝증명하는 일이 된다. 아들^{Sohn}이 태어나는 것은, 그를 낳은 죽은 아버지^{Vater}의 일을 증인＝증명하기 위한 것이다.[49]

유대인의 신앙은 '증언＝증명의 내용'이 아니라, '**번식성의 출산물** Erzeugnis einer Erzeugung'에 있다. 유대민족을 '증언＝증명의 공동체'로서 기초 짓는 일은 "손자의 육체 안에 조부를 증언＝증명하는 외줄기 피가 줄곧 흐르고 있다"는 데 있으며, 그렇기에 "현재에 있어 피만이 미래를 향한 희망을 보증한다". '피의 공동체'에서 "**시간은 아이이며, 아이의 아이＝후손**^{Kindeskind}**이다**". '우리들 자신의 신체와 피에 깊이 뿌리내리고 있는 것'에 의해, 모든 '국가'적 민족으로부터 멀어지고, 전쟁과 폭력이 지배하는 '세계사'의 '외부'에 위치하는 것이야말로 유대민족이 '영원의 민족'으로서 '구원의 별'이 될 수 있는 이유라는 것이다.[50] 레비나스는 로젠츠바이크에 대한 글에서, 이러한 '영원의 민족'의 사상을 '유대교의 심원한 경험'을 파악하고 있는 것으로서 높이 평가하고 있다. 레비나스에 따르면 이 사상은 바로, '**역사의 심판**'을 넘어 '**세계의 정치적 역사**' 그 자체를 '**심판**'하는 '유대교의 가장 오래된 기획'을 옹호하는 것이다.[51] 그의 '번식성'에 대한 고찰이 이 로젠츠바이크의 사상을 독자적인 시각으로 새롭게 파악한 것이라는 점은 명백하다.[52] 레비나스의 '번식성'론은 유일의 '신'＝'아버지' 아래에 있는 '증언＝증명의 공동체'로서의 유대민족―또는 소위 '이스라엘의 민족'―을 모델로 한 민족적 존재론,

분명히 파격적인 이론이라고는 하나, 역시 하나의 민족적 존재론이라 말할 수 있을 것이다. 사실 레비나스는 '번식성'에 기초한 '아버지'와 '아들'의 관계를 두고 "가족과 민족nation 속에서 구체화되는 역사의 계통으로 다시 결합시키는 수단"[53]이 되기도 한다고 말하고 있다.

그러나 레비나스의 이론을 로젠츠바이크의 '피의 공동체'와 연결시키는 것은 너무 난폭한 일이 아닐까. 포스트 나치즘의 유대인 철학자 레비나스는 '민족'의 '인종'화와 연결되는 '피'의 사상을 오히려 비판하지 않았던가. 또한 '아버지'와 '아들'의 특권성에 있어서도『전체성과 무한』에서는 그럴지도 모르지만,『존재와 다르게 또는 존재 사건 저편에』에 이르면 반대로 '모성'이야말로 '증언＝증명'의 주체가 되지 않는가.

먼저 '피'에 대해서. 레비나스가『전체성과 무한』에서 '번식성'을 분명하게 '피'와 연결시키고 있는 것은 아니다. 그러나 어디까지나 '번식성'이 문제인 이상 '피'의 요소를 완전히 배제하는 것 역시 곤란할 것이다. '조부'에서 '아버지'로, '아버지'에서 '아들'로, '아들'에서 '손자'로 이어지는 '여러 세대'의 시간성을 '생물학적 번식성'으로 단순하게 환원할 수 없음은 물론이다. 개인을 생물학적 '종'의 일개 우발적 사건으로 환원해버리는 사고방식을 레비나스가 엄격히 거절하고 있음도 말할 것 없다. 그럼에도 '번식성'이 '인간의 생물학적 생명의 기초'라는 사실도 부정하기 어렵다. "번식성의 **생물학적 구조**는 생물학적 사실의 테두리를 넘어선다. 번식성이라는 **생물학적 사실 안에서**, 번식성 일반의 구조가 그려내어진다."그러니 레비나스에게 '생물학'은 "존재의 본질적 생산과 관계 없는 순전히 우발적인 질서인 것만은 **아닌**" 것이다.[54]

> 유대인은 유대인**으로 태어나**, 자신을 선조와 후손으로 연결시키는 육체의 인연을 통해 영원의 생을 확신하고 있습니다. 로젠츠바이크는 피의 영원성이라는 위험한 표현을 사용하고 있지만 이것을 인종주의적인 의미로 해석해서는 안 됩니다. 왜냐하면 이 말은 인종적 변별의 기술을 정당화하는 박물학적 개념도 아니고, 지배자의 인종적 우월과도 전혀 그 의미가 다르며, 반대로 역사의 흐름과의 완전한 무연성無緣性, 즉 자기 자신에 기인함을 의미하고 있기 때문입니다.[55] (강조는 레비나스)

이것은 바꿔 말하면, 로젠츠바이크의 '피의 영원성'은 '인종주의적인 의미'를 가지고 있지 않기 때문에 받아들일 수 있다는 것이다. 즉 레비나스에게 인종주의 비판과 '피의 영원성'은 양립가능한 것이다. "사람은 유대인으로 태어나는 것이고, 유대인이 되는 것이 아니다"라는 명제는, 어떠한 '인종주의'를 주장하는 것도 아닌, '절반의 진리'로서 '궁극의 내밀성을 증거하고 있다'고 레비나스는 설명한다. 사람이 유대인이라는 것은 이러저러한 특질을 가지고 있어서가 아니라, "자기 자신 안에 있는 것처럼" 유대인인 것이다, 라고 그는 말한다.[56] 덧붙여 '여러 민족과 이스라엘의 현존'이라 이름 붙여진 탈무드 해석의 한 구절.

카인과 아벨을 비롯해서, 성서는 **형제관계**가 그렇게 적대화되는 것을 염려하며 그것을 규탄해 왔습니다. 단순한 **피의 굴레**는 피의 바다에 빠질 위험성을 항상 가지고 있습니다. 그와 동시에 **이 굴레는 '지고한 존재'의 언어를 통해 명령 내려진 사랑, 유일자가 유일자를 향한 사랑으로 화할 가능성을 잉태하고 있기도 합니다.**[57]

'모성'에 대해서는 어떠한가. 『존재와 다르게 또는 존재 사건 저편에』에서 '모성'의 등장은 분명히 주목해야할 전회이다. 그것은 『전체성과 무한』에서 시사되고 있던 '보호하는 실존'으로서의 '모성'을 넘어, 타인을 위해 '고통당함martyre', 즉 '대역'으로서 '증언=증명'의 주체 그 자체가 되고 있다. 여기에 '남근로고스 중심주의의 특권'의 전복을 보는 것도 반드시 무리라고는 말할 수 없을 것이다.[58]

모성, 같음 안에서의 다름의 잉태gestation — 그것이 감수성인 것이다. 박해받은 자의 동요, 그것은 자신이 머지않아 잉태할 자들에 의해, 자신이 일찍이 잉태한 자들에 의해 상처 입은 '자궁의 신음'gémissement des entrailles의 한 양태, 모성의 한 양태이지 않을까. 타인에 대한 책임은 박해의 결과만이 아니라 박해자 자신을 포함한 박해 그 자체의 괴로움에도 미친다. 잉태, 이 가장 무거운 짊어짐의 형태로서의 모성은 박해자의 박해 그 자체에 대한 책임까지도 짊어지고 있는 것이다.[59]

하지만 '피'의 요소는 과연 옅어진 것일까 아니면 짙어진 것일까. 왜냐하면 여기에서는 '증언＝증명'이 '육체와 **피**로 이루어진 주체성la subjectivité de chair et de sang'[60]에 의한 것임이 철저하게 강조되고, '자궁' 안에서의 '아이의 잉태'라는 이른바 좀더 '자연적'이고 '질료적'인 장면과 연관되기 때문이다.[61] 어떤 쪽이든 '부성'에서부터 '모성'으로의 이러한 전환은 '**번식성** 내부에서의 **전환**'일 수밖에 없을 것이다. '아버지'였든 '어머니'였든, '증언＝증명Bezeugung'이 '아이를 낳는 것Erzeugung'으로부터 고찰되고 있음에는 변함이 없다. '모성'에 의한 '증언＝증명'은 '그il' 내지 '그[-]성illéité'으로서의 '무한자'가 그 '영광' 안에서 유한자를 '간과하고 넘어가는' 방식에 다름 아니라고 레비나스 자신도 말하고 있다.[62] 여기에 유일한 '아버지'를 공유하는 '민족''형제관계'에 있는 '여러 민족들'이라는 '번식성'의 형식을 겹쳐보는 것은 여전히 가능할 것이다. "모성에 기대되고 있는 것은 **이스라엘을 성취하는 것**, 즉 인간의 얼굴에 새겨진 '신의 닮은꼴'을 증식시키는＝**번식시키는**multiplier'일이다".[63]

레비나스는 또한, '육체와 피로 이루어진 주체성'의 '증언=증명'의 여러 양상에 대해, "자신의 피부 안쪽에 타인을 머물게 하는 것", "자신의 피부벽을 가만히 때리는 심장의 팽창과 수축", "다른 사람에 의해 숨이 불어넣어짐inspiration", "'혼'의 박동과 숨결respiration", "심성psychisme 즉 생기를 불어넣는 것animation", "그 실체의 기저에 있어서도 가장 깊은 폐부" 등과 같은, '피' 또는 '숨결'과 관련한 많은 이미지에 호소해 표현하고 있다.[64] 레비나스에 따르면 '단순한 비유 이상의 것'[65]인 이 어휘들을, 만약 일관해서 유대교 카발라의 '영혼'론으로 해석하는 것이 가능하다고 한다면, 거기에 놀랄만한 '번식성'의 구조가 떠오르게 될 것이다. 나가이 스스무는 '네페쉬nepesh'피와 숨결을 핵심으로 한 생명원리, '루아Ruah'숨결 내지 정신, '네샤마Neshamah'신의 숨결 · 호흡, '하이Chai'생명 · 삶, '에하드echad'책임적 주체의 유일성라는 다섯 가지 양상이 혼연일체가 된 '영혼'의 통일을 행하는 카발라의 사상에 입각해, 『존재와 다르게…』에서 '같음 안에서의 다름의 잉태'의 논의에서 무한자아인 소프, Ayin sof가 육화한 유한자의 '피'와 '숨결'을 통해 '미래화한다'는 '카발라적 메시아니즘'을 읽어내고 있다.[66] 카발라와 탈무드에서 『성서』를 해석하는 공통의 기법인 '게마트리아'*****의 방식에 따르면, '피담, dam'와 '아이옐레드,

---

***** Gematria. 히브리어의 철자를 숫자로 치환하고, 그 숫자를 계산하여 단어가 지닌 뜻을 풀어 성서를 해석하는 수비학(數秘學)의 일종. 유대교의 랍비, 특히 중세의 카발라주의자들이 많이 사용했다.

yeled'와 '신의 이름'의 하나인 '나는 스스로 있는 자이다'^{에히에,}

Ehyeh'^{******} 는 그 수가 일치함으로 무한자의 '미래화'는 "유한자가 생적 결합에 의해 '아이를 낳는' 것"을 통해 실현된다는 것이다. 만일 이 대담한 가설이 성립한다고 한다면 레비나스의 '번식성'은 '신의 민^民 이스라엘'의 '피의 영원성'을 보증하는 것에 다름 아니게 될 것이다. 로젠츠바이크에게 '영원의 민족'은 '그 피의 순수한 원천을 **다른 피와의 혼합**^{fremde Beimischung}으로부터 차단하는 것'을 '필요'로 한다고 하고 있다.[67] 레비나스의 '신의 민^民 이스라엘'이 역시 이 '혼합'을 기피하고 있는지 아닌지, 어디까지 기피하고 있는 것이지는 알 수 없다. 이미 살펴보아 온 바와 같이, 레비나스는 '아버지의 공통성'이 있는 한 '모든 인간은 형제이다'는 입장에 서 있다. 앞서 인용한 탈무드 해석 '여러 국민과 이스라엘의 현존'에서도, '이스라엘의 주를 숭배'한다면 '여러 국민'도 '이스라엘의 역사의 기획에 참여'할 수 있고, 그에 따라 '이스라엘의 공동체'는 '죄를 대속하는 새로운 인간 전체'가 된다고 말하고 있다.[68] 유일의 '아버지'를 '아버지'로서 인정하는 것, 유일의 '아버지'의 새로운 '아들'이 되는 것을 조건으로 '여러 국민'도 역시 '새로운 인간'으

****** 『성서』의 「출애굽기」(3:14)에서 이름을 묻는 모세에게 하나님이 대답한 말에서 비롯된다. 영어로는 "I AM WHO I AM"으로 직역하면 "나는 '나는 누구인가'라고 묻는 자이다"이며, 히브리어 "Ehyeh asher ehyeh"는 의도적 모호함을 가리키는 히브리어의 관용어로서 "내가 누구인지 알려고 하지마라"고 해석하는 학자(카렌 암스트롱)도 있다.

로서 인정받을 수 있으며, 이것도 역시 '번식성'이 '생물학적 번식성'을 초원해 기능하는 하나의 방식일 것이다. 그런데도 여기에 유대민족의 절대적 우선성이 유지되고 있는 것은 분명하다. '새로운 인간 전체'는 언제나 좁은 뜻의 '이스라엘' 즉 유대민족에서 출발하고, 그러한 좁은 뜻에서의 '이스라엘'에서 넓은 뜻에서의 '이스라엘'로 확대되는 형태로서만 논의되고 있다. '이스라엘의 공동체를 유지하시오'[69]라는 명령은 우선적으로 좁은 뜻의 '이스라엘' — '인간은 유대인으로 태어난다'고 한다면, **'생물학적 번식성'을 기초로 한** '번식성'의 공동체 — 의 방위를 요구하는 것이 되어버리지 않겠는가.

4 —— 아버지와 어머니의 저쪽에서

'번식성'이라는 '무한의 시간'은 '증언'의 무한반복가능성에의 하나의 **한정**은 아닐까. '타인을 위해 타인을 대신한 증언'은 '아버지의 공통성'을 넘어, '모성'까지도 초월해 반복되어야 하는 것이 아닌가.

만신창이의 증인들. 다가오는 '늙음'과 '죽음'의 폭력에 대항해, '역사의 심판'의 '잔혹함'에 대항해 증언할 '그녀들'의 목소리는 '부성'에도, '모성'에도, '가족'에도, '민족'에도, '일신교'의 '형제

관계'에도 회수될 수 없는 것이다. '일본남자'(후카츠 목사)에 의한 '박해'의 기억, '국가'와 '영웅적인 주체'에 의한 '박해'의 증언은 '모성'이나 '민족'이나 '번식성'에 회수되어서는 안 되는 것이다. 이 '박해'는 '번식성'의 파괴, '모성'의 파괴, '민족'의 파괴였지만, 또한 동시에 또 하나의 '민족'의, 또 하나의 '모성'과 '번식성'의 '유지'라는 이름으로 행해진 '박해'인 것을 잊어서는 안 된다. 전후 '그녀들'을 침묵으로 몰고 간 원인의 하나가 '가족'이나 '민족'이나 '번식성'의 무언의 압력이었다는 사실도 명심하지 않으면 안 된다. '그녀들'의 증언은 우선 첫 번째로 '일본남자'를 고발한다. 이 책임에 있어서는 **누구도** '일본남자'를 **대신하는 일은 불가능하며, 누구도** '일본남자'를 **해방시킬 수 없다.** 그럼에도 다시 '그녀들'의 증언은 '국가'와 '영웅스러운 주체' 일반을 고발하는 것이며, 이들의 고발은 '국가'에도 '민족'에도 '번식성'에도 회수되는 일 없이, 그 모든 것의 한계를 넘어 들리고 승낙되어야 할 것이다. '이산'의 '가족', '이산'의 '민족', '이산'의 '번식성'까지도 넘어서.

아이도 낳을 수 없는 몸이 되어 버려서, 남편은 그저 한 사람의 살붙이였지만, 1992년 3월에 죽었습니다. 그 남편에게도 제 과거는 숨긴 채 살아 왔습니다.리경생[70]
'위안부'였던 여성들이 모여 '무궁화 자매회'를 만들었습니다. 아이도 낳을 수 없고 친척도 없는 우리는 얼마 남지 않은 여생을 자매

로 살아가려고 합니다. 심미자[71]

내가 일본인에게 받은 것은 병뿐입니다. 자궁은 엉망이 되었고, 심장은 아프고, 대장은 망가져서 때도 없이 설사를 합니다. 자신의 딸이나 아내, 어머니가 이런 일을 당했다면 일본인은 어떤 심정일까요?김대일[72]

가족도 마을사람들도 나를 멀리해서 어쩔 수 없이 마을을 떠나 타이완으로 이주했어요. 일본군한테 생식능력을 **빼앗겨** 천애독자로 생활하고 있습니다.(…중략…) 나는 일본정부를 증오합니다. 일본군을 죽을 만큼 증오합니다. 완 아이화[73]

'생식능력을 **빼앗겼다**'는 증언들. '그녀들'의 증언은 그러므로 '번식성＝생식능력^{fécondité}'을 넘어, 따라서 역시 '가족'이나 '민족'도 넘어, 그것과는 다른 방식으로 반복되지 않으면 안 된다. '자궁이 엉망진창으로 망가지도록 학대받은' 증인들의 증언은 '자궁의 신음'으로서의 '모성'을 넘어, 그것과는 별개의 방식으로 새로운 증인을 찾아내지 않으면 안 된다.

이미 '박해자 자신의 박해까지도 짊어진다'는 것은 도저히 불가능할 정도로, 그만큼 깊이 상처받은 증인들. '그녀들'의 증언을 **번식과는 별개의 방식으로, 또는 번식하는 것의 저편에서** 반복하지 않으면 안 되는 것이다.

제5장

|

'운명'의 토폴로지

—

'세계사의 철학'과 그 함정

장 프랑수아 리오타르는 자신의 저서 『하이데거와 〈유대인〉』의 일본어판 서문 「애초부터 땅 위에 길은 없다」에서 '교토학파'의 '정치철학' ― 이른바 '세계사의 철학' ― 을 언급하면서, 대동아전쟁에서 '유럽 근대'를 초극할 가능성을 보고자 했던 그 학파 안에 실제로는 '유럽적인 형이상학적 모티프의 회귀'가 확정되고 있음을 지적한다.[1] 그에 따르면, 고야마 이와오와 고사카 마사아키가 '국민' 혹은 '국가적 민족'을 역사의 주체로 특권화하고 '국민'의 '모랄리슈 에네르기'가 가진 강도에 근거해 일본이 중국 및 나아가서는 서양에 승리하리라고 주장할 때, 그 두 철학자는 근대 서양의 여러 원리들에 대한 부정을 기도하면서도 실제로는 '민족적 자기의식의 계기로서의 국가', '세계사의 유일성', '해방의 합목적성', '힘과 의지', '즉자와 대자의 변증법'과 같은 '근대 서양의 정치철학과 실천의 본질적 모티프'를 반복하고 있는 것에 불과하다는 것이다.

[그들에게] 중국이 완패한 이유는 중국이 국가적 민족이지 않기 때문이라는 결론이 나온다. 일본은 '자기 결정'이 가능했다. 즉 일본은 주체성으로서 출현했던 것이다. (…중략…) 일본은 서양에 맞서 태평양전쟁에 돌입했다. (…중략…) 왜냐하면 주체성이라는 것은 공유될 수 없는 것이기 때문이다. 전체 인간세계에는 하나의 역사밖에 없는 것이며, 게다가 그 역사에는 하나의 주체밖에 없는 것이다. 민

족 전체에 있어 잠재적인 힘의 실현으로서 주체는 아시아 전체만이 아니라 서양까지도 지배하도록 운명지어져있다. 공동존재의 모든 특수적 전통은 주체 속에 집합되며 그것들의 에네르기는 보편적인 계획＝투사projet로서 해방되는 것이다.

여기서 리오타르가 제기하고 있는 논점의 중요성은 분명하다. 특히 일본에 있어 형이상학의 부재를 자명한 것으로 보고 거기서부터 형이상학 비판의 불모성이나 나아가 일본적동양적 원리에 의한 형이상학의 극복을 설파하려는 유의 논의에 대해서는, 다름 아닌 "타자의 폐기란 보편적으로 자기의 유혹"인 것이므로 형이상학은 도처에서 회귀한다는 것, 그리고 근대에 특히 그것은 "동일한 자격으로 서양적이고 또 일본적"이라고 할 수 있을 "역사와 정치의 제국주의적 철학"으로 회귀했던 것임을 강조하지 않으면 안 된다.[2]

그러나 문제는 그런 회귀의 양태이다. 혹은 리오타르가 '동일한 자격'이라고 말할 때의 그 내용이 문제이다. 리오타르는 위에서 그가 지적하는 '형이상학적 모티프' 중의 몇 가지가 '세계사의 철학'을 대표하는 저작 속에서 적어도 **문학의 차원에서는 명백히 거부되고 있음**을 고려하고 있지 않는 듯하다. 예컨대 고야마 이와오의 『세계사의 철학』은 '전체 인류세계에는 하나의 역사밖에 없으며, 게다가 그 역사에는 하나의 주체밖에 없다'는 견해를 '역사적 세계의 일원론'이라고 하여 거부하는 바, 거꾸로 '특수적 세계'의 개념을 통해

'역사적 세계의 다수성'을 정초하는 일을 '한 가지 중심사상'으로 삼고 있었던 게 아닐까. 일본이라는 유일한 주체가 '아시아 전체만이 아니라 서양까지도 지배하도록 운명지어져있다'는 식의 '세계사의 유일성'을 주장하기는커녕, "세계를 향한 일본의 소박한 연속적 확장을 생각해보려는 사상적 경향"을 '무자각적 독단'으로 배척하고 있었던 게 아닐까. 서양의 '제국주의적 철학'과 동일하기는커녕, 근대 서양적 의미에서의 '제국' 개념의 '파산'을 명확히 선언하고 '근대적 구축(構築)원리'로서의 '제국주의'에 대한 '투쟁'의 필연성을 설파하고자 했던 게 아닐까 등등. '세계사의 철학'의 이론내용을 본다면 그 즉시 가장 명백한 특징으로 드러나는 이러한 논리들, 다시 말해 이 철학이 서양의 '제국주의적 철학'에 대항하기 위해 무기로 삼은 '반제국주의적' 논리들에 대해 리오타르는 무엇 하나 이야기하고 있지 않은 것이다.

물론 나는 그런 반제국주의적 논리의 존재를 강조하는 것으로 '세계사의 철학'이 짊어진 세계사적 부채를 경감시키거나 지워버리고자 의도하고 있는 게 아니다. 리오타르도 확인하고 있듯이, '세계사의 철학'이 "대동아공영권에 대한 일본의 사실상의 지배를 정당화"하는 것이었던 점, 즉 아시아에 대한 일본의 '제국주의적' 침략을 정당화하는 바로 그 '제국주의적 철학'이었던 점에 이론의 여지는 없으며, 이를 많든 적든 '수정'하고자 하는 그 어떤 논의에도 가담할 생각이 없다.[3] 그럼에도, 아니 바로 그렇기 때문에 '세계사의 철학'으로서의 서양 형이상학의 반복을 단순한 반복이 아니라 **차이로서 자기 자신을 제시하는 반복**이라는 관점에서 분석하는 일이 불가결하지 않을까. 이 철학의 반제국주의적 논리가 어찌하여 '사실상'의 '제국주의적 철학'으로 귀결되지 않을 수 없었는가. 혹은 그 '사실상'의 '제국주의적 철학'이 어찌하여 자기 자신을 반제국주의적 철학에 빗댈 수 있었는가. 요컨대 '세계사의 철학'의 반제국주의적 제국주의를 그 특수한 양태 속에서 명확히 밝히지 않는다면, 언젠가 다시 회귀에 반대한다는 가면을 쓰고 거듭 나타날 회귀의 욕망에 기만당하지 않을(자기 자신을 기만하지 않을) 수 없을 것이다.

지난날로부터 반세기가 지난 오늘, 경제대국 일본의 주도에 의한 사실상의 대동아공영권의 실현이라는 이미지가 일종의 리얼리티를 갖고 유포되는 한편, '세계사의 철학'의 문제의식이나 여러 개념들을 말하자면 비제국주의적으로 '해석'하고 '건설적'으로 '계승'해가려는 논의도 등장하고 있다. 그러한 논의가 과연 어디까지 성공할 수 있는 것인지 나는 회의적이지 않을 수 없다.[4] 아래부터는 "교토학파 중에서도 눈에 띄는 체계가"[5]인 고야마 이와오의 주저 『세계사의 철학』을 중심으로, 일본의 대표적인 철학적 내셔널리즘의 언설에서 '타자의 폐기'가 또 하나의 '제국주의적 철학'으로, 즉 반제국주의적인 '제국주의적 철학'으로 드러나는 모습을 조금 구체적으로 추적해보고자 한다.[6]

1 ── 세계사의 욕망

『세계사의 철학』의 '한 가지 중심사상'이 '특수적 세계사'의 개념에, 혹은 오히려 '특수적 세계사'와 '보편적 세계사'의 구별에 있음은 이 책의 서문에 명확히 서술되어 있다.[7] 그러나 그것은 기묘한 개념, 기묘한 구별이 아닐까. 본래 세계사란 말하자면 '보편적인 역사Universalgeschichte, universal history'를 뜻하는 것이므로, 그 점에서 보자면 '특수적 세계사'란 형용모순이고 '보편적 세계사'란 농담에 불과하다고 해도 어쩔 수 없는 일일 것이다. 하지만 고야마는 그런 견해는 '역사적 세계의 다원성'을 모른 채 자기가 사는 '특수적 세계'를 그 자체로 세계 전체와 동일시하는 소박한 '세계일원론'에 머무는 한에서만 자명성을 갖는다고 말한다. 특히 문제가 되는 것은 근대 세계사학 ─ 실증사학 및 역사철학 ─ 이 유럽인적 입장에서의 세계일원론에 오염되어 있다는 것, '보편적인 역사'라고 일컫지만 실제로는 유럽적 세계의 역사를 단적인 세계사와 동일시한 것에 지나지 않는다는 것이다.

근대의 세계사학은 대부분 유럽의 세계사학이고 유럽 근대의 역사적 현실로부터 성립한 것이었다. 그것에는 유럽중심이라고 평해야 할 이념이 전제로 숨어 있으며, 그것은 정치·사회·경제·사상·문화의 구석구석에까지 삼투해 있었다. 사회나 문화에 관한 이른바 발전단계설 따위는 그것을 대표하는 널리 알려진 역사이론의 하나로, 인류는 일정한 발전단계를 경과해야만 하는데 그 위에서 유럽은 최고의 발전단계에 위치해 있는 반면 그 외에는 당연히 거기에 도달해야 할 이전 단계에 있다고 보는 사상이다. 나는 그러한 이론에 근본적인 의문을 품고 있으며, 오늘날 그에 대해 엄밀한 비판적 검토를 가해야 할 시기가 왔다고 본다.[8]

여기서 『세계사의 철학』의 출발점이 명확해진다. 그것은 무엇보다 먼저 세계사의 유럽중심주의에 대한 비판이다. 예컨대 헤겔의 역사철학에서 전형적으로 보이듯이 근대 유럽의 세계사학은 동양세계의 역사를 세계사의 단순한 '전사前史, Vorgeschichte'로 생각하는 경향이 있다. 중국이나 인도에 관한 '역사의 정체停滯'와 같은 것이 설파되고, 그것들이 마치 "그리스·로마의 이른바 고대세계보다 더 고대적인 세계"에 머물고 있다는 식의 논의마저 행해지고 있는 것이다.[9] 하지만 고야마에 따르면, 그런 유럽중심주의적인 견해의 잘못은 우선 첫째로 그것이 아시아의 여러 지역들을 각기 상대적으로 독립된 '특수적 세계'로 보는 것이 아니라 그 지역들 간의 차이를 무시하고 유일한 '동양 세계'를 가상적으로 구축하고 만다는 데 있다. 아시아를 동아시아, 중앙아시아, 서아시아로 분할하는 것만으로는 충분하지 않다. 예컨대 동아시아 속에서도 '지나支那세계' '인도세계' 등 '비교적 독립성을 갖는' 좀더 특수한 세계가 있고,

그 특수적 세계는 각각이 몇몇 민족 간의 상호작용에 의해 구성된 독자적인 역사를 갖고 있다.[10] 둘째로, 유럽중심주의적 견해는 그러한 비서양의 특수적 세계에 대해 역사적 발전에 관한 유일한 유럽적 모델을 강요한다는 점에서 큰 잘못을 범하고 있다. 유럽적 관점에서 아무리 정체된 것으로 보일지언정 '지나세계'나 '인도세계'와 같은 특수적 세계는 모두 제각기 고유한 '역사적 시간'을 가지며 '제각기 고유한 고대·중세·근세를 갖는 세계'이다. 다만 그것이 "유럽의 그것과 병행하는 일 없이, 또 유럽의 그것과 내용을 동일하게 갖는 일도 없을" 따름인 것이다. 유럽과 동일한 시대구분을 갖지 않는다고 해서 즉각 영원한 정체 속에 있는 것처럼 말하는 것은 "그리스 예술이 없는 곳에 무릇 예술이란 없으며 그리스도교가 없는 곳에 무릇 종교란 없다고 주장하는 것"과 같다.[11] 특수적 세계 각각의 독자성에 관한 고야마의 주장은 대체로 엄격한 편인데, "역사적 세계에는 그 시대에도 그 민족에게도 제각기 고유한 완성이 있"고 "다른 것과의 비교상량을 허락하지 않는 영원적 절대성이 있"는 바, 그 점은 "이른바 미개민족에 있어서도 다를 것은 아무것도 없다"고까지 단언하고 있다.[12]

이렇게 '특수적 세계사'는 '민족과 민족 간의 연관으로 구성되는 세계의 세계사'로서 도입되어 '특수적인 세계와 세계를 구성원으로 하는 세계의 세계사'인 '보편적 세계사'로부터 구별된다.[13] 『세계사의 철학』에서 유럽중심주의에 대한 원리적 비판을 가능하게

하고, 일반적으로 일원론적인 역사관—'세계사의 유일성'을 상정하는 역사관—에 대한 비판으로부터 '역사적 세계의 다수성'으로 나아가는 것을 가능하게 하는 것은 다음 아닌 그 두 개의 세계사의 구별이라고 해도 좋다.

새로운 세계사의 이념은 **역사적 세계의 다원성**에서 출발할 것을 필요로 한다. 역사적 세계를 하나라고 생각하는 사상은 자기의 특수적 세계를 그 자체로 보편적 세계와 동일시하는 무자각 혹은 독단에 빠질 수밖에 없다. 유럽에서 세계사의 관념은 대부분 그러한 주관적 견해로 흐르고 있었다. 그것은 근대 세계사의 유럽적 성격에서 기인하는 하나의 독단적 견해라고 할 수 있을 것이다. 단지 유럽에 한정되지 않고 특수적 세계 제각각에 그러한 견해가 있음은 면하기 어려운 사실일 것이다. 현재의 우리나라에도 세계를 향한 일본의 속박한 연속적 확장에 대해 사고하려는 사상적 경향이 있다. (…중략…) 그러나 그러한 무자각적 독단을 정면에서 타파하고 역사적 세계의 일원론을 강하게 부정하고 있는 것이 현재 세계사의 상황 그 자체인 것이다.[14]

여기서 고야마의 태도는 명확하다. 유럽중심주의의 '무자각적 독단'이 고발되지 않으면 안 되는 이유는 그것을 대신하는 다른 역사적 일원론이 참이기 때문이 아니다. '유럽 이외에도 곳곳에서 발견되는' 모든 역사적 일원론이 배척되어야 하고, 그에 따라 '지나의 중화사상이나 천하사상' 그리고 '**현재의 우리나라**'에서 보이는 '**세계를 향한 일본의 속박한 연속적 확장에 대해 사고하려는 사상적 경향**'도 예외일 수 없다. 유럽중심주의를 대신하여 일본중심주의를 가져오는 '세계사의 유일성'에 관한 주장은 『세계사의 철학』에서는 특수적 세계사의 보편화 불가능성이라는 '중심사상'에 의해 금지되고 있는 것이다.

그러나 '보편적 세계사'의 개념은 어떠한가. 그 개념의 존재는 고야마가 결국에는 '세계사의 유일성'을 상정하지 않을 수 없었음을 보여주는 것이 아닐까.

분명 그렇다, 라고 우선 말해놓기로 하자. 왜냐하면 '보편적 세계사'인 이상, 분명히 거기에 모종의 '유일성'이 존재할 법하지만 고야마의 전제로부터 볼 때 그것이 결코 **단순하게** 일원론적인 것일 리는 없을 것이기 때문이다. 분명 '보편적 세계사'의 개념은 『세계사의 철학』에서 단순히 여러 특수적 세계들 간의 상호관계를 보여주는 소극적인 것이 아니라 현대에 이르러 비로소 성립한 "일종의 통일성을 가진 세계사적 세계", "진실한 뜻에서의 세계사적 세계"를 지시하는 적극적 의미를 띠고 있다. 다만 그것이 이미 '역사적 세계의 다수성'에 대한 자각으로 매개되고 있는 이상, 적어도 더이상 "자기의 특수한 역사적 세계의 원리를 그 자체로 연속적으로 연장하고 확대하여 보편적인 원리인 것처럼 사고하는 일원론"[15]일수는 없는 것이다. 그런 '보편적 세계사'가 과연 '전체 인간세계에는 하나의 역사밖에 없는 것이며, 게다가 그 역사에는 하나의 주체밖에 없는 것'이라고 할 때의 역사가 될 수 있는 것일까. 일본이 그런 유일한 주체로서 '아시아 전체만이 아니라 서양까지도 지배하도록 운명지어져있다'는 식으로 해석될 수 있는 것일까. 가령 그렇게 될 수 있다면 그것은 어떤 의미에서 그럴 수 있는 것일까. 이런 질문들에 답하기 위해서는 고야마가 '현재의 세계사적 상황 그 자체'를 구체적으로 어떻게 파악하고 있는지 살펴볼 필요가 있다. 예컨대 다음과 같다.

현재 세계사의 거대한 동요, 세계사의 대전환이 가져오고 있는 것은 무엇인가. 나는 그것을 유럽세계에 대해 비유럽세계가 독립하려는 추세 혹은 사실이라고 본다. 19세기 말엽 내지 20세기 초두에 걸쳐 유럽세계에 거의 내재화된 것처럼 보였던 비유럽 여러 나라들이 우리 일본을 선구로 하여 점차 그런 내재화로부터 탈각하고 나아가 초월적인 존재성을 보여 왔던 것, 그럼으로써 종래 단적으로 '세계'라고 여겨졌던 유럽세계가 실은 하나의 **근대적 세계**에 지나지 않는다는 것이 의식되었으며, 유럽세계 그 자체의 근대적인 내적 질서가 붕괴할 때에 이르렀음을 현대의 세계사적 대전환이 보여주고 있는 것이다. 그것은 비유럽세계가 유럽세계와 점차 대등한 존재성을 요구할 수 있게 되었음을 뜻하며, 따라서 거기서 근대적 세계와는 다른 질서와 구조를 가진 **현대적 세계** 혹은 진실한 뜻에서의 '세계사적 세계'가 비로소 성립의 단서를 얻었음을 의미하는 것이다.[16]

따라서 '진실한 뜻에서의 세계사적 세계'란 '근대적 세계와는 다른 질서와 구조를 가진 현대적 세계'로, 유럽중심적인 세계질서가 붕괴하고 비유럽세계가 유럽세계에 대한 '초월적 존재성'을, 즉 일종의 **타자성**을 내보이기 시작한 세계이다. '보편적 세계사'의 구조는 그런 뜻에서 오히려 복수의 여러 '특수적 세계'의 분열 내지 분리에 의해 특징지어지는 것이지, 그것들의 융합이나 '동질화', '인류문화의 동일양태―樣화', 유일한 보편자의 지배와 같은 것에 의해 특징지어지는 게 아니다.[17] 그런데 고야마에 따르면 그러한 근대적 세계가 붕괴하는 계기는 실제로는 근대적 세계의 성립과정 그 자체 속에 이미 잠재되어있던 것으로, 근대유럽의 역사는 "보편적 세계사의 전사先史의 의의를 갖는다"[18]는 점에 주의하지 않으면 안 된다.

고야마도 유럽이라는 특수적 세계의 역사와 보편적 세계사를 동일시하는 것은 강하게 거부하지만, 역시 '근대 세계사의 유럽적 성격'을 인정하지 않을 수는 없는 것이다. 사실 러시아와 미합중국을 포함한 서양 열강의 제국주의적 팽창은 19세기 초엽에 지구 전체를 전부 뒤덮기 직전까지 이르러 있었다. "비유럽지역에 대한 유럽세계의 끝없는 확장", '**세계의 도도한 유럽화**' ― 이러한 '경악할 사실'

위에 근대 세계사는 성립하고 있다고 고야마는 쓴다.[19] 그 '세계의 도도한 유럽화'란 예컨대 1936년 후설이 『유럽 학문들의 위기와 초월론적 현상학』에서 이야기한 "다른 모든 인간성의 유럽화die Europäisierung aller fremden Menschheiten"[20]와 반드시 같지는 않다. 후설의 주장이 '무한한 이념'의 힘에 의한 유럽화, '절대적 의미의 지배das Walten eines absoluten Sinnes'로서의 유럽화인 것에 반해, 고야마의 주장은 "서구적인 기계기술, 서구적인 근대과학, 서구적인 개인주의법제, 서구적인 정당적 의회주의"와 같은 '유럽문화의 세계적 보급'을 수반하는 것이긴 하지만, 근본적으로는 '식민지화'를 '기초'로 하고 '근대자본주의의 발전'을 '동인'으로 하는 것으로 설명되기 때문이다.[21] 그런데 고야마에 따르면, 바로 그 근대 자본주의경제의 발전 속에야말로 유럽중심의 근대적 질서의 붕괴 및 현대에서의 보편적 세계사의 성립이 시작되는 계기가 포함되어 있었다. 왜냐하면 그것은 단지 비유럽적인 특수적 세계의 고립된 병존을 폭력적으로 끝내는 것일 뿐만 아니라 역설적이게도 '**유럽 바깥에 대한 유럽의 의존성**'으로 귀결되었던 것이기 때문이다.[22] 유럽 여러 나라의 자본주의적 생산력이 증대하면 할수록 원료 및 생산수단의 자원을 유럽 내부에서 바라는 것은 더이상 불가능하게 되며 유럽 바깥 지역에서 구하는 것 말고는 달리 방법이 없게 된다. 그리고 머지않아서는 유럽 그 자체의 생존이 유럽 바깥을 떠나서는 유지될 수 없는 단계에 이르는 것이다. 구조적 외부 혹은 가능성의 조건으로서의 기생적인 것. 혹은 주인과 노예의 변증법. 고야마는 "유럽의 세계적 팽창이 필연적으로 유럽의 세계의존성으로 귀결되어 왔다"는 패러독스 속에서 근대 유럽의 '기이한 운명'과 '세계사의 전회가 일어날 수밖에 없는 경향'이 확인된다고 말한다.[23]

그러하되 진정으로 현대적인 '세계사적 세계'가 출현하기 위해서는 그것만으로는 충분치 않다. 여기에 더하여 비유럽세계가 세계의 유럽화에 맞서 저항하는 일, 유럽적인 세계질서로부터 독립하는 것이 반드시 필요하다. 거기서 고야마는 유럽의 세계지배에 맞서 강한 저항을 보였던 것은 미국도 아프리카도 아닌 아시아이며, 아시아 중에서 특히 동아시아였다는 것을 강조한다. '지나'는 그 '오랜 중화의식의 전통'을 통해, 일본은 "국체를 근간으로 하는 강고한 국가의지와 민족적 긍지"를 통해 유럽 여러 나라에 의한 식민지화를 거부했다.[24] 나아가 근대 세계사의 거대한 전회를 성취하고 진정으로 보편적인 현대 세계사의 형성을 가능하도록 하기 위해서는 유럽적 세계질서에 단지 '저항'하는 것에 머물지 않고 그것을 적극적으로 '부정'하는 행동에 나서지 않으면 안 된다. 고야마에 따르면 그것이 가능했던 것은 다름 아닌 일본이지 결코 '지나'가 아니었다. 따라서 '세계사 성립의 제2의 요인'은 결국 **유럽의 세계지배에 맞선 일본의 자주적 부정의 활동**[25]에 다름 아닌 것이 된다. 이 결정적인 지점에 있어 일본과 '지나'를 구별하는 것은 무엇인가. 그것은 일본이 구체적으로 유럽적 근대화를 선택했던 것으로, 그것이 가능할 만큼의 '정신적 자주성'이 강했다는 점이다.

지나는 국가통일의 곤란과 헛된 중화사상에 의해 국가의 체제에
근본적인 쇄신을 가하는 일이 없었으며, 군사상·기술상 유럽적인
것을 이식하는 일이 없었다. 그런데 우리나라의 국민정신은 그 점에
서 현저히 다르며, 일찍이 유신을 수행하여 국가의 구체제에 근본적
인 쇄신을 가하고 군사상·기술상 유럽적인 것을 이식하기에 주저하
지 않았던 바, 국가의 총력을 다해 유럽풍의 근대국가 건설로 나아갔
던 것이다. (…중략…) 동아의 식민지화에 가장 강한 저항을 보였던
우리 일본이 새로이 유럽풍의 문화를 이식한다는 것은 단지 그것만
을 본다면 몹시도 모순적이고 이해될 수 없는 현상일 것이다. 그러나
거기에 실제로는 세계사에 있어 중대한 의의를 갖는 현상이 존재한
다. 우리나라에서도 구미 여러 국가의 강압에 대한 저항은 일면에서
신국神國 관념을 기초로 한 양이攘夷[외국(인)을 오랑캐로 얕잡고 배
척함]의식에서 출발했다. 그러나 그러한 주관적 감정만으로는 구미
에 대항할 수 있는 강국화의 실제정책은 여전히 성립하기 어렵다. 그
실제적 책략은 애국의 정열이 냉정한 이성적 태도와 결합함으로써
성립한다. 구미에 대항하고 구미와 비견될 수 있는 실력을 구비하기
위해서는 그들이 무기로 삼고 그들의 실력을 구성하고 있는 것을 우
리들도 구비하는 것 말고는 방법이 없다. (…중략…) 이렇게 강한 **정
신적 자주성**을 갖는 까닭에 오히려 자유로이 유럽문화의 섭취를 시도

할 수 있었고, 거기에 지나와는 다른 우리나라의 독자적인 정신적 특질이 있다. 이 정신적 특질이 현실에 드러난 결과가 청일전쟁의 승패였다.[26]

서양의 패권에 대한 가장 강한 저항, 즉 그것에 대한 '자주적 부정의 활동'이 군사적·기술적·과학적·경제적 등등의 측면에서 더욱 서양화한 국가, 일본에 의해서만 수행될 수 있었다는 '몹시도 모순적이고 이해될 수 없는 현상'. 그러나 그것은 역시 "세계사적으로 중요한 또 기이한 의의를 갖는 사실"이다. 따라서 현대 세계사의 성립은 두 가지 역사적 패러독스의 결과가 된다. 즉 첫째는 유럽의 세계적 팽창이 유럽 자신의 지배 아래에 있다고 믿었던 지역들에 대한 유럽의 의존성으로 귀결되었다는 점, 둘째는 유럽의 세계지배에 대한 부정이 가장 유럽화된 타자로부터만 일어날 수 있었다는 점.

그 두 번째 패러독스를 분석해보자. 그 내용은 분명히 고야마가 일본에 대해 이중의 요청을 해야만 했던 것과 대응하고 있다. 즉 한편으로 **일본은 유럽화되어서는 안 된다**. 왜냐하면 그렇지 않을 때 일본은 유럽의 타자가 아니게 되며 유럽의 세계지배에 도전할 권리를 잃기 때문이다. 그러나 다른 한편으로 **일본은 반드시 유럽화되어야만 한다**. 왜냐하면 그렇지 않을 때 일본은 유럽의 세계지배를 부정할 실력을 가질 수 없기 때문이다. 요컨대 일본은 어디까지나 **유럽의 타**

자이기를 지속하면서도 유럽화할 수 있는 것이지 않으면 안 된다. 자기의 본질을 결코 훼손하지 않고 그것을 상처 없이 순수하게 보존하면서도 동시에 유럽을 근대세계의 패[권]자가 되게 했던 '유럽적인 것' 즉 '그들의 실력을 구성하고 있는 것'을 유럽의 독점을 물리치면서 최고도로 우리 것으로 삼지 않으면 안 된다는 것이다.

언뜻 읽고도 짐작할 수 있듯, 고야마는 최종적으로는 '정신'의 개념에 호소하고 있다. 하지만 놓쳐서는 안 되는 것은 그가 그런 호소 이전에 눈에 띄지 않는 방식으로 주도면밀하게 논의의 땅을 고르고 있다는 점이다. 즉 고야마는 일본의 유럽화가 '경제상·군사상·기술상의 제반 사항들에 걸쳐' '유럽적인 것'을 '이식'함으로써 행해졌다고 말하지만, 그는 그것을 지적하기에 앞서 "일반적인 욕구나 지성의 원리에 입각한 경제나 기술이나 과학은 **발생의 지역이나 민족을 벗어나 어디라도 이식되는** 국제적 보급성을 갖고 있다"고 서술한다.[27] 또한 그런 서술보다 앞서 '문화적 세계의 구조' 일반을 논하는 부분에서는 애초에 "문화라는 것은 **전파**되고 **이식**되어 가는 것"이고 '전파성이나 이식성'이야말로 '문화의 커다란 특성을 이루는 것'인 바, '문화에 세계사라는 것이 존재하는' 것도 '그런 근거에 터한다'고 말한다. "기술은 기술로서 전파되고 사상은 사상으로서 전파되며 법률은 법률로서 전파된다." "문화의 전파는 때론 민족의 이동과 함께 일어나고 때론 정복이나 침략 등에 수반되어 행해지지만 **민족 자신의 이동이나 혼합을 떠나 문화 그 자체로서도 전파되어 간**

다.” 그리고 그렇게 ‘문화가 문화로서 전파되는 까닭’은 다름 아닌 “문화라는 것이 **형성의 주체나 지역으로부터 독립될 수 있는 관념적 존립성**을 갖는 데에 있다”고 말한다.[28] 실제로 혹시 그런 ‘전파성이나 이식성’이 없었다면 문화는 영원히 자기 자신의 뿌리 속에 갇혀 타자에 대해 절대적으로 닫힌 채로 있게 될 것이다. 문화적 형성체 일반은 그 이데아적 대상성ideale Gegenständlichkeit으로 인해 특정한 경험적 주체나 콘텍스트에 속박되지 않는 범시간성Allzeitlichkeit을 갖는다는 후설의 논의도 떠올리게 된다. 그런데 혹여 그렇다고 한다면, 이렇게 말해도 좋지 않을까. 즉 경제·군사·기술 등 유럽이 자신의 ‘무기’ 및 ‘실력’으로 삼고 있는 것, 유럽을 근대세계의 패[권]자이게 했던 ‘유럽적인 것’이란 실은 결코 **고유하게** ‘유럽적인 것’이 아니었다고 말이다. 예컨대 경험적 기원 — ‘발생의 지역이나 민족’ — 에서는 유럽적일지라도 원리적으로는 거기에서 ‘벗어나고’ ‘독립하여’ ‘어디라도 이식되는’ 일반적인 것이며, 따라서 현실에서는 탈유럽화된 다른 ‘지역이나 민족’의 것이 되는 일이 불가피하다고 말이다. 그리고 그런 한에서 근대적인 경제·군사·기술 등을 독점함으로써 성립해 있던 유럽의 세계지배는 머지않아 다른 ‘민족이나 지역’이 그것들을 자신의 것으로 삼는 시점에서 붕괴하지 않을 수 없는 것이라고 말이다. ‘서양 몰락’의 근본 원인 중 하나는 다름 아닌 서양의 패권을 지탱하던 문명장치 그 자체의 본질적인 이식가능성·전파가능성에 있고, 말하자면 그 **뿌리째 뽑힘**déracinement, 고향을떠나게됨의 본원적 가능성, 산종散種, dissémination, 퍼짐·전파·확산과 인용citation과 반복itération의 가능성에 있다.[29] 이리하여 고야마는 "후진국도 점차 선진국을 뒤따라 잡아가는 것이 당연한 흐름"이므로 "유럽중심의 세계질서는 정치상에서도 경제상에서도 당연히 붕괴하게 될 필연적 운명을 갖는다"고 단정할 수 있게 된다.[30]

　문화의 '이식성' 혹은 '전파성'의 관념은 파고 들어가면 거의 모든 문화에 관하여 그 '고유성'을 말할 수 없게 하는 쪽으로 우리를 인도한다. 그 어떤 '지역이나 민족'도 또 **그 어떤 '특수적 세계'도** 모종의 문화를 절대적으로 자기고유화s'approprier할 수는 없는 바, 소외=타유화他有化, 양도, aliénation 없는 문화를 생각하는 일은 불가능한 것이다. 문제는 그러한 것의 귀결을 어디까지 도출할 것인가, 또 어떤 방식으로 도출할 것인가에 걸려 있다. 분명 고야마가 문화의 '이식성' 혹은 '전파성'이라는 관념으로부터 도출하고 있는 것이 단순히 '근대문명'의 장치를 유럽이 계속 독점하는 일의 불가능성인 것만은 아니다. 그는 거기에 '민족문화'가 '국제적인 세계문화'로 발전해 가는 '근거'가 있으며, 민족문화 그 자체가 자기와의 '거리'를 매개로 해서만 발전할 수 있는 것인 한에서 민족문화 발전의 '근거' 또한 거기에 있다고 서술한다. "민족문화가 민족의 생활에 직접적으로 결속되어 생활과 문화 간에 거리가 없게 되면, 자신의 문화를 객관적으로 비판하는 일도, 그런 문화의 비판을 매개로 생활 그 자체를 비판하는 일도 불가능하다. 생활도 문화도 단지 전통적인 존속성을 지킬 따름으로, 거기서는 비약적인 발전도 창조도 생기기 어려운 것이다."[31] 하지만 그럼에도 고야마는 그 '이식'에 의한 '뿌리째 뽑힘'의 가능성에 대해 결국은 자의적인 제동을 걸지 않을 수 없었다. 왜냐하면 혹여 그렇지 않을 때, 예컨대 일본의 '강고한 국가의지와 민족적 긍지'의 '근간'을 이루는 '국체' 속에서도 근대화의 필요로 '이식'된 '서구적인 정당적 의회주의'와 같은 '정[치]체'와 동일한 자격에서 말소불가능한 **산종**이나 **인용**의 가능성이 인정되지 않으면 안 될 것이기 때문이다. '국체' 또한 문화로서의 '이식성'이나 '전파성'을 본질적으로 갖는 것이라 인정한다면, 그것과 '그 발생의 지역이나 민족' 간의 **본래적** 연결을 잃게 되고, 그 절대적 '고유성' ― **"국체의 독자성"**[32] ― 의 관념이 붕괴됨으로써 '국체'의 가상적 구축성假構性, 픽션성을 부정할 수 없게 되는 바, 그때 그것은 ― 적절히 변경을 가하면mutatis mutandis ― **언제 어떤 장소에서도 나타날 수 있는 것**에 불과한 것, **모방가능**한 동시에 **이미 무언가의 모방일지도 모를** 가능성을 배제할 수 없게 되는 것이다. 따라서 고야마는 어찌해서도 '국체의 불변과 정[치]체의 변화' 혹은 '정[치]체의 변천을 초월한 국체의 모습'과 같은 테제를 도입하지 않을 수 없었다.[33] '천황중심의 국가적 정신'은 '우리나라의 문화 및 그것을 관통하는 정신'의 '가변적 주변'에 대한 **부동의 중심**이고, '다른 동아 여러 민족들과는 현저히 다를' 뿐만 아니라 일반적으로 '다른 나라들의 그것(문화 및 문화적 정신)에 비할 때'에 발견되는 '현저한 특징'이며,

따라서 '다른 나라들은 이해하기 어려운 우리나라의 독자성' 혹은 '특수성'이므로, 요컨대 '이식성'이나 '전파성'을 완전히 끊어버린 것이라고 말하지 않을 수 없었던 것이다.[34]

'정신'이란 바로 그런 문화의 근저에서 '이식'에 최후까지 저항하는 것의 명칭이다. 좀 더 상세히 말하자면, '이식'의 한계=경계 limite를 지배·통어하면서, 그것이 충분히 강력할 때에는 한쪽에서 다른 것으로부터의 '자주적'이고 철저한 '이식'을 스스로 수행하고, 다른 한쪽에서는 자기를 결코 '이식'에다가 맡기지 않는—다른 것의 '이식'에 의해 자기를 잃지 않는 동시에 자기 자신이 지닌 가장 '고유'한 것의 '이식'을 허용하지 않는—것, 그러한 것의 명칭이 정신인 것이다. '지나와는 다른 우리나라의 독자적인 정신적 특질'은 **"강한 정신적 자주성**을 갖는 까닭에 오히려 자유로이 유럽문화의 섭취를 시도할 수 있었"던 데에 있다고 고야마는 말했다. 일본은 그 **'고유한 정신적 자주성'**을 통해 유럽 열강과 어깨를 나란히 하는 일에 필요한 모든 '유럽적인 것'을 자진하여 최고도로 '이식'하면서도 그 다른 것의 침입을 잘 견뎌내는 바, 그 다른 것으로부터 자기의 본질을 조금도 오염됨 없이 유지하면서 그 다른 것을 단순한 "매개수단"으로 삼아 어디까지나 유럽의 타자로서 유럽을 '부정'할 수 있었다는 것이다("일본인은 고유의 신들에 대한 신앙을 갖고, 고유의 신화를 가지며, 고유의 국체를 수호하고자 한다. 그리고 그것은 **그 어떤 새로운 문화나 생활의 양식이 들어올지라도 결코 잃어버리지 않는** 것이다").[35] 리오타르가 지적하고 있는 것처럼, 여기서 위세를 부리고 있는 것은 '힘'의 관념, 정신의 '힘'이라는 관념이다. 정확히 헤겔의 역사철학에서 '정신적으로 무력한geistig ohnmächtig' 미국 선주민 문화는 '유럽정신'의 '숨결'에 닿자마자 소멸되지 않을 수 없었다고 말해지듯이, 고야마의 '세계사의 철학'에서도 문화의 생사를 최종적으로 가르는 것은 정신의 '힘'의 강조에 다름 아닌 것이다.[36]

고야마의 '세계사의 철학'은 헤겔, 후설, 어떤 시기의 하이데거 등과 마찬가지로 역사철학이자 동시에 '정신'의 철학이기도 하다. 그러나 이 '정신'의 역사철학이 '이상주의적 정신사관'의 추상성을 비판하고 '세계사의 **자연적 기[저]체基体**' — '지리적 공간성'과 '피와 [품]성'에 기초한 '종족적 연속성'[37] — 을 중시하는 한에서, 후설로부터는 가장 멀고, 헤겔로 접근하지만 결국엔 스스로 작별을 고하며, 어떤 시기 — 일단 1930년대 중반이라고 해놓자[38] — 의 하이데거에 가장 근접하게 되는 듯하다. 고야마에 따르면 "주체란 단지 정신적인 주관이 아니다. 정신적·신체적인 것9이 진정한 주체이다". 따라서 "역사성의 본질인 주체적 행동성"이란 "신체를 매개로 하는 정신과 자연의 종합에 다름 아닌" 것으로, 그런 뜻에서 "인간의 역사는 대지 위에서 대지와 결속됨으로써만 행해지는" 것이다.[39] 민족이나 국가의 '정신'이라는 것 또한 본래 '정신과 자연의 종합'인 바, "단순히 정신적인 것이 아니라 **생명적·정신적인 것, 즉 정신적인 생명력을 갖는 것**"이다.[40] 세계사를 자유의 이념이 실현되는 과정으로 생각했던 헤겔도 '세계사에 지역성이 내면적 관계를 갖는 것'을 인정하고 민족을 '대지의 아들'이라고 불렀지만, 그럼에도 그 '이상주의적·유심론적 철학'으로 인해 민족이나 국가의 '정신적인 생명력'을 충분히 고려할 수 없었다고 고야마는 말한다. 헤겔과는 달리 랑케의 이른바 모랄리슈 에네르기moralische Energie의 개념은 바로 그런 '정신적인 생명'력을, 즉 '근원적인 도의적道義的 생명력 그 자체'를 뜻하고 있는 것이었다. 물론 헤겔의 '정신'이 생명을 결여하고 있는 '단순히 정신적인 것'인지는 몹시 의문이지만, 자연에서 정신으로 상향보다는 오히려 정신의 '자연적 기[저]체'를 강조하는 점에 고야마의 독자적인 특징이 있음은 분명히 인정될 수 있을 것이다.

정신은 '외적 자연'('지리적 공간성')과 '내적 자연'('피와 [품]성'에 근거한 '종족적 연속성') 속에 '자연적 기[저]체'를 가지며 자신의 '도의적 생명력'을 언제나 그 '근원'으로부터 길어 올린다. 따라서 그 '근원'과의 생생한 연결을 유지하는 정신, **뿌리내린 정신**은 강력하며, 거꾸로 그런 연결을 상실하고 '단순히 정신적인 것'이 된 정신, **뿌리를 잃은** 정신은 약체가 되는 것이다. 문화라는 것 또한 당연히 그렇게 사고되므로, 거기서 '관념적 문화'에 대한 고야마의 격렬한 고발이 생겨난다. "생명력을 잃은 문화는 병적이다. 단순한 정신적 문화나 합리적 문화는 이미 문화의 퇴락이며 폐퇴이다. **대지를 떠나고 민족을 떠난 관념적 문화는 문화 그 자체의 사멸로 향하고 있다.** 건강한 문화는 대지의 정력과 생명의 숨결을 갖는다. (…중략…) 역사상 많은 민족과 국민이 그러한(생명력을 잃은) 정신병적 사상에 의해 쓰러지고 멸망했으며 혹은 그렇게 쓰러진 것의 회복으로부터 소생하여 새로이 발전했다. 멸망인가 아닌가의 위기를 극복하는 것은 언제나 청신한 활력을 가진 윤리적·정신적 생명력이다."[41] 일본이 '오늘날' 세계사적 역할을 다할 수 있는 것은 '강한 정신적 자주성'을 가졌기 때문이고, 일본의 '국민정신'에 그러한 '모랄리슈 에네르기'가 넘쳐흐르고 있기 때문이며, 또한 일본의 '국민정신'에 '모랄리슈 에네르기'가 넘쳐흐르고 있는 것은 그 '부동의 중심'이 언제나 자신의 '자연적 기[저]체'에 의해 길러짐으로써 '국토'와 그 '국토'가 가능케 할 '혈연적 통일성'에 강하게 결속되어 있기 때문이다.

우리나라는 황실중심의 국가적 정신이 그러한 부동의 중심을 이루고 있다. 그리고 사회나 문화의 면에서는 실로 생생한 변화·발전을 행하고 있다. 거기에 동아 여러 민족들과 현저히 다른 점이 있다. 그러나 이 사회나 문화의 면에서 국민정신을 더욱 깊이 살핀다면, 내실은 시대마다 변할지라도 상당한 정도로 불변하는 형식적 측면이 존재한다는 것을 알아차리게 된다. 그리고 그 측면에 나는 우리나라의 국토로부터 길러진 정신적 특성을 발견할 수 있다고 생각하는 것이다. (…중략…) 국민문화는 모두 그 국토로부터 생기며 그 국토의 특성과 융합함으로써만이 탁월한 것을 형성하고 있다. 사회의 특질 및 그 발전의 양상도, 문화의 양식 및 그 발전의 성격도 국토의 자연환경에 의존하고 그것과 조화되는 곳에서 성립하는 것이다. 그리고 그때 타의 추종을 불허하는 우수한 것이 형성되는 것이고, 거기에 숭상해야할 국민의 문화적 정신이 성립하는 것이다. 문화는 언제나 대지에 결속된 것이다. 대지로부터 떠나 단지 관념적이고 유심적인 문화는 언제나 불건전하며 병적인 것이다. 우수한 문화는 천인합일天人合一의 경지에서 생겨난다. 건전한 국민정신은 천인합일의 경지로부터 길러진다. 우리는 일본의 국토가 일본의 국민정신 및 문화적 정신과 뗄 수 없는 관계를 맺고 있다는 것을 잘 생각해봐야만 한다.[42]

이렇게 고야마는 '자연과 인간의 호응적 합치'를 뜻하는 '천인합일'을 '우수한 문화'의 조건으로 삼고, 일본의 '모랄리슈 에네르기'의 근원을 그 '국토와 합일한 국민정신'에서 구하게 된다.

다른 많은 문제점은 뒤로 미룰지라도, 여기서 다음과 같이 질문하지 않을 수 없을 것 같다. 즉 앞서 봤던 '문화적 세계의 구조'론에서 보자면, '경제나 기술이나 과학'만이 아니라 모든 문화는 그것이 문화인 한에서 '그 발생의 지역이나 민족을 벗어나 어디라도 이식'된다는 것을 '커다란 특성'으로 가질 터이다. 그리고 그것은 "문화라는 것이 형성의 주체나 지역으로부터 독립될 수 있는 관념적 존립성을 갖는"다는 것과 다른 뜻이 아닌 바, 그런 자기 기원과의 '거리'야말로, 문화에 '세계사'가 있고 '국제적인 세계문화'가 있다는 것의 '근거'이며, 나아가 '민족문화' 그 자체로서의 '발전'이 있는 '근거'이기도 할 것이었다. 혹여 그렇다고 한다면, 고야마는 어떤 권리를 가졌기에 **"대지를 떠나고 민족을 떠난 관념적 문화"**를 문화의 '퇴폐'이자 '폐퇴'이고 '문화 그 자체의 사멸'이라고 일방적으로 결정할 수 있는가. '대지' ─ '발생의 지역' ─ 를 떠나고 '민족' ─ '형성의 주체' ─ 를 떠난, 직접적인 '자연적 기[저]체'로부터 '거리'를 취하고 필연적으로 '관념적'인 것이 되는 과정이 문화의 '질병'이라고 한다면, '이식성이나 전파성'을 가지고 '세계사'를 가지며 '국제적인 세계문화'가 된 모든 문화, 나아가 '민족문화'로서 '발전'하는 모든 문화 ─ 따라서 '실로 생생한 변화·발전을 행하고 있다'고 고야마가 말하는 '우리나라'의 문화도 ─ 실은 '질병'을 앓고 있는 것이 아니겠는가. 혹은 '천인**합일**', '자연과 정신의 호응적 **합치**', '국토와 **합일**한 국민정신'이 일본의 문화적 정신의 특색이고, '일본의 국토가 일본의 국민정신 및 문화적 정신과 **뗄 수 없는** 관계를 갖는'다는 것이 진실이라면, 일본의 문화적 정신은 자신의 '자연적 기[저]체'와의 사이에서 그 어떤 '거리'를 취할 수도 없게 되며, 따라서 자기를 '객관적으로 비판'할 수도 없으며 '단지 전통적인 존속성을 지킬 따름'으로 되어버리는 바, 이후에 보게 되듯이 고야마의 모든 주장에 반하여 그 어떤 '세계사'적 의의도 가질 수 없게 되어버리는 게 아니겠는가.

요컨대 고야마 언설의 아포리아는 다음과 같은 점에 있다. 즉 스스로 문화 그 자체의 발전의 본질적 조건으로 인정했던 것을 이번에는 '문화 그 자체의 사멸'의 조건으로 지정하려고 한다는 점이다. 이 언설은 문화의 텔로스—'합일'—를 문화의 에이도스—'거리'—에 반대하여 문화의 에이도스의 폐기로 규정하길 원한다. 이런 의지를 이끄는 것이 일본의 '세계사'적 역할을 그 '국민정신의 독자성'으로부터, 즉 '국체의 독자성'으로부터 정초하려는 욕망이었음은 이미 분명할 것이다.

그 욕망의 운명을 마지막까지 지켜보기 위해서는 아직도 많은 우회로를 거치지 않으면 안 된다.

2 —— 반제국주의와 철학적 내셔널리즘

고야마 이와오의 '세계사의 철학'은 일본을 반유럽중심주의의 첨단先端에 놓는다. 데리다가 논했듯이 근대 유럽의 자기표상이 곧=첨단앞쪽 끝으로서의 **캅프**Cap의 이론으로 관통되는 것이라고 한다면, 거기서의 일본은 **반**反**캅프로서의 캅프=첨단**이다.[43] 유럽이라는 곳=첨단 및 그 '투사投射'로서의 미국(발레리)에게 태평양을 사이에 두고 대치하는 일본은 곳이라기보다는 오히려 '섬나라 국가'인 것이지만, 바로 그 '국토의 위치'가 가능하게 했던 '정신'의 독자성으로 인해 아시아에서 유일하게 유럽풍의 자본주의적 근대화를 달성하고 아시아의 지도국가로서 현대세계의 형성에서 주도적 역할을 맡게 된다. 일본은 아시아의 캬프＝첨단, 따라서 비유럽세계의 캬프＝첨단이고 바로 그러한 것으로서 **또 하나의 캬프＝첨단**l'autre cap, **타자의 캬프＝첨단**le cap de l'autre인 것이다. 돌파구를 열었던 것은 러일전쟁이었다.

러일전쟁은 실은 세계의 유럽화를 불가능하게 했던 일대 사건이다. 바꿔 말하자면, 근대 유럽사의 근본추세를 여실히 부정하기 시작한 최대의 사건이다. 다음으로 러일전쟁은 동아에서의 안정세력으로서, 일본이 가진 **지도적 지위**를 확실히 드러냈던 사건이라고 할 수 있다. 일본은 단지 일본으로서가 아니라 말하자면 **아시아 여러 민족들의 대표자**로서, 유럽에 내재화 당하게 될 아시아의 초월성을 보여줬던 것이다. (…중략…) 그 속에는 이미 동아를 유럽으로의 내재화로부터 해방하고 머지않아 세계의 근대 유럽적 질서를 변경시키려는 적극적 의의가 내장되어 있다. 물론 그러한 적극적 활동이 개시되고 러일전쟁에 의해 부과된 **지도국가로서의 책임**을 수행하기 위해서는 우리나라의 총국력을 강대화하는 시기가 필요했었다.[44]

'세계사의 철학'은 책임의 언설이다. 고야마는 러일전쟁의 승자인 일본에 하나의 "세계사적 사명"[45]을 지정한다. 단 그 사명은 **타자**

의 책임, **타자에 대한 책임**이고, 일본은 '세계법정'으로서의 세계사에서 서양의 타자로부터 부름에 응하여 서양 열강의 식민지 건설에서 서양의 타자를 해방시킬 책임=응답가능성responsabilité을 짊어진다는 것이다.[46] 이 논리에 따르면 획기적이라 할 다음의 한걸음은 만주국 건설과 그것에 동반되는 국제연맹 탈퇴가 된다. 일본은 그런 것들에 의해 '세계의 유럽적 질서에 대한 부인의 선언'을 했던 것이고 '동아 및 세계의 신질서 건설에 대한 요청'을 했던 것이다. "일본의 국제연맹 탈퇴는 유럽 대전 이후까지 연장되어왔던 **근대 세계사**의 추세에 조종을 울리고 새로운 세계관과 도의에 입각해야 할 **현대 세계사**의 이념을 고지하는 경종이었다."[47] 일본의 궐기 결정은 이윽고 '대동아전쟁'이라는 결정적 단계에 도달한다.

오늘날의 세계대전은 결코 근대 내부의 전쟁이 아니라 근대 세계의 차원을 넘어서는超出**, 근대와는 다른 시기를 획정하려는 전쟁이다.** 이전의 유럽 대전은 세계전으로서는 획기적인 것이었지만, 그 근본 성격에서는 근대 내부의 전쟁이며 근대의 연장인 성격을 넘어서는 것이 아니었던 것이다. 베르사유 강화회의에서 성립하고 국제연맹에서 확보됐던 세계의 질서는 근대 세계의 원리를 초극超克했던 새로운 원리에 입각한 것이 아니라 근대 세계의 원리를 그대로 연속적으로 연장해왔던 것에 지나지 않았다. 20년간의 모조 평화의 시기를 거쳐 오늘 다시 유럽 대전이 발발했던 것도 생각해보면 병의 깊은 근원은 거기에 있는

　기억의 에티카-전쟁·철학·아우슈비츠

것이라고 하겠따. 그런 까닭에 이번 유럽 대전은 근대에 종언을 고하는 전쟁이고 또 그렇지 않으면 안 된다. 이는 우리 일본을 주도자로 하는 대동아전쟁에서는 지극히 명백한 것으로 아무런 의심도 끼어들지 않는다. 만주사변, 국제연맹 탈퇴, 지나사변, 이 세계사적 의의를 갖는 일련의 사건들을 관통하는 우리나라의 의지는 유럽의 근대적 원리에 입각한 세계질서에 대한 항의에 다름 아니었다. 작년 12월 8일 미영 선전포고와 함께 질풍신뢰疾風迅雷와 같이 개시됐던 대동아전쟁을 통해 옛 근대의 세계질서를 타파하고 새로운 세계질서를 건설하려는 정신은 드디어 본격적인 모습을 드러냈으며, 그것은 오늘날 세계사의 추세에 더이상 움직일 수 없는 결정적 방향을 부여하기에 이르렀다.[48]

제2차 세계대전, 특히 '대동아전쟁'은 근대를 '넘어서는' 혹은 근대를 초극하여 근대 이후, 즉 **포스트모던**을 여는 전쟁이다. 근대 세계가 본질적으로 서양의 패권에 의해 질서화되어 있던 것이라고 한다면, 서양의 패권의 부정은 필연적으로 근대의 초극을, 즉 포스트모던의 개시를 의미한다. 일본은 세계사의 이 결정적 전환의 '주도자'인 바, 또 하나의 캄프로서, 즉 타자의 캄프, 서양의 타자의 캄프로서 그러한 것이다.

물론 근대의 초극의 모티프는 동시대의 문맥에서 고야마에게만 고유한 것도 아닐뿐더러 고사카 마사아키, 니시타니 케이지 등을 포함한 '세계사의 철학' 그룹에게만 고유한 것도 아니다.[49] 하지만 고야마의 특징은 그들 속에서 근대의 초극이 문명개화와의 결별을 통해서가 아니라 그것의 철저화에 의해서만 가능하다는 것을 좀 더 명료하게 이론화했던 점에서 인정될 것이다. 이미 보았듯이 고야마에게 유럽 근대의 보편화를 향한 요청은 이중적이다. 첫째로는 근대적 질서가 붕괴되기 위해서는 유럽이 보편화하여 '세계의 존적'으로 되지 않으면 안 되었다. 둘째로는 근대적 질서가 진정으로 전복되기 위해서는 근대문명의 장치를 일본이 철저하게 '이식' 할 필요가 있었다. 한편 고야마에게 근대의 초극이란 무엇보다 먼저 유럽중심의 세계질서와 그 원리로서의 자유주의적 세계관의 폐기를 의미하는 것이었다. 따라서 유럽적 '근대화'가 '정신'을 침범하지 않고 주로 '경제상, 군사상, 기술상'의 '이식'에 한정되는 한에서 '근대화'를 철저화함으로써 근대의 초극을 지향하는 것은 고야마에게는 어떠한 모순도 아니었으며, 오히려 일본이 취해야만 할 **"독자적 방법"**[50]이기조차 했던 것이다.

근대의 초극 혹은 **포스트모던**의 개시로서의 '대동아전쟁'. 그러면 그것이 가져온 '새로운 세계질서'란 무엇인가. 그리고 그것을 지탱하는 '새로운 세계관과 도의'란 무엇인가. 포스트모던의 세계, 즉 "근대적 세계와는 다른 질서와 구조를 갖는 현대적 세계"란 무엇인가.

제1차 대전은 유럽 열강의 제국주의적 전쟁의 결과였다. 제2차 대전은 영국 및 미국이 유지하려는 그 제국주의에 대한 전쟁이다. 따라서 거기에는 새로운 세계관과 새로운 도의적 이상이 관철되고 있다. 그 새로운 세계관과 도의적 이상이란 우리나라와 독일, 이탈리아에서 아직 반드시 똑같다고 할 수는 없을 것이다. 우리나라는 **역사적 전통과 지역적 특수성에 결속된 각 민족 각 국가가 제각기 그 자리를 얻음**으로써 새로운 세계질서를 건설해야할 도의적 원리를 이루고, 그것을 내외에 선언하고 있다. 그 도의적 원리는 근대 유럽의 자유주의나 개체주의의 형식윤리와는 그 의의를 달리하며, 따라서 세계관을 달리하는 것이다. 독일 및 이탈리아가 취해야 할 세계신질서의 원리도 필경에는 이와 마찬가지의 것으로 귀착하리라고 본다.[51]

제2차 세계대전, 특히 '대동아전쟁'은 '제국주의에 대한 투쟁'이지 '제국주의적 쟁패'가 아니다. 고야마에게 제국주의란 근대 유럽의 구성원리인 '자유주의'로부터 필연적으로 귀결하는 "약육강식에 의한 불평등한 권력적 사실"이며 "정치권력의 확장이나 영토의 확장이라는 뜻에서의" '관념'이다. 자유주의는 그런 부정적인 '사실'을 "의지자유의 원리에 선 인격주의적 형식도덕의 이념"을 통해 규제하고 시정하고자 했지만, 결과는 "내용 없는 윤리적 이상과 권력 횡행의 사실과의 연결 없는 병존"에 불과했으며, "세계의 항구 평화를 가져올 실질적인 도의적 힘을 아무것도 갖지 못했다". 베르

사유 체제도 국제연맹도, 그 실태는 여전히 '유럽의 세계지배라는 권력적 사실'을 벗어나는 것이 아니었다.[52]

실현되어야 할 세계질서는 따라서 무엇보다 '약육강식에 의한 불평등한 권력적 사실'을 근본적으로 폐기하는 것이지 않으면 안 된다. 고야마에 따르면 그것은 '각 민족 각 국가가 제각기 그 자리를 얻'는 세계이다. 일부 유럽 열강이 약자인 비유럽세계를 권력적으로 지배하는 세계가 아니라 각 민족 각 국가가 자신의 '역사적 전통과 지역적 특수성에 결속'되면서 제각각에 어울리는 독자적인 장소를 얻는 세계인 것이다.[53] 그런데 고야마에겐 이미 보았듯이 어떤 민족 어떤 국가도 '특수적 세계'에서의 다른 민족 다른 국가와의 관계 속에서만 형성될 수 있는 것이었다. 따라서 각 민족 각 국가가 '자리를 얻는' 것이 가능하기 위해서는, 그 조건으로서 각 특수적 세계가 그 역사적 전통과 지역적 특수성에 결속되면서 '자리를 얻는' 것이어야 한다. 유럽은 유럽의, 아시아는 아시아의, 동아시아는 동아시아의, 서아시아는 서아시아의…… 등등, 제각각이 제각각의 '자리를 얻는' 것이지 않으면 안 되는 것이다. 이리하여 '대동아전쟁'은 무엇보다 먼저 아시아와 유럽을 그 본래의 장소로 되돌리는 전쟁으로서 드러날 것이다. 처음에 보았던 '특수적 세계'의 개념이 가장 구체적이고 적극적인 의의를 갖는 것이 바로 그 지점이다.

아시아와 유럽이 새로운 자기형성을 시도하면서 현대 세계사의 근본추세 속에는 어떤 의미로는 특수적 세계를 향한 자기형성의 경향이 드러나고 있다. 아시아는 **자주적인 아시아**로, **아시아를 위한 아시아**로 자기 자신을 형성하려고 한다. 유럽 외적 요소를 가졌던 과거의 유럽은 점차 **유럽적 유럽**으로 스스로를 형성하기에 이를 것이다. (…중략…) 특수적 세계는 명료하게 봉쇄적 자족성의 경향을 띤 것으로 경제상의 자급자족성, 정치상의 공동연대성, 인종상·민족상의 유사적 친근성, 문화상·운명상의 공동적 친연성 등(혹은 그 가운데 어느 것)을 기초로 하는 것이다. 거기서는 명백하게 지역적·풍토적인 특수적 공동성과 역사적·운명적인 특수적 공동성이 기초가 되고 있다. 단, 그런 기초에 대한 자각의 유무, 곧 특수적 세계의 성립이 자연적인 성립인가 자각적인 건설인가에 과거의 특수적 세계와 현대의 특수적 세계로의 경향이 갖는 근본적인 차이가 있다. 그리고 그 지점에 지리적·역사적인 현실적 사실성을 무시하고 단순히 개체의 자유계약을 모형으로 구상된 근대 세계의 이념과는 전혀 다른 것이 현대 세계의 구상이념 가운데서 발견되는 것이다.[54]

'특수적 세계'의 이론은 일종의 **블록 이론**이라고 할 수 있다. 고야마는 "오늘날 세계사의 지배적 경향인 광역권 혹은 특수적 세계의 확립"은 "이른바 블록 경제로의 경향 속에서 단적으로 시발하고 있었다"고 본다. 현대의 '특수적 세계'는 블록으로서, 게다가 단순한 경제 블록으로서가 아니라, 동일한 경제적, 정치적, 역사-지리적 시스템에 함께 거주하는 여러 국가들의 블록으로서 구체화된다. '현대적 세계'는 가장 거시적으로 본다면 아시아와 유럽의 양대 블록으로 자기형성을 이루고 있지만, 좀 더 구체적으로 본다면 유럽, 미국, 소비에트 연방, 동아시아의 4극이 주요한 블록이 되고 있다고 고야마는 말한다.[55] 그가 근대와는 다른 현대에 이르러 비로소 진정한 '보편적 세계사'가 성립하고 '진실한 의미에서의 세계사적 세계'가 형성되고 있다고 말하는 것도 아시아와 유럽 혹은 4극의 '특수적 세계'가 지금 비로소 제각각의 '자리를 얻어' 서로 관계 맺고 있는 변증법적 상황이 생겨났기 때문이다. 동아시아의 블록은 즉 대동아공영권이고 '대동아공영권'이야말로 무엇보다 전형적인 '특수적 세계'이다. **고야마 이와오의 '세계사의 철학', 특히 그 중심에 있는 '특수적 세계사'와 '보편적 세계사'의 구별은 극히 정확하게 '대동아공영권'을 이론적으로 정당화하는 것에 조준점을 맞추고 있다.** 그리고 이 '공영권'의 이념은 고야마의 제국주의 비판, 반제국주의의 논리에 의해 불가결한 역할을 맡는다. 그에게 '공영권'이란 근대적 의미에서의 '국가'가 아닐 뿐만 아니라 아무리 닮았을지라도 결코 '제국'일 수도 없는 것이기 때문이다.

현대국가가 그 생존상 특수적 세계의 건설을 필요로 하고 국가와 특수적 세계가 분리될 수 없는 밀접한 관계를 갖는다는 것은 머지않아 현대국가를 종래의 국가개념으로는 담을 수 없는 것이 되도록 할 것이다. (…중략…) 근대국가의 주권 개념으로는 광역권이나 공영권과 같은 특수적 세계도, 그 세계 속에서의 현대국가도 정초할 수 없다. 특수적 세계는 국가가 아니며 국가의 연합도 아니다. 또 **근대적 의미에서의 제국도 아니다.** 특수적 세계는 한쪽에서 보면, 여전히 다수의 국가들로 이뤄진 역사적 세계이다. 단, 그 세계는 지리적·역사적·경제적 연대성이나 인종적·민족적·문화적 친근성을 기초로 하여, 그 위에 긴밀한 정치적 통일성을 갖는 세계일 것이 요구되고 있다. 그리고 그 정치적 통일성은 어떤 국가를 지도자로 하여 구성되는 것이 현실적으로 요구되는 바, 거기에는 이른바 주권의 질적 분할과 새로운 배분적 조직이 필요해질 것이라고 생각된다. (…중략…) 현대에는 자주적인 계약적 결합에 의한 것이 아닌, 그렇다고 권력적인 강요에 의한 결합도 아닌, 오히려 지리적·운명적인 공동적 연대를 기초로 하여 이뤄지는, 나아가 새로운 도의적 원리에 의해 결속되는 특수적 세계가 사고되지 않으면 안 된다.[56]

고야마의 제국주의 비판은 일관되고 있다. 주저에서도 그 이외의 저작에서도 '세계사의 철학'은 반제국주의의 논리 그 자체로서 제시되고 있고, 그 점에 있어 그가 궤도를 수정하는 일은 최후까지 결코 없었다고 말해도 좋다. 특수적 세계를 '광역권' 혹은 '공영권'으로서 형성하는 경우, 특정 강국에 의한 '정치권력의 확장이나 영토의 확장' 및 '약육강식에 의한 불평등한 권력적 사실'이 있어서는 안 되며 '권력적 강요'가 있어서도 안 된다. '영국의 해상제국'으로 대표되는 유럽 열강의 '근대 제국'처럼 "자기의 이익만을 중심으로 하는 근대적인 공리주의적 권력질서의 사상"에 입각해 '착취'를 일삼는 '식민지제국'이 되어서는 안 된다.[57] '대동아공영권'의 건설에 있어 일본이 '지도자'가 되는 것도 일본이 그 왕성한 '모랄리슈 에네르기'에 의해 재빨리 '근대를 완성'하고 '유럽 제국주의의 공세를 좌절시킬 유일한 국민'이기 때문이며, 그 목적은 "유럽 여러 나라들의 동아 진출 이래 영미英米적인 질서에 모독당한 우리들 동아의 세계를 회복하고 미영을 위한 동아가 아니라 동아를 위한 동아를 건설하는" 일에 있는 바, 일본이 구미를 대신하여 동아시아에서 패권을 제창하고 새로운 '식민지제국'을 형성하는 일은 없다.[58] '공영권'의 "공영이라는 것은 이익의 입장이 아니라 도의의 입장에서만 성립하는" 것이므로, 일본의 승리에 의해 실현되는 세계는 '대동아공영권' 내부에서는 동아시아 여러 민족 여러 국가가 제각각의 '자리를 얻게' 하고 '보편적 세계' 내부에서는 각 특수적 세계가 제각각의 '자리를 얻게'하는 것이지 않으면 안 된다. **'이번 대전의 승패의 독자성'**도 거기에 있다. 왜냐하면 "우리들은 승리라는 관념에 있어서도 종래의 공리주의적인 승리의 관념을 버리지 않으면 안 된다"고 말하기 때문이다. '대동아전쟁'은 아시아나 세계에서의 일본의 패권이 확립되었을 때 끝나는 것이 아니라, **"적국**

미영이 우리들 신질서사상을 납득하고(혹은 납득당해) 우리들 동아신질서를 승인하며, 나아가 그들 또한 신질서를 구성하지 않을 수 없게 되었을 때 끝난 다"는 것이다.[59] 제국주의적 질서의 해체와 '만방 각 나라로 하여금 자리를 갖게 하는' 세계신질서의 구성은 '대동아전쟁'의 전쟁이유 causa belli 그 자체이다. '현재의 우리나라'에 보이는 '세계를 향한 일본의 소박한 연속적 확장을 생각해보려는 사상적 경향'도 고야마에겐 일본이 '내외에 선언'했던 '도의적 원리'를 따라 배척되지 않으면 안 되는 것이었다.

확인해보자. 이상과 같은 반제국주의의 논리에 근거하는 한, 고야마 이와오의 '세계사의 철학'에서 일본이 유일한 주체로 '**아시아 전체만이 아니라 서양까지도 지배하도록 운명지어져있다**' 리오타르고 보기는 어려울 듯하다. 물론 거기에 '세계사의 유일성'에 관한 승인이 있을지라도, 그것은 복수의 '특수적 세계사'가 제각각의 '자리를 얻'은 '보편적 세계사'의 유일성이지 근대 세계가 '유럽적 **동질화**' 혹은 '유럽적 원리에 의한 **지배**'로 인해 유일할 수 있었던 것과는 다른 방식이었다.[60] 물론 그 세계사에서 일본이 결정적 전환의 '주도자'로서의 역할을 맡을 때 그것을 두고 세계사에서 '주체성이라는 것은 공유될 수 없는 것' 리오타르이라고 말하지만, 실상은 그렇다고 할 수 없는데, 일본은 한편으로 독일·이탈리아와 '**함께** 새로운 세계사의 추세를 강화하는 **주체**'이고, 다른 한편으로는 '그저 일본의 국가총력전에 머무는 전쟁이 아니라 동아공영권의 공영권총력전

이어야 할' 전쟁을, 즉 '동아 여러 민족들의 공동책임으로 완수해야 할' 전쟁을, '전쟁의 **진짜 주체**'가 다름 아닌 '공영권이 되고 있는' 전쟁을 수행하고 있는 것이므로, 바로 그렇기에 그 전쟁의 결과는 오히려 '주체성'이 '공유'되는 세계, '유럽과 아시아를 **대등하게 포함하는** 객관적 세계'가 되는 것이다.[61] 이러한 것들 모두는 일본이 캠프이되 타자의 캠프이고 유럽형 캠프의 논리를 원리적으로 면한 '주도자'임을 말하기 위해 개발된 논리이기 때문에, 그 점들을 고려하지 않고 '세계사의 철학'을 근대 서구적인 '제국주의적 철학'의 단순한 반복으로만 본다면 일면적인 비난임을 면할 수 없을 것이다.

물론 이상의 논의는 사정의 반쪽 측면이다. 고야마의 반제국주의가 아무리 일관된 것일지라도, 다른 한편에서 '세계사의 철학'이 아시아를 향한 일본의 '제국주의적' 침략을 정당화하는 '제국주의적 철학'이 됐던 것에는 이론의 여지가 없다. 아니 '다른 한편'이라는 것은 정확하지 않다. 왜냐하면 그 철학이 '대동아전쟁'을 정당화하는 것처럼 보인다면, 그것은 그 반제국주의적 논리**임에도 불구하고**가 아니라 바로 그 반제국주의적 논리**에 의해, 그 덕분**이기 때문이다. '세계사의 철학'의 반제국주의 논리는 실제론 그 철학의 '제국주의적' 귀결로부터 분리할 수 있는 것이 결코 아니다. 세계의 재블록화와 세계정치로의 '대국' 일본의 재등장이 운운되고 있는 오늘, 그 '선견성先見性'을 '제국주의적' **일탈**로부터 구별하여 구해낼

수 있다고 생각하는 것이 결코 아니다. '세계사의 철학'은 바로 **그것**
이 내걸었던 제국주의 비판의 원리, 즉 '각 민족 각 국가가 제각기 그 자리를
얻는다'는 '도의적 원리'에 의해 세계사를 자기 것으로 한다. 자기로의 회귀
를 비판함으로써 자기 쪽으로 회귀하는 것이다.

　공리의 차원을 넘어선 높은 도의적 질서의 원리는 각 민족으로 하
여금 그 자리를 얻게 하는 지도의 원리로서, **우리나라가 주창함과 더불**
어 우리나라에 탁월하게 존재하는 원리이다. 근대원리의 모순의 와중으
로부터 새로운 원리를 구하고자 발버둥치는 오늘의 전쟁은 당연히
도의적 원리로 오지 않으면 안 되는 것으로, 거기서 **일본원리는 때를 얻**
어 세계원리로 높아질 수 있는 것이다. 대동아전쟁을 전기로 하여 세계
적 일본은 **일본적 동아, 일본적 세계를 건설하는 지도적 입장**으로까지 돌
진하기에 이르렀다. 이 **일본세계**가 앵글로색슨적 세계와 같은 공리의
차원으로 구성된 세계가 아니라 도의의 차원으로 구성된 세계라는
것은 말할 것도 없다. 근대 세계는 유럽풍 일색으로 빈틈없이 칠하려
는 세계였다. 이는 유럽 근대의 원리가 공리적·이지적인 것이었던
데에서 유래하고 있다. (…중략…) 도의적 세계원리는 그러한 것과 다
르며, 각 민족 본연의 우수함을 살리고 서로 다름의 근저에서 깊숙한
통일성을 실현하려는 작용이지 않으면 안 된다. 거기서도 서로 다름
과 동일함이 서로를 꿰뚫는 총력전과 마찬가지의 구조를 보이는 바,
그러한 구성에 존재하는 것이 '자리를 얻는' 일이며, 그러한 구성을

만드는 것이 '자리를 얻게 하는' 일인 것이다. (…중략…) 그 점에 있어 비로소 **일본적 세계가 일본을 지도적 중심으로 삼으면서**, 각 민족 제각각이 자리를 얻어 진실한 공영에 도달하는 일이 가능해진다.[62]

'진실된 공영'이란 이런 것이다. '대동아공영권'이란 '일본적 동아'에 다름 아니며, '유럽과 아시아를 대등하게 포함하는 객관적 세계'란 실제로는 '일본적 세계'에 다름 아니다. 일본의 승리에 의해 실현되는 세계는 더 이상 그 어떤 제국주의적 지배도 아니며 '각 민족 제각각이 자리를 얻은' 다원적 세계가 되는 것이지만, 그러나 그 세계의 다원주의가 '우리나라가 주창함과 더불어 우리나라에 탁월하게 존재하는 원리'인 한에서, 그 다원적 세계는 **다원적인 채로 일본적인** 세계가 된다. **다원적이기에 일본적인** 세계가 되는 것이다. 거기서 고야마는 결코 '세계를 향한 일본의 소박한 연속적 확장을 생각해보려는 사상적 경향'에 양보하고 있는 것이 아니라는 것에 주의하자. '일본적 세계'가 '일본적'인 것은 '근대세계'가 '유럽풍 일색으로 빈틈없이 칠하려는 세계'와는 본질적으로 다른 것이므로 일본풍 일색으로 빈틈없이 칠하려는 방식으로는 있을 수 없는 것이다. 거기서는 "각 민족사회나 민족문화가 제각각 그 자리를 얻어 존속해야만"하며, '대동아공영권'에서도 '동아문화'는 "결코 한 가지 색채로 빈틈없이 칠해진 문화가 아니라 여전히 각지 풍토자연의 특질에 어울리는 독자적 문화"인 바, 그런 '민족적 특질'이란 어디까지나 '존중해야할 것'이었다.[63] 그런데 그 다원주의를 완전히 유지한 채로 고야마의 철학적 내셔널리즘은 이른바 **메타 레벨**에서 자기를 긍정한다. 한 민족, 한 국가, 한 특수적 세계에 의한 일원적 지배를 폐지한 다원주의 그 자체, 이 이른바 현대세계의 **초월론적 원리** 그 자체를 "우리나라가 주창함과 더불어 **우리나라에 탁월하게 존재하는 원리**"로서 일본에 **독자적인, 고유한, 본래적인**(본래 일본적인) 원리라고 하면서 **자기고유화**한다. '각 민족 각 국가가 제각기 그 자리를 얻은' 다원적 세계 그 자체에 일본이라는 **고유명**, 한 국민국가의 고유명으로 **서명하는** 것이다.

'대동아전쟁'에 승리하더라도 일본은 '공리주의적'인 의미로서는 아무것도 획득하지 않는다. 다만 모든 '민족적·국가적 이기주의'가 폐기된 세계에 자기의 이름을 써넣음으로써 세계의 진리가 되는 것이다. 그것은 마치 일본이 '자기를 부정하고 세계가 되는' 것처럼, "다른 주체를 부정하고 다른 것을 자기로 삼으려는"게 아니라 "주체로서 세계를 품어 안는"것이다. 그런데 고야마에게 '각 민족 각 국가로 하여금 자리를 얻게 하는' 일이 '일본원리'인 것은 물론 그것이 다름 아닌 일본의 '국체'에서 보이는 원리이기 때문이다. 따라서 그는 결국엔 **"일본의 국체가 진리이다"**라고 선언하기에 이른다.[64] 일본의 국체는 그저 일본에 독자적인, 고유한, 본래적인 전통으로서 다른 민족 및 다른 국가 제각각의 독자적인 전통과 동위同位 대립적인 원리일 뿐만이 아니다. 그것은 모든 민족 및 모든 국가의 독자적인 전통이 제각각 그 '자리를 얻었'을 때에 스스로 '세계원리'일 수 있음이 명백해지는 초월론적 '진리'이기도 하다. 혹여 일본의 '국체'가 단지 다른 민족 및 다른 국가의 독자적인 전통과 동위同位 대립적이기만 했더라면, '일본원리'가 '세계원리'로 높아지기 위해선 자기와 대립하는 다른 모든 전통의 타[자]성을 부정하고 그것들의 '독자성'을 말소하지 않으면 안 될 것이다('세계를 향한 일본의 소박한 연속적 확장'). 그런데 거꾸로 그것은 '서로 다름의 근저에서 깊숙한 동일성을 실현하려는 작용'이며 "여럿多이 여럿으로서 자주적으로 존립하면서도 나아가 하나一인 것과 같은" **절대무**絶対無로서의 '진정한 **보편의 모습**'을 드러내는 까닭에 모든 대립자를 넘어서 모든 대립자에게 '자리를 얻게'하는 '진실한 조화'의 원리일 수 있는 것이다.[65] 거기서는 내셔널리즘(일본주의)과 인터내셔널리즘(세계주의)이 결코 모순되지 않으며, 오히려 서로를 강화한다. **일본은 일본적으로 되면 될수록 세계적으로 되며, 세계는 세계적으로 되면 될수록 일본적으로 된다.** 일본이 보편적 세계의 '지도적 중심'이 되는 것도, 그렇게 초월론적 '진리'를 자기고유의 원리로서 체현하고 있기 때문인 것이다. '지도'란 "대[립]자보다 높은 진리의 입장에서 대[립]자를 기쁜 마음으로 복종하게 만드는 것"이며 "대립을 넘어선 높은 입장에서만 비로소 능히 대[립]자에게 자리를 얻게 할 수 있는"것이지만, 고야마에게 "그러한 절대지고의 입장이 우리 국체에서만 여실히 드러나고 있음은 말할 것도 없"는 것이었다.[66]

'일본의 국체가 진리'인 이상, 즉 '진정한 보편' 혹은 초월론적 '진리'를 체현하는 것이 오직 '우리 국체'인 이상, 진정한 '동아'는 '일본적 동아'일 수만 있으며 진정한 세계는 '일본적 세계'일 수만 있는 것이다. 거기서 보이는 것은 틀림없이 모든 철학적 내셔널리즘이 반복하게 될 '범례성^{exemplarité}'의 논리이다.[67] 거기서는 또 다른 캄프의 논리, 타자의 캄프의 논리가 다름 아닌 반^{反}캄프의 논리인 까닭에 캄프의 논리와 서로 다투며 서로를 끌어올린다. 초월론적 '진리'를 '절대무'로서, '진정한 보편'을 무적^{無的} 보편으로서 제시함으로써 그 논리는 최종적으로 자기와 서양 형이상학 간의 차이를 드러내 보이고자 했던 것이지만, 결국 그것은 **차이로서 자기 자신을 제시하는 반복**에 다름 아니었다.

'세계사의 철학'은 또 그 '진리'의 관념을 매개로 일종의 **정치신학**적 소묘에 착수한다. 한편에서 보편적 세계의 '지도적 중심'인 일본의 세계정치는 카를 슈미트 식의 "정치의 범주를 적·동지로 간주하는 사상"[68]에 의해서가 아니라 대[립]자를 넘어서는 초월론적 '진리'에 의해 인도되는 정치이다. 그것은 "세계의 질서를 힘으로 결정하는 것도 아니며, 형식적인 평등사상으로 취급하는 것도 아닌, 오늘날의 세계사적 상황에서 볼 때 지도력을 가진 나라가 그렇지 않은 나라를 지도하여 개발하는" 정치이고, '세계사적 자각'을 가진 나라, 즉 세계사의 '진리'란 '절대무'이며 "하나와 여럿 간의 상칙상입^{相則相入,} 서로를 모범으로 삼고 서로에 입각함"이고 '각 민족 각 국가가 제각기 그 자리를 얻는 것'이라고 자각한 나라가 그렇지 않은 나라를 '지도하여 개발하는' 정치이다. "지도한다는 것은 진리가 가진 본연의 작용으로, 지도력이 없는 것은 진리가 아니다." 이리하여 고야마는 '진리'의 정치로서의 "철인哲人정치"라는 형이상학적 모티프를 반복하게 된다.[69] 다른 한편에서 일본의 '국체'가 '절대무'인 초월론적 '진리'를 체현한다는 것은 그것이 단순한 권력적 존재가 아님은 물론이고 본디 권력과 대립하는 윤리적 존재도 아니라는 것을, 궁극적으로는 권력과 윤리 간의 대립을 넘어선 '절대지고絶對至高'의 차원에, 즉 '신'적인 차원에 연결되어 있음을 보여주고 있다.

우리나라의 국체는 권력과 윤리 간의 상대적 차원에 존재하는 것이 아니라, 그것을 한 걸음 초월한 절대적인 것에 존재한다. (…중략…) 우리나라에서 국체는 다른 원리로부터 연역되거나 도출되거나 설명되거나 정초되는 것이 아니다. (…중략…) 오히려 거꾸로 국체는 그 자체로 절대의 사실이며 절대의 원리이므로 권력도 윤리도 그것에 의해 규정받게 된다. 그러한 절대유일의 사실적 원리에 다른 것과는 다른 우리나라의 국체의 개성이 있다. 우리나라가 우리나라인 까닭은 그런 원리에 기초해 있기 때문이다. 무릇 대립의 입장을 넘어선 것으로 대립의 입장까지도 살릴 수가 있는 것이다. (…중략…) 이러한 독자성을 가진 우리나라의 국가이념을 지금 **신국神國국가**라고 부른다면 (…중략…) 우리나라의 신국국가이념의 특성은 도의나 권력을 궁극으로 삼지 않으면서도 그것들의 존립을 부인하지 않는, 오히려 그것들에게 진정한 자리를 얻게 하는 고차의 **초월적 신성**을 기초로 한다는 데에 있다고 규정할 수 있을 것이다.[70]

'절대무'의 신학, 혹은 오히려 **무-신학**. '절대무'는 서양 형이상학적인 절대적 **존재자**가 아니므로, '우리나라의 국체'가 그것을 궁극의 '진리'로서 체현한다는 것은 서양의 "황제신성설과 같은 것"이 "제우스에서 근거를 구하는" 것과는 "그 성질이 완전히 다르다". '우리나라의 국체'는 그 '신성함'의 근거를 다른 어떤 원리에서 구하지 않으며 그것 자체가 권력도 윤리도 넘어선 '절대의 원리'이기에 '고차의 초월적 신성'을 가지며 '신적 절대성'[71]을 갖는 것이다. 실제로 혹여 일본의 '국체'가 단순히 권력적인 것에 불과했더라면 그것은 '권력 위에 선' '이른바 제국'밖에는 만들 수 없으며, "원리상 종적인 국가의 강대함"에 머물면서 "국가를 포함하는 유類는 될수 없을 것이다". "힘에 기초한 제국은 필연적으로 힘에 의해 붕괴할 운명을 지니고 있다." 또 이른바 윤리라는 것에 있어서도 그것이 '인류'에 기초를 두는 한, 그 '내실'은 "종적 사회의 차이에 대응해 서로 다르기" 때문에 "그것을 그대로 유類로 연속적으로 확대하는 것은 허용되지 않는다". 바꿔 말하자면 윤리는 그것이 '보편타당성'을 요구할 때 "종적인 인류성을 벗어나 그것을 부정하는 것"

이 되고 만다.[72] 따라서 일본의 '국체'가 '종적 사회의 차이'를 살리고 그 '서로 다름의 근저에서 깊숙한 통일성을 실현'하기 위한 원리일 수 있는 것도 그것이 다름 아닌 권력도 윤리도 초월한 "절대의 유(有)"를, 즉 '절대무'를 체현하고 그것 자체로서 '신적 절대성'을 갖기 때문인 것이다.

3 —— 기원의 망각 – 유한성과 은폐

'세계사의 철학'의 반제국주의는 동시에 일본의 철학적 내셔널리즘의 논리이다. 게다가 그 내셔널리즘은 단순히 일본의 내셔널한 것에 대한 방위를 설파하는 것이 아니라 모든 내셔널한 것과 특수적 세계에 '자리를 얻게' 하는 것으로서, 메타 레벨에서 세계의 일본화를 꾀한 초월론적 일본중심주의이다. 이 내셔널리즘의 논리는 모든 타자의 '존중'을 말하면서도 실제로는 모든 타자의 자기로의 포섭을 텔로스로 삼고 있는 한에서, 이미 **논리로서** '제국주의적'이다. 그것은 메타 레벨에서의 초월론적 '진리'의 이름으로, '보편적으로 자기의 유혹'이라고 할 '타자의 폐기'[리오타르]를 수행하는 것이다.

그 논리의 '제국주의적' 귀결은 그러나 단순히 논리적인 것에 머물 수는 없다. 메타 레벨 혹은 초월론적 레벨에서 자기에 의한 타자의 폐기가 발생하는 것에 머물 수는 없는 것이다. '세계사의 철학' 의 반제국주의 논리는 모든 사실상의 '제국주의적' 실천 ― '정치권 력의 확장이나 영토의 확장', '권력적 강요', '식민지제국'의 형성 등 ― 을 금지함에도 불가피하게 일본의 '제국주의적' 실천을 정당 화하게 된다. 즉 그것을 "추인하고 또 합리화"[73]하게 되는 것이다. 실제로 이미 보았듯이 반제국주의의 논리는 '대동아전쟁'의 전쟁 이유causa belli 그 자체이다. 초월론적 '진리'에 의한 '지도', 즉 '철인 정치'가 왜 전쟁이지 않으면 안 되는 것인가. '대립을 넘어선 높은 입장'에서 '대[립]자를 기쁜 마음으로 복종하게 만들고' '능히 대 [립]자에게 자리를 얻게' 할 '진리'의 정치가 왜 고금에 걸친 미증유 의 '총력전'을 피할 수 없었던 것인가. 그 이유는 무엇보다도 먼저, **역사에선 순수한 메타 레벨 혹은 순수한 '초월론적' 레벨이라는 것이 어디에 도 존재할 수 없는** 것이기 때문이다. 모든 초월론적 철학은 그 진리의 경험적 신체를 필요로 한다(경험적 자아, 세계, 자연언어 등등). 하물며 거기서는 역사 자체가 문제시 되고 있는 것이다. 초월론적 '진리'의 역사란 어딘가 천상계topos ouranios에 있는 게 아니다. 그것은 사실 적 역사의 의미로서만 드러날 수 있는 것이다. 초월론적 '진리'의 역 사적 실현은 그 '진리'를 체현하는 현실의 일본국가의 실천을 통해 서만 행해질 수 있으며 그 실천의 의미로서만 드러나는 것이다. 설 령 그 '진리'가 '절대무'라고 할지라도 사정은 변하지 않는다. 고야 마 자신이 명확히 인정하고 있다. "역사적 현실은 모두 상대적 차원을 벗어날 수 없으며 진정한 유類는 절대무이지 않으면 안 된다. 그렇지만 그 절대가 상대를 떠난 어딘가에 따로 있는 것도 아니다." "세계사에 현현하지 않고서는 무릇 절대·영원이 따로 현현할 장소는 없다. (…중략…) 역사를 넘어서는 절대·영원의 것은 그런 까닭에 오히려 역사를 역사이게 하면서, 창조의 일에 입각하여 역사의 그때그때의 곳곳에 현성現成하며 역사를 절대·영원의 상징으로 삼는 것이다."74

구체적으로는 이렇다. 일본의 '국체'에 체현된 초월론적 '진리'는 본래 '대립을 넘어선 높은 입장'에서 '대[립]자를 기쁜 마음으로 복종하게 만들고' '능히 대[립]자에게 자리를 얻게' 하는 것이어야 한다. 그런데 **사실상으로는** 현대 세계의 구도를 가령 고야마를 따라 무엇보다 순수한 형태로 환원하는 경우에도, 그 '진리'는 적어도 유럽 혹은 '앵글로색슨'의 원리인 공리주의나 자유주의 등등과 **근본적으로 대립한다**. 초월론적 '진리'의 정치는 **사실상으로는** "우리나라의 국가의지"와 "영미의 세계지배 의지" 간의 "명료한 대립관계"에 직면하지 않을 수 없었던 것이다.75 그리고 '진리'의 이름에 의한 그 어떤 '설득'에도 '대[립]자'가 응하지 않을 때, 아니 그렇기는커녕 "부력富力과 무력"에 의한 '위압'으로 '노골적인 적대'를 드러내거나 "우리나라의 생존을 위태롭게 만들려"고 할 때에 '진리'의 정치는 절대적인 한계와 맞닥뜨리게 된다. 그 경우 더이상 전쟁은 피할 수 없으며 '권력적 강요' 또한 피할 수 없기에 남은 길은 그 전쟁의 '의의'를 '진리'의 전쟁으로 '신성화'하는 것밖엔 없다.

싸움은 언제나 모종의 형태로 힘의 싸움이며, 대립적 입장에서의 싸움이다. **단지 사상적 설득의 태도로 사정이 마무리되는 것이라면 실력으로 싸우는 무력에 이를 필요는 없을 것이다.** 우리나라는 개전 직전까지 미국에 대해 외교교섭을 계속했고, 가능한 한 사상적 차원에서 화해의 길을 강구했었다. 게다가 그들에게는 처음부터 화해의 태도도 상호양보의 정신도 없었으며 그 오만불손한 우월성은 드디어 사상적·외교적 차원의 타개책을 닫아버리게 했던 것이다. (···중략···) **우리들은 도저히 안이한 의미에서의 적국의 지도 따위란 불가능하다고 하지 않을 수 없다. 그러나 그럼에도 우리들의 전쟁에는 깊은 지도의 의의가 잠재해 있는 것이고 거기에 우리들의 전쟁이 도의성을 갖는 성전인 까닭이 있다. 나는 올바른 것**正**이 삿됨**邪**을 이긴다는 신념을 가진 자이며, 그들의 질서사상을 파괴하고 우리들의 질서사상이 승리를 점할 것임에 대해 깊이 믿는 바가 있다. 무력의 행사 그 자체가 부득이하게 나오는 것으로서, 그들의 호전적 태도와는 그 종류를 달리한다. 무력의 행사 그 자체가 우리에겐 그들의 납득·귀순을 환기시키는 의미를 갖는 것이다.**[76]

'무력의 행사 그 자체'가 '부득이하게 나오는'이고 '그들의 납득·귀순을 환기시키는 의미를 갖는 것'일지라도, 그것은 무력의 행사가 '진리'의 실현을 목적으로 하는 단순한 수단이며 전쟁은 필요악이라는 의미가 아니다. 고야마에게 "역사의 건설행위"는 목적-수단의 공리주의적 연관을 넘어서 있으며, "절대무에 직접 접속하는 자기목적성"을 갖는다.[77] '대동아전쟁'은 바로 "세계질서의 전환전轉換戰"이자 '세계관전쟁'이며 진정한 세계를 건설·창조하는 '진리'의 전쟁이기에, 거기서는 전쟁 그 자체가 '절대성'을 갖고 '자기 자신을 신성화한다'고 해야만 하는 것이다.

진정한 도의적 생명력은 오히려 전쟁 쪽에 있다. 역사의 창조를 부인하는 공상적 평화주의는 역사에 대한 반역이며 그 깊은 근저에서는 신에 대한 반역으로서 그 자체 악인 것이다. (…중략…) 진실된 전쟁이란 단순한 파괴가 아니라 동시에 건설이며 창조이다. 진실된 전쟁은 단순한 생존이나 권력 차원에서의 투쟁이 아니라 동시에 생존이나 권력 차원을 넘어선 도의성을 품고 있는 것이다. 그것은 공허하고 조잡한 평화론자나 전쟁찬미론자가 생각하는 전쟁보다는 훨씬 깊은 역사의 심저로부터 일어난다. 전쟁은 반드시 목적의 윤리성에 의해 신성화되는 것은 아니다. 전쟁 그 자체가 도의성을 품고 도의의 실현으로서 자기 자신을 신성화하는 것이지 않으면 안 된다. **도의적 생명력의 발현인 진실된 전쟁은 목적이나 수단의 범주를 넘어 절대성을 갖고 있다.**[78]

'진리'의 정치는 '진실된 전쟁'의 절대화 및 '신성화'로 귀착한다. '진리'의 정치가 전쟁 없이 자기를 완결할 수 없는 것은 '대동아공영권' 내부에서도 마찬가지다. '대동아전쟁'이 '진리의 전쟁'인 것은 무엇보다 먼저 그것이 "동아를 구미의 질곡에서 해방하는 전쟁"이기 때문이고, 따라서 동아시아 여러 민족 및 여러 국가는 일본을 '지도적 중심'으로 하는 '공동의 책임' 하에 '공영권총력전'을 수행하는 것이 당연히 기대되고 있다. "동아 여러 민족이 대동아전쟁의 의의를 잘 이해하고 공영권질서의 진의를 이해하며 우리나라도 적절히 지도함으로써 그 이념을 실제의 행위 위에 드러내 보인다면, 동아 여러 민족은 기쁘게 공영권의 건설에 협력하게 될 것이다."⁷⁹ 그런데 **사실상으로는** 그렇게 되지 않는다. 특히 '지나'는 본래 "구미의 동아지배의 추세에 대해" 일본과 "굳게 제휴하여 저항해야 할 운명을 가졌음"에도 "만주사변 및 만주국의 건설을 전기로 하여" "일본을 얕잡고 배척하는 일侮日排日"을 격화시키면서 "일일이 구미를 움직여 우리나라에 대항하는" 형편이다. 분명 거기서 '진리'는 단지 '지도력'을 결여하고 있을 뿐만 아니라 순수함도 결여되어 있는 것처럼 보인다. 왜냐하면 지나의 '일본을 얕잡고 배척하는 일'은 "지나에 대한 우리나라의 행동으로 제국주의적 침략이라고 이해하는 데에서 발생하는 것"이지만, "**우리나라의 행동에는 그런 해석을 받아들여야 할 일면을 지니고 있었다**"고도 인정하지 않을 수 없었기 때문이다.⁸⁰ 그렇지만 그것은 어디까지나 '지나' 측의 '해석'에 지나지 않는다. 고야마에 따르면 일본의 행동의 **본래 의도** 혹은 **진실된 의의**는 결코 '제국주의적'인 것이 아니라 어디까지나 구미의 '제국주의'에 대한 '투쟁'인 바, 결여되어 있는 것은 역시 '진리'도 그 순수함도 아닌 '지나' 측의 '세계사적 자각' 곧 '진리'를 향한 자각인 것이다.

우리나라가 지나 분할을 막는 데에 노력하면서도 여전히 일본과 지나의 제휴를 저해하는 듯한 행동에 나서야만 했던 것은 왜인가. 우리는 거기에 슬프지만 피하기 어려운 역사적 근거가 있었음을 인식하지 않으면 안 된다. 그것은 바로 구미에 대한 우리나라 경제의 후진성이라는 사실 이외에 다른 게 아니다. (…중략…) 우리나라의 경제는 지나에 비해 발전하고 거기에 특수권익을 가질 수밖에 없었으며, 게다가 그 특수권익의 유지는 일본의 생존에 중대한 의미를 갖는 것이었다. 그런 까닭에 지나 분할을 막고자 했던 우리나라는 그것을 위해 강국이 되지 않으면 안 되는 동시에 강국이기 위해서는 지나에 특수권익을 갖고 그 권익의 옹호에 진지하지 않으면 안 되는 관계에 놓여 있었던 것이다. 거기에 구미에 대해 경제상 후진국이었던 우리나라의 고민과 슬픔이 있었다. 그리고 거기에 지나를 향한 일본의 행동이 일관성을 결여하고, 한쪽으로 구미에 맞서 지나를 방어하면서도 다른 쪽으로 일본이 구미와 마찬가지의 행동에 나서야만 했던 근거가 있었다. (…중략…) 일본의 세계사적 사명의 실현을 위해 오히려 구미와 어느 정도의 타협을 필요로 하지 않을 수 없었고, 일본과 지나의 친밀한 제휴를 필요로 하면서도 그것이 실현될 수 없었던 곳에 일본의 딜레마와 고민과 슬픔이 있었고, 나아가 동아의 슬픈 운명이 있었던 것이다. 세계에 대한 일본의 지위로부터 유래한 그 고민과 슬픔은 지나가 이해하는 바대로 되지 않았다. 끝내 지나는 현대 세계사를 관통해왔던 근본추세에 대해 깊이 자각하는 바가 없었던 것이다.[81]

이리하여 '지나사변'은 불가피했던 것이다. "일본과 지나의 분쟁은 참으로 유감스럽기 짝이 없는" 일로 "동아 내부에서의 민족투쟁은 실로 도의적 퇴락에 다름 아니"지만, "항일론자가 세계사의 근본추세를 깨닫고 대승적인 전환에 나서기"까지는 '진리'의 '지도'가 사실상 '권력적 강요'를 수반하는 것처럼 보일지라도 어쩔 수 없다.[82] 그 '운명'은 '슬퍼해야할 것이되 피하기 어려운' 것이다. '동아의 슬픈 운명'을 한탄한 나머지 '진리'를 소홀히 해서는 안 된다. "지나사변의 목적이 동아의 항구적 평화를 목표로 한 신질서의 건설에 있는" 한에서 '사변'은 사실상으로는 "동아에서의 일본·지나 간의 분쟁"이었어도 "그 본질상 영미에 대한 일본의 투쟁이며, 따라서 하나의 세계전이다". 당시 "일본이 당면한 적은 지나"였을지라도 그것은 '지나의 민족'이 아니라 '정부'이고 "그 배후에 잠복해 있는" 것은 '영미英米'이다. "지나사변과 대동아전쟁은 그 명칭이야 어떻든 실질상으로는 결코 다른 것이 아니"며, 그것은 '진리'의 전쟁으로서 동일한 하나인 바, 일본은 '세계사적 자각'을 가진 국가로서 '지나'에 대해 '주권의 질적 분할과 새로운 배분적 조직'을, 일본의 '특수권익'을, '일본의 국체가 진리라는' 것을 승인시키지 않으면 안 되는 것이다.[83] 대동아공영권이란 그 구성국의 주권이 일본의 '지도'에 의해, 또 일본의 '지도'를 위해 분할되고 제한되는 특수적 세계에 다름 아니다. 이리하여 '세계사의 철학'은 "마치 일본정부의 스포크스맨[spokesman(대변인)][84] 처럼 일본국가의 '제국주의적' 실천을 모조리 추인하고 합리화하는 것이 된다. 결국 그것은 "대동아공영권에 대한 일본의 사실상의 지배"리오타르를 정당화하는 '제국주의적' 철학이 되며, '반제국주의적'인 **제국주의적 철학**이 되기에 이르는 것이다.

'일본의 국체가 진리이다.' 고야마의 그 선언은 '세계사의 철학'이 초월론적 '진리'를 경험적 신체에 기입함으로써 '각 민족 각 국가에 제각기 그 자리를 얻게' 하는 '하나와 여럿의 상즉상입'의 원리를 일본에 고유하고 독자적이며 본래적인 전통으로서 자기 것으로 삼는 상황을 집약적으로 표현한다. **그 어떤 다원주의, 그 어떤 타자나 차이에 대한 존중의 사상도 그 사상 자체가 모종의 내셔널한 전통에 동일화되고 자기고유화된다면 결코 철학적 내셔널리즘의 여러 귀결들을 완전히 면할 수 없을 것이다.** 그런 뜻에서 '세계사의 철학'이 일단 다원주의를 이상으로 하면서도 결국에는 '제국주의적 철학'으로 화하고 말았던 근본에는, '근대국가' 비판과 '공영권'의 이념을 향한 진력에도 불구하고 역사적 실천의 기초로서 '국민적 동일성'이라는 전제가 없앨 수 없는 강고한 것으로 자리하고 있었음을 부정할 수는 없을 것이다.[85] 그런데 '세계사의 철학'이 전제하는 일본의 '국민적 동일성'과 그 근간을 이루는 '국체'라는 것의 구체적 내실을 살필

때, ㄱ 철학적 내셔널리즘에서는 간과할 수 없는 또 하나의 토포스가 명확해진다. 그것은 일종의 '피'의 논리이지만, 고야마는 그것을 거듭 유럽식의 '피'의 논리에 맞서는 대항논리로 제시하고 있다.

앞서도 다뤘듯이 '세계사의 철학'은 역사의 '자연적 기[제]체'로서 '지리적 공간성'과 (피와 [품]성의) '종족적 연속성'을 상정하고 있다. 우선 '외적 자연'과 '내적 자연'에 대응하는 두 가지 기[제]체는 서로 엄밀하게 연관되면서 '정신'의 역사의 기초로 기능하지만, 고야마에 따르면 '국민정신'의 형성에 중대한 영향을 미치는 것은 우선 지리적 공간성에 속하는 '국토의 위치'이다. 같은 지리적 공간성일지라도 단순한 '자연적 환경'이라는 의미에서의 '풍토'가 아직 '대개 자연적'이며 '전前역사적'인 것임에 반해 국토의 위치는 "밀접하게 역사와 결속되어 있다". "지나의 역사는 육지로 이어진 대륙이라는 지리적 특성을 떠나 이해될 수 없으며, 독일 및 프랑스는 국경선을 사이에 놓고 대치하는 접경국가임을 떠나서는 그 역사를 알 수 없고, 폴란드는 대국들 사이에 끼어 있다는 특수한 위치를 떠나 그 운명을 이해할 수 없다." "국가의 역사는 국토의 위치를 떠나서는 이해될 수 없는 것"이므로 **"위치는 언제나 세계사적 의의를 갖는다"**고 할 수 있는 것이다. 그러나 그것은 "우리나라의 국민정신의 이해"에 있어 **"특히 중요한 의미"**를 갖는다고 고야마는 말한다. 왜냐하면 일본의 "정치적·문화적 정신"의 특성, 그리고 "우리나라의 국가관념의 특성"은 "아시아 대륙의 동쪽 끝에 위치하는, 바다로

사면이 둘러싸인 섬나라"라는 사정을 빼고서는 결코 이해될 수 없는 것이기 때문이다.[86]

'바다로 사면이 둘러싸인 섬나라'라고 하는 것이 어째서 일본의 독자적 국가관념을, 즉 '국체'의 관념을 가능하게 했는가. 그것은 무엇보다 우선 대륙으로부터의 해상 거리에 의해 교통이 차단됨으로써 "이민족의 침입이나 이동"이 "실제로 불가능"했고 "대륙으로부터의 무력적 침략"도 "거의 불가능"했던 결과로, '내적 자연'으로서의 '종족적 연속성'에 있어 예부터 "일본민족의 **혈연적 통일성**"이 형성되어왔기 때문이다. "우리나라에서는 토착 인종이라고 여겨지는 두셋이 일찍이 야마토조정에 복귀하여 하나의 통일적 국민을 형성한 이래로 끝내 민족적인 분열이나 타민족과의 새로운 혼합이 발생하는 일이 없었다." "우리나라에서는 국민의 형성이 극히 오래되고 또 그것이 자연성을 갖는" 것이므로, "이 **민족의 자연적 순수성, 민족과 국가 간의 동일성**에 종種의 연속성에 대한 국민적 신념이 강고했던 까닭이 있다"는 것이다.[87]

그렇게 고야마에게 일본의 "국민적 동일성"의 근저에는 일본민족의 '피'의 통일성과 '피'의 순수성이 있었음은 명확하지만, 당연히 그것은 '국체'에 있어서도 본질적인 것이었다. 왜냐하면 일본이 "만세일계万世一系의 천황이 다스리시는 나라"라는 것은 "**황실을 국민의 대종가로서 존숭하는 혈연적인 친애**親愛"[88]와 분리될 수 없는 것이기 때문이다.

황실은 만세일계의 황통皇統으로서 혈연적으로 연면連綿되고 연속되고 있다. 우리들 국민도 그 선조를 거슬러 올라가면 이윽고는 혈연적으로 수렴하며 종국에는 동조동포同祖同胞의 관계에 도달한다. 황실은 국민의 대종가이다. 천황은 국민의 부모이고 국민은 천황의 적자赤子이다.[89]

이 혈연적 연속성은 '천손강림'의 신화를 매개로 '신'적인 차원에 이르며, 앞서 봤던 '신국국가'의 이념을 정초하는 것이 된다.

국민의 혈연적 기원을 멀리 거슬러 올라갈 때, 국민은 점차 동조동포의 관계로 귀착해 간다. 신화는 오오야시마大八州[신화 속 일본의 이름]의 나라들도 신들이 낳아주신 것으로서 신·인·자연 사이에는 동조동포의 관계가 있음을 이야기해 준다. 황실은 국민의 '오오야케[大宅]'이고 국민은 신손神孫을 모시며 함께 건국의 사업을 따랐던 자의 후예이다. 신인神人공동으로 일본의 국가를 영원히 건설해 간다. ─이러한 것이 국민이 품은 공동의 신념이다.[90]

여러 국가들이 직접 국경을 맞대고 있는 대륙의 '접경국가'에서는 '이민족의 침입이나 이동'이 빈번히 행해짐으로써 국가관념의 '발생기원'이 타자와의 '대항관계'에 있게 되는 바, 그렇기에 '무력적 정복'권력을 원리로 하는 '패도霸道국가'인가 아니면 그 대립물인

'도의적 지배'^{윤리}를 원리로 하는 "왕도국가"인가가 국가관념의 기초를 이루게 된다. 그리고 그 경우, '종족적 연속성'^{내적자연}의 차원에서는 '지나나 인도나 유럽'에 전형적으로 보이듯이 민족의 '혈연적 통일성'은 쉽게 성립될 수 없으며, "국민이 여러 민족들로 조성되거나, 본래 하나의 민족인 것이 여러 국민들로 형성되거나"하여 민족과 국민 간의 '동일성'도 얻을 수 없다.⁹¹ 이에 반해 일본에서는 그 '섬나라적 조건'으로 인해 황실을 '국민의 대종가'로 하는 '혈연적 통일성' 및 '민족과 국민 간의 합치'가 성립하는 바, **국가관념의 기초가 타자와의 '대항관계'에서가 아니라 '국민의 혈연적 기원'을 직접 거슬러 올라가 "천손강림의 신칙"에서 구해지기 때문에,** 권력과 윤리 간의 대립을 넘어서 그것들에 '자리를 얻게'하는 '신국국가'의 이념이, 즉 '대립을 넘어선 높은 입장'으로부터 '능히 대립자에게 자리를 얻게하고' '서로 다름의 근저에서 깊은 통일성을 실현하는' '절대지고의' '국체' 이념이 확립됐던 것이다.⁹²

'피'의 통일성·순수성을 '자연적 기[제]체'로서 성립하는 일본의 '국체'. 하지만 거기서 주의해야만 하는 것은 고야마의 그 '피'의 논리가 이른바 '인종주의'의 논리로부터 자기를 구별하고 오히려 그것을 비판함으로써 자기를 주장하고 있다는 점이다. 인종주의란 "인종에서 역사나 문화의 결정요인을 생각하는" 사상이고, 특히 "문화의 양식상의 상이함을 인종의 상이함으로 귀착시키고 나아가 문화의 가치상의 우열을 인종의 소질의 우열로 환원하는"

사상이다. 그러나 그런 사상은 일반적으로 "생물적 개념과 문화적 개념 및 가치적 개념을 혼동하고 있다"는 점에서 근본적인 잘못을 범하고 있다. 피부색, 머리카락의 색이나 성질, 두개골이나 얼굴의 형태, 신장의 크고 작음과 같은 '육체적 유형', 즉 '생물적·자연적 특성'과 언어, 관습, 종교, 국민성과 같은 '문화적 내용', 즉 '비생물^{초생물}적인 정신적·행위적 특성' 사이에는 "아무런 필연적 평행 연관이 존재하지 않으"며, "선천적 소질"이라는 관념은 "실체론적인 사고에 기초하고 그 변형인 잠재·현재^{顯在, 겉으로 드러나 있음}의 생물학적 사고에 기초한 것으로, 도저히 역사의 행동적 창조력을 파악할 수 있는 사고방식이라고 할 수 없다". 인종주의는 "전혀 근거가 없는"것일 뿐만 아니라 "실제로는 **지극히 위험**"한 사상인데, 왜냐하면 그 사상에는 "고비노^{『인종 불평등론』, 1853} 이래로" "정치적 관심"이 결부되어 있으며 "그 근저는 필경 유럽인의 세계지배의 정당성을 변호하고 그것을 이론적으로 근거 지으려는 데에 있"기 때문이다. 이리하여 고야마는 "함께 새로운 세계사의 추세를 강화할 주체"일 동맹국 나치스 독일이 '국책'으로 내건 '게르만 중심주의'까지도 엄하게 지탄한다. "프랑스인종 같은 것은 없으며, 있는 것은 프랑스국민이다. 프랑스인종 같은 것은 없으며, 있는 것은 프랑스문명이다. 마찬가지로 아리안인종 같은 것도 없으며, 있는 것은 아리안언어이다. 널리 알다시피 아리안인종이라는 것은 언어의 연구로부터 출발하고 언어나 신화 등의 공통성으로부터 그 존재가 추정되었던 것이지만, 그런 추정의 지극히 불확실하고도 무근거한 성격은 명확한 것이다."인종간의 '생존경쟁'이나 '약육강식'이나 '적자생존' 따위로부터 역사를 파악하려는 '인종투쟁사관'은 '생물계로서의 자연계'의 법칙을 '인간의 역사적 세계'에 적용한다는 점에서 치명적 결함을 가지며, **"대동아전쟁이나 유럽대전을 인종투쟁으로 보려는 것이 얼마나 어리석고 저열한 생각인 것인지"**도 명확하다. 물론 인종주의의 오류는 "다른 인종의 우열을 주장하려고 할 때에도 변하지 않는다". "백인을 칭송하는 주장"이 "허용되기 어렵다"고 해서 **"일본인종의 선천적 우수성 같은 것을 주장할 수 있는 것은 아니"**라는 것은 당연하다.[93]

이렇게 고야마는 근대 유럽식의 인종주의 사상의 지적인 혼란을 찌르면서, 그것에 맞서 '생물적 개념'으로서의 '인종', '문화적 개념'으로서의 '민족', '정치적 개념'으로서의 '국민'을 엄밀히 구별해야 한다고 말한다. 바꿔 말하자면 고야마에겐 개념적으로 구별하는 일이 긴요한 것이었지 '인종' 개념 그 자체를 폐기하는 것이 문제인 것은 아니었다. 통상 인종으로 이해되고 있는 '육체적 유형'의 구성은 '지극히 불완전'한 것일지라도 '인간사회의 근저'에 '언제나 존속하고 있는' '혈연적 연속체로서의 인종'의 존재를 부정하는 것은 불가능한 바, "그러한 생명 기[저]체가 없다면 정신의 자발성도 발견되어할 근거를 잃으며, 그럴 때 역사적 현실이라는 것은 있을 수 없게 되는"것이다. "인종주의나 인종사관은 잘못된 것일지라도 역사에 자연적·생명적인 것이 작용할 여지를 인정하지 않는 것 또한 잘못되고 있"는 것으로, 그 점에 "이상주의적 입장의 정신사관의 오류"가 있다. "지리성을 무시하고서는 역사가 파악될 수 없는 것처럼, 인종성을 무시하고서는 역사의 정곡을 찌른 파악에 이를 수 없는"바, 이를 두고 고야마는 "무릇 **세계사의 이념을 확립하기 위해서** 극히 중요한 의미를 갖는"것이라고까지 말한다.[94] 그가 '세계사의 이념'의 핵심을 이루는 '특수적 세계' 혹은 '공영권'의 기초 중 하나로 언제나 '인종상에서의' '친근성'을 들고, 또 '현대 세계의 구성이념'은 "기[저]체성의 회복을 향한 의지"로 관통되고 있으며 "국가도 사회도 역사적 세계도 함께 피와 땅의 자연적 기[저]체성을, 또는 자원이나 위치의 역사적 기[저]체를 회복하고자 한다"고 말하는 것은 그런 이유에서이다.[95] 요컨대 "역사는 비역사적인 자연에서 시작한다고 여기는 자연주의"와 "역사는 역사적인 정신에서 시작한다고 여기는 이상주의" 둘 중 어느 쪽도 택할 수 없는 것으로, 택해야 하는 것은 '제3의 높은 입장'으로서의 역사주의, 즉 역사의 '자연적 기[저]체'를 중시하면서도 그것이 현실에서는 **언제나 이미** '**역사적** 기[저]체'로서 드러나고 있음을 간과하지 않는 입장이다. 생명 기[저]체 없이는 인간도 사회도 역사도 있을 수 없음은 분명하지만, 그럼에도 그 기[저]체는 결코 "그대로의 자연적 모습으로 역사적 현실에 존재하는 것"이 아니라 "자연이 곳곳에 모습을 드러낼 때에 이미 역사적 형태를 취하고서 역사적 세계 속에 존재하고 있는"것이다. "법률적·도덕적·경제적·종교적 요소들과 융합하고 있지 않는 피는 없다." "피란 생리적인 물질이 아니라 인간적인 **혈연**이다." "생명 기[저]체는 역사적으로는 언제나 **혈연공동체**와 같은 사회를 이루어 존재하는"것으로서, 구체적으로 말하자면 '민족' 혹은 '국민'으로서 문화적·정치적으로 규정되면서 존재하고 있는 것이다. 이리하여 고야마는 최종적으로는 "역사적 현실 속에서의 정치적인 것의 근원성"을 인정하는 입장에 서서, "자연적인 혈통적 연속체"로서의 인종은 민족·국민과는 달리 무엇보다 추상적인 개념이며 근원적인 국가의 '생명 기[저]체'적 측면을 '고립적으로 추출'한 것에 불과하다고 주장하게 된다.[96]

따라서 고야마이 일본국민의 '혈연적 통일성'을 '국체'의 기초에서 구할 때, 그가 '인종' 혹은 '피'의 개념의 '자연주의적' 사용에 근거한 '인종주의'적 주장을 의도하고 있지 않음은 거의 명확할 것이다. '일본인종의 선천적 우수성 같은 것'을 주장하는 것은 안 될 일이며, '육체적 유형'이나 '생리적인 물질'로서의 '피'에 관해 일본국민의 '통일성'을 이야기 하는 것에도 아무런 적극적 의의가 인정되지 않는다. 고야마가 말하는 일본국민의 '혈연적 통일성'은 저 '제3의 높은 입장'으로서의 역사주의적 입장에서 **언제나 이미 역사적인 인륜적 통일성**으로서 이야기되는 것이라고 이해해야할 것이다. 이를 확인한 위에서, 그럼에도 다음 두 가지를 지적하는 것은 어렵지 않다. 우선 첫째로, 일본국민의 '혈연적 통일성'이 언제나 이미 역사적이고 인륜적인 것이라 할지라도, 과거를 거슬러 올라가면 그것이 '동조동포'로 귀착하고 타민족과의 '혼합' 없이 발전해왔다고 말해지는 이상, **그러한 경우에 한에서는**, 역사적·인륜적 통일성이란 근원적·자연적 통일성과 **사실상 구별되지 않으며**, 그렇기 때문에 '민족' 및 그것과 '동일'한 '국민'을 두고 그 **자연적 순수성**을 이야기할 여지가 생기게 된다는 것이다. 설령 문제가 '생리적인 물질'로서의 '피'가 아니라 '인간적인 혈연'으로서의 '피'라고 할지라도, 그 '혈연'이 '지극이 오랜' '국민적 통일'의 달성 이래로, 동일국민의 내부에서만 유지되어 온 것이라면, 거기에 '피'의 '순수성'이 이야기되는 것은 거의 피하기 어려운 흐름일 것이다. 사실, 고야마는 선명하게 일본은 그 '섬나라적 조건'에 의해 **"인종·민족·국민에 있어 거의 일치되어 왔다"**고 쓴다.[97] 거기서 자연과 인륜은 '거의' 구별되지 않는 것이다. 둘째로, 그러한 뜻에서의 '피'의 '순수성', '인종·민족·국민'의 '일치'야말로 일본의 '국민적 동일성'에 타국에는 없는 **특권성**을 부여하는 바로 그것인 것이다. 그러므로 중요한 것은 '피'의 '순수성'이지 '피'의 '선천적 우수성'이 아니다. '인종·민족·국민'의 '일치'이지 '인종'의 '선천적 소질'이 아닌 것이다.[98] 그러한 '순수성'이나 '일치'야말로 '황실을 국민의 대종가로서 존숭하는 혈연적인 친애'를 가능하게 하고, '만세일계'의 '국체'와 그것을 중심으로 하는 '국민정신'의 기초가 되며, 나아가서는 세계를 압도

하는 '모랄리슈 에네르기'를 넘쳐흐르게 하는 원천이 된다. '우수한 문화'와 '건전한 국민정신'은 '천인합일의 경지'로부터, '자연과 인간의 호응적 합치'로부터 생겨난다고 했던 고야마의 주장은 여기서 무엇보다 전형적인 확정을 발견한다. '국체' 그 자체가 근원적·자연적인 것과 역사적·인류적인 것 간의 동일성을 표현하고 있기 때문이다.

일반적으로 다원주의는 다수인 '원元, 으뜸·시작·본래·기원' 그 자체의 동일성을 의심하지 않고 오히려 그것을 전제로 삼는다. '특수적 세계사'의 '다수성'을 설파하고 각 민족 각 국가가 '자리를 얻은' 다원적 세계의 실현을 설파하는 '세계사의 철학'이 일본의 '국민적 동일성'을 '순수'한 '피'의 '동일성'으로 전제했다고 해서 그것이 별달리 기이한 것이라고 말하는 게 아니다. 고야마는 그 '동일성'을 마치 영원한 것처럼 이야기하고 있다. 그가 당시의 황도皇道철학이나 황국사관의 편협한 일본주의를 암암리에 비판하고 '국사'를 '세계사적 입장'에서 봐야 한다고 강조할 때에도, 일본의 '세계성'이란 결국엔 과거에 대해서도 미래에 대해서도 '외국문화'의 '이식'을 통해 사고되고 있을 따름으로, '피'의 '동일성' 그 자체는 언제나 불변하는 성역으로 전제되어 있다. 물론 그러한 '피'의 '동일성' 및 그것에 관한 확신이 역사적으로 상대적인 것일 수밖에 없음은 말할 것도 없다. 설령 어떤 시점까지는 실제로 그런 것이 성립했을지라도 이후에까지 그것이 계속되는지 아닌지가 의심스럽다는 차원에서반이 아니다. 고야마 자신이 어떤 전제로부터 무엇을 잘라내면서 출발하고 있는지를 살핀다면, '피'의 '자연적 순수성'이나 '인종·민족·국민'의 '일치'를 주장하는 것이 얼마나 염려되는 일인지 알게 될 것이다.

일본민족의 혈연적 통일성은 비교적 순수한 것이라고 할 수 있다. 물론 일본도 극히 예전의 상고시대엔 **어쩌면 이민족이 이동해 왔었다고도 상상할 수 있다. 그러나 설령 그것이 인정된다고 할지라도, 그것은 유구한 태고의 사정에 속하며 민족의 기억에 남은 역사시대의 사정이 아니다.** 말하자면 역사 이전의 사정에 속하는 것이다. 조선반도로 팽창하고 거기서 하나의 공통된 문화권을 형성했다고 상상되는 시대에는 **다소간 민족의 혼합이 행해졌을지도 모른다. 그러나 그것도 고고학의 추정에 속하는 상대이며, 게다가 광범하게 걸쳐져 행해졌으리라 생각하긴 어렵다.** 존재하는 것은 귀화인이 있었다는 것일 뿐이다. **어쨌든 민족적 기억에 남은 역사시대로 들어간 후로는** 이민족의 침입이나 혼합의 사실은 발견되지 않는다. **따라서** 민족적 통일은 그 기원이 지극히 오래된 것이며, 그 동질성의 정도가 현저히 높았던 것이라고 하지 않으면 안 된다.[99]

따라서 '민족적 기억'의 한계야말로 모든 것의 전제이다. 거기서 '민족적 기억'의 한계는 근거정초의 한계를 뜻하지 않고 근거정초의 전제 그 자체로서 기능하고 있다. 고야마는 기원을 근거정초해야 할 바로 그 장소에서 기원의 망각을 전제로 삼는다. **기원의 망각 없인 기원을 근거정초하는 일이 불가능했기** 때문이다.

제1장 기억될 수 없는 것, 이야기할 수 없는 것 – 아렌트로부터 영화 〈쇼아〉로

1 H·アーレント, 『全体主義の起原 3』, 大久保和郎·大島かおり 譯, みすず書房, 1981, 236頁[한나 아렌트, 이진우·박미애 역, 『전체주의의 기원 2』, 한길사, 2006].

2 N. Loraux, et al., *Politiques de l'oubli*, Seuil, 1988.

3 E·レヴィナス, 『全体性と無限』, 合田正人 譯, 国文社, 1989, 350頁[에마뉘엘 레비나스, 김도형·문성원·손영창 역, 『전체성과 무한 – 외재성에 대한 에세이』, 그린비, 2018, 342~343쪽].

4 위의 책, 372頁 이하.

5 위의 책, 350頁.

6 『全体主義の起原 3』, 236頁.

7 위의 책, 229·235頁.

8 위의 책, 224頁.

9 위의 책, 239頁.

10 위의 책, 224~225頁.

11 위의 책, 224頁.

12 위의 책, 228頁.

13 위의 책, 222頁.

14 위의 책, 262頁.

15 위의 책, 222·224頁.

16 위의 책, 223頁.

17 위의 책, 270頁.

18 위의 책, 254頁.

19 アーレント, 『人間の条件』, 志水速雄 譯, ちくま学芸文庫, 1994, 특히 24·25·27·28절[아렌트, 이진우·태정호 역, 『인간의 조건』, 한길사, 1996].

20 『人間の条件』, 특히 27·28절.

21 アーレント, 『イェルサレムのアイヒマン』, 大久保和郎 譯, みすず書房, 1969, 180頁[아렌트, 김선욱 역, 『예루살렘의 아이히만』, 한길사, 2006].

22 『全体主義の起原 3』, 232頁.

23 '순수한' 절멸수용소는 어느 곳이나 수십만의 희생자 수를 기록하였으나, 그중 헤움노는 3명, 트레블링카와 소비부르는 각각 (말기에 일제 봉기가 있었기 때문에) 수십 명의 생존자가 있었다(cf. A. Wieviorka, *Déportation et*

génocide, *Entre la mémoire et l'oubli*, Plon, 1992, p.184, E. Kogon, et al., *Les chambres à gaz, secret d'État*, tr. fr. par H. Rollet, Minuit, 1984, pp.131·167).

24 『全体主義の起原 3』, 228·232頁 이하.

25 위의 책, 245頁.

26 위의 책, 232·240頁. (H. Arendt, *Les origines du totalitarisme, III, Le système totalitaire*, tr. fr. par J. -L. Bourg, et al., Seuil, 1972, p.181).

27 『全体主義の起原 3』, 244·232頁.

28 A. Donat, *The Holocaust Kingdom*, Holt, Rinehart & Winston, 1965, p.211.

29 『全体主義の起原 3』, 253頁.

30 S. Felman, "A l'âge du témoignage : *Shoah* de Claude Lanzmann", *Au sujet de Shoah, Le film de Claude Lanzmann*, Belin, 1990, p.57. 덧붙여 이 논문은 원래 영어로 쓰였는데 J. 에르텔의 협력을 얻어 란즈만이 직접 프랑스어로 번역했다. 영어 원문의 뛰어난 일어본「목소리의 회귀(声の回帰)」(上野·崎山·細見 譯, 『批評空間』 II - 4·5·6호)이 있으나 여기서는 란즈만 판본을 인용했다.

31 *Ibid.*, pp.77~78.

32 C. Lanzmann, *Shoah*, Fayard, 1985, p.18(C·ランズマン, 『SHOAH - ショアー』, 高橋武智 譯, 作品社, 1995, 34頁 이하 참조).

33 *Ibid.*, pp.15~17(『SHOAH - ショアー』, 29頁 이하). 덧붙여 〈쇼아〉에서는 헤움노의 생존자가 시몬 슬레브니크와 모르디하이 표드흘레브니크, 두 명인 것으로 나오지만 여기에서는 각주 23번에 인용된 역사서를 따라 모르디하이 츠라후스키를 더해 세 명으로 한다.

34 P. Vidal-Naquet, "L'épreuve de l'historien : Réflexions d'un généraliste", *Au sujet de Shoah*, p.202.

35 C. Lanzmann, "Le lieu et la parole", *Au sujet de Shoah*, p.295.

36 란즈만에 따르면 이 영화의 기획을 털어놓았을 때 "극히 친밀한 친구" 게르숌 숄렘은 "그 영화를 만드는 것은 **불가능하다**"고 말했다고 한다(*Ibid.*, p.296).

37 *Ibid.*, p.296.

38 cf. E. Kogon, et al., *op. cit.*, pp.170~175.

39 C. Lanzmann, *Shoah*, p.62(『SHOAH - ショアー』, 124頁).

40 S. Felman, *op. cit.*, pp.79~81.

41 C. Lanzmann, *Shoah*, p.25(『SHOAH - ショアー』, 49頁).

42 〈쇼아〉에 대해 '절멸'의 '표상 = 상연 = 재현전화 불가능한 것'(l'irreprése-ntable)이라는 논리에 가장 충실한 작품이라 평가하는 리오타르의 논의를 참조(J=F. リオタール, 『하이데거와 〈유대인〉(ハイデガーと〈ユダヤ人〉)』, 本間邦雄 譯, 藤原書店, 1992, 67~68頁).

43 C. Lanzmann, "Le lieu et la parole", p.294; C. Lanzmann, *Shoah*, p.19(『SHOAH - ショアー』, 38頁).

44 C. Lanzmann, *Shoah*, pp.115~116(『SHOAH - ショアー』, 229頁 이하).

45 *Ibid.*, p.87(『SHOAH - ショアー』, 143頁).

46 S. Felman, *op. cit.*, pp.84~86.

47 *Ibid.*, pp.87~88.

48 *Ibid.*, pp.66~68 · 74 · 88 · 121~129.

49 *Ibid.*, p.77.

50 C. Lanzmann, "〈Shoah〉 et la shoah", *Archives d'un procès Klaus Barbie*, Globe, 1986, pp.51~56.

51 생존자들의 '이야기'가 얼마나 자주 '이야기'에 대한 절망의 표명을 동반하는가에 대해서는 A. Wieviorka, *op. cit.*, pp.176~182를 참조.

52 S. Felman, *op. cit.*, p.78. 리오타르는 '아우슈비츠 이후'의 '예술'의 의미를 "나는 이미 이야기를 하는 것조차 할 수 없습니다. 제가 할 수 있는 것이 있다면 제가 이미 그 이야기를 할 수 없음을 말하는 것, 단지 그것뿐입니다"라는 표현을 빌려 나타내고 있다(『ハイデガーと〈ユダヤ人〉』, 114~115頁).

53 *Ibid.*, p.76.

54 란즈만은 〈홀로코스트〉에 대해 "모든 면에서 견디기 어렵다"고 혹독하게 비판한다. 특히 이 드라마의 '가장 중대한 침범사항'은 그것이 '낭만'적 의미에서의 '픽션'이며, 유대인들을 '독배를 마신 소크라테스'로 꾸며내어 "사람들에게 위안을 주는 온갖 동일화를 허용하는 관념적 = 이상주의적 영상"이라는 점에 있다. 이와 달리 〈쇼아〉는 '리얼한 것의 픽션'이며 "절대로 사람을 안심시키지 않는다(tout sauf consolant)" ("Le lieu et la parole", pp.295 · 301). 알랭 레네의 영화 〈밤과 안개〉가 비판받는 이유 중 하나도 그것이 '관념적 = 이상주의적'이라는 데 있다(C. Lanzmann, "A propos de *Shoah*", *Shoah, Le film, Des psychanalystes écrivent*, Jacques Grancher, 1990, pp.203~205).

55 C. Lanzmann, "Les non-lieux de la mémoire", *Au sujet de Shoah*, p.289.

56 S. Felman, *op. cit.*, p.77. 절멸에 대해서는 "말하는 것과 전적으로 동시에 침묵하는 것이 필요하다"는 란즈만의 발언을 참조(*Ibid.*, p.128).

57 R. Ertel, *Dans la langue de personne, poésie yiddish de l'anéantissement*, Seuil, 1993, p.26.

58 레비에 따르면 첼란의 시의 메시지는 "**소음** 속에서 상실된다". "그것은 커뮤니케이션이 아니고 언어도 아닌 기껏 혼란한 불구의 언어, 우리가 단말마의 비명을 지를 때 그런 것처럼, 그저 혼자서 죽어가는 자의 언어에 지나지 않는다. 그러나 우리들 살아있는 자는 진실로 혼자이지는 않기 때문에 혼자인 것처럼 쓰지 않을 의무를 지닌다. 우리들이 살아있는 한은 책임을 져야하고, 자신이 쓰는 것 한 마디 한 마디에 책임을 져야 마땅한 것이다"(P. Levi, "De l'écriture obscure", tr. fr. par M. Schruoffeneger, *Le métier des autres*, Gallimard, 1992, pp.74~75). 이와 같이 말할 때 레비에게 결핍되어 있는 것은 레비가 귀착시킨 곳, 즉 '단말마'의 언어로 화하는 곳에 바로 첼란의 시의 증언력이 있는 것이 아닌가라고 묻는 시점일 것이다.

59 S. de Beauvoir, "Le mémoire de l'horreur", préface à *Shoah*, p.9 (『SHOAH - ショアー』, 18頁).

60 S. Felman, *op. cit.*, p.66. 란즈만의 다음과 같은 말을 참조. "신화화하거나 신화적 망상에 잠기는 것은 간단하지만 반대로 더할 나위 없이 정확하지 않으면 안 된다고 생각한다"("A propos de *Shoah*", p.202). "홀로코스트는 오늘날 많은 점에서 전설화되어 신화적인 이야기의 여러 차원을 가지게" 되었지만, "신화의 고유성"이란 "어떤 왜곡의 시도에도 저항하지 않는"다는 점에 있으므로, "홀로코스트에 바쳐진 영화는 반-신화(contre-mythe)적으로밖에 있을 수 없다"(C. Lanzmann, De l'Holocaust à *Holocaust* ou comment s'en débarrasser, *Au sujet de Shoah*, p.316).

61 파비오 캐러메리는 아렌트의 전체주의론을 재료로 유사한 논점을 제기하고 있다. "판단의 책임은 이미 승인된 규칙에 따라 판단이 불가능하다는 것이 분명해졌을 때야말로 근본적으로 동시에 기피불가능한 방식으로 출현하는 것이지만, 마찬가지로 이야기하는 책무는 이야기되어야할 것, 증언되어야할 것이 모든 언설의 손길이 닿지 않는 것이 되고, 터무니없는 것으로 치부될 때에 단호하고 회피불가능한 방식으로 부과되는 것이다." 그의 말에 의하면 여기에 있는 것은 "완전히 충족시키는 것은 불가능하지만, 그러나 그 불가능성에 의해 무효되는 것이 아니라 어떤 의미에서는 강화되며 새로운 발전을 야기하는 것과 같은 요청"인 것이다(F. Ciaramelli, "La responsabilité de juger", in : A. -M. Roviello, et al., *Hannah Arendt et la modernité*, Vrin, 1992, pp.67~68).

62 S. Felman, *op. cit.*, pp.66·112.

63 '역사'의 원-폭력으로서의 '우리들의 현재'에 대해서는 졸저, 『역광의 로고스 - 현대철학의 콘텍스트(逆光のロゴス - 現代哲学のコンテクスト)』(未來社, 1992)에 수록된 '역사·이성·폭력' 부분을, '절대적 망각'에 대해서는 같은 책의 '텍스트의 해석학' 부분을 참조해주길 바란다.

64 S. Felman, *op. cit.*, p.144.

65 C. Lanzmann, *Shoah*, pp.24~25(『SHOAH - ショアー』, 48頁 이하).

66 C. Lanzmann, "A propos de *Shoah*", p.208; "Les non-lieux de la mémoire", p.288. 원래 이 점에 대해서는 란즈만 자신의 해설(자기해석)에도 문제가 있다. 〈쇼아〉는 "과거와 현재 사이의 모든 거리의 폐기"이며, "과거를 현재로서 소생시키고, 그것을 비시간적 현재성(actualié intemporelle)에서 복원하는 것"이며, '신의 강생'(incarnation)이며 '부활'(résurrection)인 것이라고 주장할 때, 그는 무엇보다 불가능한 '내부'의 '현전'에의 욕망으로 양보해버리고 만 것은 아닌가(*Au sujet de Shoah*, pp.66·301·316). 더불어 사건의 '진정한 증인'은 오직 '죽은 자'이고, '생존자'의 '이야기'는 아무리 하여도 이 거리를 폐기할 수 없다는 인식은 프리모 레비 등에게서도 발견된다(P. Levi, *Les naufragés et les rescapés. Quarante ans après Auschwitz*, tr. fr. par A.Mauge, Gallimard, 1989, p.82).

67 S. Felman, *op. cit.*, pp.113~115.

68 *Ibid.*, pp.109·116.

69 Interview accordée par C. Lanzmann à l'Université de Yale, citée par S. Felman, *op. cit.*, p.107.

70 S. Felman, *op. cit.*, p.107.

71 *Ibid.*, p.109.

72 P・ヴィダル゠ナケ, 『記憶の暗殺者たち』, 石田靖夫 譯, 人文書院, 1995, 169頁 이하.

73 여기서 언급해두고 싶은 것은 각주 42번과 52번에서 참조한 리오타르의 『하이데거와 〈유대인〉』이다. 리오타르는 이 책에서 무릇 모든 자기결정과 '역사'적 구성의 바로 앞에서 '망각된 것'을 기억하고 표상불가능한 "'타자'의 법"의 증인이기를 계속하는 자를 '〈유대인〉'('〈les juifs〉')이라고 부르는데, 나치에 의한 절멸은 그런 의미에서의 '〈유대인〉'을 대상으로 한 것이며 그렇기에 더욱 절멸이라는 것은 "망각되고 소멸하지 않으면 안 되는" 사건으로서 '정치의 이면'에서만 발생할 수 있었다고 주장하고 있다. 그러나 '민족 = 국민'(nation)과 구별하기 위해 소문자로 표기하고, '정치적 주체(시오니즘)'나 '종교적 주체(유대교)'나 '철학적 주체(헤브라이적 사고)'로부터 구별하기 위해서 복수로 지칭하며, 일반의 "현실의 유대인과의 혼동을 피하기" 위해 괄호에 넣었다 하더라도, 사실상 "현실의 유대인과의 혼동" 없이 의미할 수는 없으며, 오히려 의미하기 위해서 이 '혼동'을 계속 필요로 하고 있는 '〈유대인〉'이라는 이름으로, 어떤 범례적인 "영혼의 집단"을 **새삼스레 지명하는 것**에 내포된 여러 문제에 대해 리오타르가 어디까지 자각하고 있는지는 의문이다. "의지와 자기결정의 서양형이상학에 대해서 숨기고 침묵하고 억눌

림 당하고 저항하는 일에 관해서라면 **유대인**은 그 교훈을 '서적'에서 얻어 왔다. 아이누인은 거대한 정치적 희생자이다. 왜냐하면 그들은 피와 땅이며, 그 피와 땅은 한 차례 국가에 의해 '인양되고 = 지양되고' 나면 정치적 무대에 종속되어 정치적 비극의 구성요소가 되기 때문이다. 〈유대인〉은 그 무대에서 추방되고 내몰려지고 압박받고 동화되어 왔지만, 그러나 그들은 본디 그 무대에 속해있지는 않았다. 그들은 '서적' 안에 묶여 기입되어 있는 '타자'와의 '계약'(알리앙스)에 속해 있는 것이다"(『ハイデガーと〈ユダヤ人〉』, 일본어판 서문, ix頁). 여기서 '유대인'과 '〈유대인〉'의 '혼동'은 '아이누인'과 '유대인'과의 격차를 뜻하지 않게 부각시키고 있는 듯 보인다. '아이누인'은 '**피와 땅이고**', 그 '인양 = 지양'도 또 하나의 '자연적인 것'(217頁)인 '국가'에 의한 것일 수밖에 없기 때문에 철두철미하게 자연적이지 않을 수 없다. 이에 비해 '유대인'은 '서적'과의 관계에 의해 **자연 그 자체로부터 끌어올려지고 = 지양되기** 때문에 "다른 여러 민족과는 다른 별개의 〈민(民)〉"에, "다른 여러 민족처럼 그 영토와 전통(그 공간과 시간)을 가지는 일 없는" "타자의 민"(57頁)**이 된다**는 식이다. 그러면 '일본'은 어떠한가. 리오타르에 의하면 '일본'이란 한 편으로는 '아이누인'을 '거대한 정치적 희생자'로 만든 '자연적' 국가지만, 다른 한 편으로는 "내가 제아미(世阿彌 : 1363~1443, 일본 중세시대에 전통 예능인 노를 대성시킨 인물)와 도겐(道元 : 1200~1253, 좌선에 의한 수행을 중시하는 선종을 포교한 인물)을 읽으면서 얼마간 익숙해진 사고"의 이름, 즉 "진실한 각성"으로 안내하기 때문에 '내가 좋아하는' '**일본적인 사고**'의 이름이다(xi頁). 그렇다면 '진실한 각성'은 '〈유대적〉'인 것인가 '일본적'인 것인가. '〈유대적〉'일 수도 '일본적'일 수도 있겠으나, 어째서 '아이누적'일 수는 없는 것인가. '아이누인'의 재난이 '거대한 정치'의 '무대'에서의 '정치적 비극'에, 즉 표상가능한 재난에 환원되는 것을 '우리들의 현재'는 어디까지 분명히 인지하고 있는 것일까 등등. 어쨌든 간에 리오타르의 논의에는 그가 '싫어할' 것이 분명한 '지(地)-철학(géo-philosophie)적인 것'(14頁)이 그대로 포함되어 있다. 그리고 그것은 그가 우선 어떤 부류의 '유대인'에게서 발견한 '이름붙일 수 없는 것'의 경험을, '이름붙일 수 없는 것'의 **무명성(無名性)의 방향으로** 밝혀내는 것이 아니라, 그 담당자에게 새삼스럽게 '〈유대인〉'의 이름을 수여하는 것으로 '재(再)유대화'한 결과인 것이다. '이름붙일 수 없는 것'에 이름을 수여하는 것. 그것은 또한 란즈만이 행한 일이기도 하다. 란즈만의 〈쇼아〉 이후 특히 프랑스어권에서 절멸은 일반적으로 이미 '전번제'(全燔祭 : 짐승을 통째로 구워 신전에 바치는 유대교의 제사. 번제의 히브리어 명칭은 '타오르다'의 개념을 갖고 있고 번제의 핵심은 제물 전체를 불사르는 데에 있다)를 의미하는 그리스어 '홀로코스트'가 아니라, '재난'을 의미하는 헤브라이어 '쇼아'로 불리고 있다. "그러니까 내가 이름을

수여한 것이다"라고 란즈만은 말한다("A propos de *shoah*", p.201).

보론 – 아렌트는 '망각의 구멍'을 기억했는가

1 ジャック・デリダ, 「파사쥬 – 외상에서 약속으로(パサージュ – 外傷から約束へ)」, 『現代思想』, 1995년 1월호, 65頁.

2 岩崎稔, 「방위 규제로서의 이야기 –〈쉰들러 리스트〉와 기억의 폴리틱스(防衛規制としての物語 –〈シンドラーのリスト〉と記憶のポリティクス)」, 『現代思想』, 1994년 7월호, 176~189頁. 본 책 제1장 참조.

3 高橋哲哉, 「'기억의 전쟁'에서 법은 존재하는가('記憶の戦争'に法はあるのか – ソール・フリードランダー編　『アウシュヴィッツと表象の限界』を読む)」, 『週刊読書人』, 1994년 6월 24일자.

4 H・アーレント, 『文化の危機』, 志水速雄 譯, 合同出版社, 1970, 16頁 이하 [아렌트, 서유경 역, 『과거와 미래 사이』, 푸른숲, 2005, 210~211쪽].

5 アーレント, 『暗い時代の人々』, 阿部斉 譯, 河出書房新社, 1972, 245頁[아렌트, 홍원표 역, 『어두운 시대의 사람들』, 한길사, 2019].

6 アーレント, 『人間の条件』, 志水速雄 譯, ちくま学芸文庫, 1994, 44頁[아렌트, 이진우・태정호 역, 『인간의 조건』, 한길사, 1996].

7 아렌트가 행한 그리스 및 로마의 위치 정립에 대해서는 Bernard Flynn, The concept of the political and its relationship to plurality in the thought of Arendt, in *Hannah Arendt et la modernité*, Vrin, 1992, pp.111~123. 및 Barbara Cassin, Grecs et Romains: les paradigmes de l'Antiquité chez Arendt et Heidegger, in *Ontologie et Politique*, Editions Tierce, 1989, pp.17~40을 참조. 특히 전자는 아렌트가 말하는 그리스 폴리스의 '준규범적 신분' 또는 '범례적 신분'을 칸트적 '도식', 푸코적 '경험적-초월론적 이중체', 또는 '이념형' 등의 개념으로 검토하면서 "고대 그리스의 노스탤지어적인 이상화"의 요소를 비판한다.

8 『人間の条件』, 225頁.

9 アーレント, 『革命について』, 志水速雄 譯, ちくま学芸文庫, 1995, 42・442頁[아렌트, 홍원표 역, 『혁명론』, 한길사, 2004].

10 『革命について』, 353頁 이하.

11 アーレント, 『歴史の意味』, 志水速雄 譯, 合同出版社, 1970, 8頁 이하[아렌트, 서유경 역, 『과거와 미래 사이』, 푸른숲, 2005].

12 『人間の条件』, 82頁.

13 『人間の条件』, 149頁 이하.

14 『革命について』, 146頁. 『人間の条件』, 75頁. アーレント, 『精神の生活』上, 佐藤和夫 譯, 岩波書店, 1994, 23頁[아렌트, 홍원표 역, 『정신의 삶』, 푸

른숲, 2019].

15 대표적인 부분으로는 『人間の条件』 2장, 『革命について』 2장, 『暗い時代の人々』 중 「暗い時代の人間性—レッシング考」 등을 참조.

16 『人間の条件』, 293頁.

17 『人間の条件』, 46頁. 『歴史の意味』, 59頁. 『精神の生活』 上, 152頁.

18 이 부분에 대해서는 특히 『人間の条件』 3절, 27절 등을 참조.

19 『人間の条件』, 109 · 330頁.

20 『人間の条件』, 302頁 이하.

21 『人間の条件』, 312頁 이하.

22 『精神の生活』 上, 85頁. 아렌트의 이야기론에서 영웅주의적 요소를 제거한 '새로운 헤로이즘'을 보고자 한 이는 프랑수아 프루스트이다. 그러나 그녀도 '새로운 헤로이즘'을 말하는 이상, '주인공' '드라마' '줄거리'(intrigue)라는 요소들을 강조하지 않을 수 없고, 그렇기에 결론은 "반드시 누군가 한 사람은 살아남아 보아왔던 것을 이야기할 것이다"라는 확신을, "파롤의 끝남 없는 부단한 전승"에 대한 확신을 표명한다. Françoise Proust, Le nom du héros, in *les Cahiers de philosophie*, n° 4, 1987, pp.183~198; cf., Proust, F., Le récitant, in *Ontologie et Politique*, pp.101~116.

23 トゥキディデス, 『戦史』 中, 久保正彰 譯, 岩波文庫, 1966, 210頁. 참고로 일본어 역자도 역주에서 나치에 대한 '유대인 참살'과의 비교를 촉구하고 있다. [스파르타의 노예들인 '헤일로타이(heilotai)'는 국가에 속한 당대의 공유재산으로, 비자유 노예 신분을 가리키는 이름임.]

24 『戦史』 中, 83頁.

25 トゥキディデス, 『戦史』 上, 久保正彰 譯, 岩波文庫, 1966, 232頁.

26 『戦史』 上, 231頁.

27 에른스트 칸토로비치는 「중세 정치사상에서 '조국을 위해 죽는다는 것」에서 페리클레스의 추도연설을 언급하면서 "'조국을 위해 죽는다는 것'의 고대적 형태에 대한 근대적인 정서적 재평가"에 대해, 즉 그것이 근대의 새로운 겉모습 아래에서의 '회복' 혹은 '만회'되고 있는 것에 대해 말한다(E · カントロヴィッチ, 『祖国のために死ぬこと』, 甚野尚志 譯, みすず書房, 1993, 3頁 이하).

28 N. Loraux, *L'invention d'Athènes, Histoire de l'oraison funèbre dans la 'cité classique'*, Mouton Editeur, 1981, pp.3 · 42 · 98, etc.

29 『정신의 삶』에 이런 구절이 있다. "위대한 행위가 아름답게 상찬할 만한 이유는 그것이 국가나 민족에 공헌했기 때문이 아니라 그 행위가 오로지 (exclusively) '불멸의 명성을 영원히 수립'했다는 점 때문이다. 디오티마가 소크라테스에게 지적한 바와 같이 '혹시 덕(aretē)'에 관한 불멸의 추억

이 우리들의 것이 되리라고 생각하지 않았다면 알케스티스가 아도멘토스를 위해서 죽거나 아킬레우스가 패토로클로스의 뒤를 따라 죽거나 했겠는가"(『精神の生活』上, 155頁). 하지만 문제는 다름 아닌 '불멸의 명성을 영원히 수립'하는 일과 도시국가에 공헌하는 일이 결코 배타적(exclusive)인 게 아니라 거듭 한 몸이었다는 점이다. 플라톤의 『향연』에 대한 아렌트의 인용도, 추모연설이 "탁월한 아테네적 언설"이며 그런 전통에서 덕(aretē)이란 '우선 첫째로 군사적'이고 조국을 위해 죽는 '아름다운 죽음'을 의미했다는 것, 또 『메넥세노스』 등에서 보이는 듯이 플라톤은 오히려 그런 폴리스의 전통에 대한 비판자였다는 것을 생각한다면(N. Loraux, op. cit., pp.68·73·98~100·108~109·169·268~274, etc.) 적절한 사례라고 말할 수 없다. 게다가 아렌트는 이상하게도 플라톤이 원문에서 거론하는 사례들 중에 생명을 버리고 조국 아테네를 구했다고도 할 수 있을 코도로스의 예는 생략하고 인용한다(プラトン, 『饗宴』, 久保勉 譯, 岩波文庫, 120~121頁).

30 N. Loraux, DE l'amnistie et de son contraire, in *Usages de l'oubli*, Seuil, 1988, pp.23~47.

31 이런 인식은 당연히 『전체주의의 기원』 3권에 나오는 '기억의 전통'에 대한 파악까지도 문제화한다. 아테네 민주정에도 '완전한 망각'의 덫이 있었다고 한다면 "아킬레우스는 자진하여 헥토르의 매장을 위해 갔고, 전제정부도 죽은 적을 공경했으며(…중략…)"와 같은 예를 내세워 서구세계는 "가장 암흑의 시대였던 때조차도" "추억되는 것에 대한 권리를 살해당한 적에게도 인정해 왔다"고 말하는 것은 과거의 '망각의 정치'가 의도한 바대로 된 것인지도 모른다(アーレント, 『全体主義の起原 3』, 大久保和郎·大島かおり 譯, みすず書房, 254頁).

32 『人間の条件』, 303頁.

33 『人間の条件』, 304頁.

34 『文化の危機』, 208頁.

35 『革命について』, 111頁.

36 アーレント, 『精神の生活』 下, 佐藤和夫 譯, 岩波書店, 1994, 290頁.

37 "정치적, 비극적, 극적 무대" 위에서는 "상연 = 표상 = 재현전(再現前)화될 수 없다"는 점에서 '아우슈비츠'의 특징을 찾았던 이는 『하이데거와 〈유대인〉』의 리오타르였다. 그런데 그는 거기서 이 귀중한 통찰을 전개함과 동시에 아렌트를 프로이트, 벤야민, 아도르노, 첼란과 함께 하이데거에 대립시키면서 "전통이나 미메시스나 (민족의) 전개의 내재성이나 근원(racines)에 대해 단지 질문할 뿐만이 아니라 그것을 배반"하는 "독일인 아닌 저 위대한 독일인들, 유대인 아닌 저 위대한 유대인들"에 포함시키고 있다. 예를 들어 하이데거에서는 '모어'로서의 '언어의 근원'과, '기원(commencement)의

언어'로서의 그리스어라는 '근원'의 '공통성'이 '발견'되지만, 아렌트 등의 경우는 "어머니·언어는 파산하고 매춘이라는 괴로운 일을 당하며 히틀러적 욕망과 지도의 헛트림 속에서 그 헛트림에 의해 절멸되고 말 것이다"(J = F. リオタール, 『ハイデガーと〈ユダヤ人〉』, 本間邦雄 譯, 藤原書店, 1992, 213頁 이하). 그러나 리오타르의 이 논의는 우선 '미메시스'에 관해 내가 여기서 제시한 바와 같은 아렌트적 연극모델(상연 = 표상의 정치)의 우위와 그에 대응하는 이야기론의 특징을 간과하고 있다고 해야 할 것이다. '근원' 혹은 '어머니'와 '언어'의 '파산'에 관해서도 "무엇이 남는가? 모어가 남는다"(Was bleibt? Es bleibt die Muttersprache)라는 제목을 단 아렌트의 인터뷰를 보면 사태가 그렇게 단순하지만은 않다는 것을 알게 된다. 그녀에게 독일어는 다른 사람들이 억압 속에서 그것을 잊었을 때에도 **"언제나 그대로였던 것, 그리고 스스로 의식적으로 보존했던 것의 본질적 부분"**이었다. **"어떤 것도 모어를 대신할 수는 없다"**고 그녀는 단언하고 있다(Rief, A. (ed.), Gespräch mit Hannah Arendt, Piper and Co. 1976, p.23). 『하이데거와 〈유대인〉』에 대해서는, 본 책의 1장 각주 73번 및 5장 '들어가기'도 참조.

38 『文化の危機』, 96頁. 『인간의 조건』에서 아렌트는 아리스토텔레스가 활동과 미의 기준을 똑같이 '위대함'으로 보고 있다고 서술한다(『人間の条件』, 391頁).

39 『暗い時代の人々』, 32頁. '정치적인 것'에 있어서 비극의 중요성은 이미 『인간의 조건』에서 지적되고 있다. 그에 따르면 아리스토텔레스 연극론의 '결정적인 것'은 '비극'의 내용을 '인간들의 특질'에서가 아니라 '**활동**'에서 찾고 있는 점이며, 칸트는 '**활동의 자발성**'과 '**판단력**을 포함한 실천이성의 능력'을 강조했다는 점에서 '비극(적 인간관)의 최대의 대표자'가 된다(『人間の条件』, 388·399頁).

40 『歷史の意味』, 58頁. '정치적 판단력'과 카타르시스의 관계에 대해서는 다음의 결정적인 구절을 참조. "아이작 디네센의 말과 같이 '어떠한 슬픔도 그것을 이야기로 번역하거나 직접 이야기할 수 있다면 그 슬픔은 견딜 수 있다'는 것은 완벽한 진실이다. (…중략…) 우리는 아리스토텔레스와 마찬가지로 **시인의 정치적 기능 속에서 카타르시스의 작용을**, 즉 인간의 활동을 방해하는 여러 감정들을 모두 씻어내고 정화시키는 작용을 인정할 수 있을 듯하다. 역사가나 작가처럼, **이야기하는 화자(storyteller)의 정치적 기능**은 일과 사물을 있는 그대로 수용하도록 가르치는 데 있다. 성실함이라 불러도 좋을 **이 수용으로부터 판단력이 생겨나는 것이다**"(『文化の危機』, 153頁[『과거와 미래 사이』, 350~351쪽]).

41 『人間の条件』, 303頁.

42 アーレント, 『イェルサレムのアイヒマン』, 大久保和郎 譯, みすず書房,

1969, 178頁 이하.

43 『人間の条件』, 66頁.

44 『暗い時代の人々』, 132頁.

45 『人間の条件』, 153頁.

46 『인간의 조건』에 나오는 다음과 같은 명제로부터는 '이야기할 수 없는 것'이나 '이름 없는 것'에 대한 '기억'은 아렌트의 '정치적인 것'의 사고에 있어 **무의미한 것이라고 할 수 있을지도 모르겠다**. "사람들이 행하고 알고 경험하는 것은 무엇이든 그것에 대해서 이야기되는 한에서만 유의미하다"(『人間の条件』, 14頁). "이름을 갖지 않는 활동, 즉 거기에 '누구인지' 명찰이 부착되어 있지 않은 활동은 무의미하다."(『人間の条件』, 293頁)

47 E. Young-Bruehl, *Hannah Arendt : For Love of the World*, Yale UnIversity Press, 1984, p.361 [엘리자베스 영-브루엘, 홍원표 역, 『한나 아렌트 전기 - 세계 사랑을 위하여』, 인간사랑, 2007].

48 *Ibid.*, pp.455~456.

49 E. W. Said, An Ideology of Difference, in "Race", *Writing and Difference*, The University of Chicago Press, 1986, p.47.

제2장 '암흑의 핵심'에서의 기억 – 아렌트와 '인종'의 환영

1 エドモン・ジャベス, 「言葉の発明」 『アパルトヘイト否! 国際美術展カタログ』, 現代企画室, 1989, 70頁.

2 H・アーレント, 『革命について』, 志水速雄 譯, ちくま学芸文庫, 1995, 77頁 [아렌트, 홍원표 역, 『혁명론』, 한길사, 2004, 130쪽. 한국어본에서는 '유럽인들'로 번역되어 있다].

3 『革命について』, 210頁 [235~236쪽].

4 H. Arendt, L'Europe et l'Amérique, in *Penser l'événement*, Belin, 1989, p.180.

5 1975년 이래 고(故) 시미즈 하야오 씨의 츄오코론샤(中央公論社) 번역판 『혁명론(革命について)』에서는 두 번째 인용부분의 European mankind가 '유럽인종'으로 번역되어 있었으나, 1995년 치쿠마가쿠게분코(ちくま学芸文庫)판에서는 '유럽의 사람들'로 바뀌었다(가와사키 오사무 씨의 '해설'에 따르면 치쿠마 출판사의 문고판 출간에 즈음하여 '저작권자의 승낙 아래' "극히 일부의 '보수작업'을 행했다고 한다"). '인종'의 문제점을 고려한 것으로 보이지만, 첫 번째 인용부분의 European mankind는 어찌된 일인지 '유럽인종'이라는 표현 그대로이다.

6 후설과 아렌트에게는 공통되는 문제점이 적잖게 발견된다. 후설의 '유럽적 인간성'과 그 '위기'에 대해서는 졸저 『역광의 로고스 – 현대철학의 콘텍스

트(逆光のロゴス-現代哲学のコンテクスト)』(未來社, 1992)에 수록된 「역사, 이성, 폭력」을 참조해 주길 바란다.

7 アーレント, 『全体主義の起原 1 反ユダヤ主義』大久保和郎 譯, みすず書房, 1981, 39頁. 『全体主義の起原 2 帝国主義』大島通義・大島かおり 譯, みすず書房, 1981, 235頁[『전체주의의 기원 1』, 438쪽. "민족들의 가족으로서의 인류"]

8 アーレント, 『パーリアとしてのユダヤ人』, 寺島俊穂・藤原隆裕宣 譯, 未來社, 1989, 216頁.

9 『パーリアとしてのユダヤ人』, 210頁.

10 『全体主義の起原 2』273頁[『전체주의의 기원 1』, 525쪽].

11 『全体主義の起原 2』, 104頁.

12 『パーリアとしてのユダヤ人』, 215頁.

13 『全体主義の起原 2』, 115頁 이하[『전체주의의 기원 1』, 375쪽].

14 『全体主義の起原 2』, 290頁.

15 『全体主義の起原 2』, 105頁.

16 『全体主義の起原 2』, 106頁.

17 『全体主義の起原 2』, 118頁.

18 C. Achebe, An image of Africa : Racism in Conrad's Heart of Darkness, in *Hopes and Impediments : Selected Essays*, Doubleday Anchor, 1989, pp.1~20.

19 E. W. Said, *Culture and Imperialism*, Vintage books, 1993, p.164. 「비서양세계에 대한 콘래드의 **서양적인** 견해는 매우 뿌리 깊어 다른 역사, 다른 문화, 다른 희망에 대해 그를 맹목적으로 만들고 있다」(*Ibid.*, p.XVIII). 콘래드에 대한 사이드의 이러한 평가는 많든 적든 아렌트에게도 꼭 들어맞는다는 것이 이하에서 나타날 것이다. 또한 『암흑의 핵심』에 있어 인종주의 문제에 대해서는 丹治愛, 『신을 죽인 사나이-다윈 혁명과 세기말(神を殺した男-ダーウィン革命と世紀末)』(講談社, 1994, 205頁 이하)의 뉘앙스 풍부한 해석도 참조.

20 『全体主義の起原 2』, 113頁[『전체주의의 기원 1』, 369~370쪽].

21 『全体主義の起原 2』, 121頁.

22 『全体主義の起原 2』, 113頁[『전체주의의 기원 1』, 369쪽].

23 『全体主義の起原 2』, 116頁 이하.

24 『全体主義の起原 2』, 121頁[『전체주의의 기원 1』, 372쪽].

25 『全体主義の起原 2』, 123・121頁.

26 『全体主義の起原 2』, 272頁.

27 H. Arendt, *Imperialism*, Part Two of The Origins of Totalitarianism, A Harvest/HBJ Book, 1985, p.76.

28 『全体主義の起原 2』, 118頁.

29 アーレント,『人間の条件』, 志水速雄 譯, ちくま学芸文庫, 1994, 34頁[69쪽].

30 『全体主義の起原 2』, 287頁.

31 『全体主義の起原 2』, 135頁.

32 『全体主義の起原 2』, 117頁.

33 하이데거에게서의 인간-동물-세계라는 문제 계열에 대해서는 우선 자크 데리다의 『정신에 대하여 – 하이데거와 물음(精神について – ハイデッガーと問い)』(港道隆 譯, 人文書院, 75頁 이하)를 참조. [자크 데리다, 박찬국 역, 『정신에 대해서 – 하이데거와 물음』, 동문선, 2005, 77쪽 이하. 데리다의 이 부분은 하이데거가 프라이부르크 대학 1929~1930년 겨울 학기 강의에서 '세계란 무엇인가'라는 물음에 응답하면서 제시했던 테제를 세 가지로 확정하는 데서 시작한다. "나는 이 세 개의 테제를 상기시키고자 한다. 1) 돌은 세계를 결여하고 있다(weltlos). 2) 동물은 세계라는 점에서 빈곤하다(weltarm). 3) 인간은 weltbildend라는 말을 이렇게 번역해도 된다면, 세계의 형성자(formateur de monde)이다."(78쪽)] 또한 공통세계와 민족의 문제 계열에 대해서는 다카하시 데쓰야, 『역광의 로고스』에 수록된 「회귀하는 법과 공동체 – 존재론과 윤리학 사이」를 참조해 주길 바란다.

34 『全体主義の起原 2』, 122頁.

35 アーレント,『全体主義の起原 3』, 大久保和郎・大島かおり 譯, みすず書房, 1981, 280・307頁.

36 『人間の条件』, 92・126・314・319頁[117~8・235・256・260쪽].

37 『全体主義の起原 2』, 288頁 이하. 아렌트의 '경계선'을 문제시한 글로서는 合田正人, 「안개 속의 배(霧のなかの舟)」, 『現代思想』 1995년 4월호, 59~60頁을 참조.

38 『全体主義の起原 2』, 120頁.

39 『全体主義の起原 2』, 284・289頁.

40 『全体主義の起原 2』, 123頁.

41 『全体主義の起原 2』, 106頁[『전체주의의 기원 1』, 361~362쪽].

42 『全体主義の起原 2』, 107頁[『전체주의의 기원 1』, 363・364쪽].

43 『人間の条件』, 47・52頁[78・79쪽].

44 『革命について』, 22頁 이하[82쪽 이하].

45 『革命について』, 169頁[203쪽, "원초적 폭력"].

46 『全体主義の起原 2』, 121頁.

47 『全体主義の起原 2』, 134頁.

48 『全体主義の起原 2』, 90頁.

49 아렌트는 종종 '인종의 이념'에 대해, "우리는 인간에 의해 행해진 모든 범죄에 대해 스스로 책임을 지며, 민족은 다른 민족에 의해 행해진 모든 악행에 대해서도 스스로 책임을 지지 않으면 안 된다는, 정치적으로 극히 중요한 귀결에 도달하는" 것이라고 말한다(『パーリアとしてのユダヤ人』, 236頁;『全体主義の起原 2』, 185頁 이하 등). 그러나 그 경우에도 그녀가 '인간'을 항상 '민족'의 레벨에서 말하고 있는 것은 아닌지 질문할 필요가 있다.

50 『パーリアとしてのユダヤ人』, 172頁 이하.

51 『全体主義の起原 1』, 39頁.

52 『全体主義の起原 2』, 108頁.

53 이 남북아프리카의 분열을 포함해 아렌트의 아프리카 표상과 헤겔의 '역사철학'이나 '정신철학'의 유사성은 주목할 필요가 있다(『歴史哲学』上, 武市健人 譯, 岩波文庫, 198頁 이하. 『精神哲学』上, 船山信一 譯, 岩波文庫, 95頁). 헤겔에 의하면, 1. 아프리카는 '운동과 발전이 보이지 않'기에 '역사적 세계에는 속하지 않는다.' 그것은 '완전한 자연적 정신의 땅을 여전히 벗어나지 않은 몰역사적인 것'이다. 2. '흑인'은 '완전한 야만과 방종의 자연인 그 자체'이며, 그들에게는 '품위'도 '인륜'도 '일반적으로 감정이라 불릴 것'도, '무릇 인간적 울림이 있을만한 것'도 발견할 수가 없다. '문화에 대한 내적 충동'이 보이지 않는다. 3. 아프리카는 '절대적이고 완전한 무법상태'로서의 '자연상태'에 있으며, 거기에는 '정치적 단결'도 '자유로운 법률이 국가를 통괄한다고 하는 성격'도 발견되지 않는다. 다만 '일시적'으로, '외적인 폭력'에 의해 '정점에 한 사람의 지배자가 있다'는 수준에서의 국가가 드러날 따름이다. 4. 아프리카에서의 전쟁은 '모든 것의 파괴'에 다름 아니다. 5. 이러한 것들의 특징은 '아프리카라는 토지의 구별이 없는 단단한 덩어리에 어울린다.'(강조는 헤겔) 6. 이상은 그러나 '우리가 진정한 의미에서 아프리카라고 부르는 것'에만 속하는 것이고, '북부는 사정이 다르다.' 북부는 '오히려 아시아와 유럽에 속하기' 때문에 '꽤 괜찮은 지방'이며 '유럽은 항상 여기에 손을 뻗치려 노리고 있다'. 북아프리카는 '당연히 유럽 쪽에 소속되어야 하는 곳이고, 또한 사실상 그렇지 않으면 안 된다'.

54 『全体主義の起原 2』, 8・177頁 이하.

55 『全体主義の起原 2』, 51・63頁.

56 『全体主義の起原 2』, 17頁.

57 『全体主義の起原 2』, 170頁.

58 『全体主義の起原 2』, 192・178頁・71頁 이하.

59 『全体主義の起原 2』, 120・168頁.

60 『全体主義の起原 2』, 185頁[『전체주의의 기원 1』, 439쪽].
61 「백인의 법정에 선 흑인(白人の法廷に立つ黑人)」(第一回法廷陳述, 1962), 『넬슨 만델라 - 투쟁은 나의 인생(ネルソン・マンデラ - 闘いはわが人生)』, 浜谷喜美子 譯, 三一書房, 1992, 262頁.

제3장 정신의 상처는 아물지 않는다

1 『파울 첼란 시집(パウル・ツェラン詩集)』, 飯吉光夫 編譯, 思潮社, 1985, 62~63頁.
2 C・ランズマン, 『SHOAH - ショアー』, 高橋武智 譯, 作品社, 1995, 38頁 이하.
3 『SHOAH - ショアー』, 369頁.
4 E・レヴィナス, 「동일죄 형법(同罪刑法)」, 『곤란한 자유 - 유대교에 대한 시론(困難な自由 - ユダヤ教についての試論)』, 内田樹 譯, 国文社, 1985, 174頁.
5 G・W・F・ヘーゲル, 『精神の現象学』下, 金子武蔵 譯, 岩波書店, 1979, 993頁[헤겔, 임석진 역, 『정신현상학 2』, 한길사, 2005, 230~231쪽].
6 『精神の現象学』下, 731頁[헤겔, 임석진 역, 『정신현상학 1』, 한길사, 2005, 220쪽].
7 『법철학』에서 헤겔은 군주의 '사면권'에 대해 역시 "행해진 것을 행해지지 않았던 것으로 만들고 용서와 잊음(Vergeben und Vergessen)을 통해 범죄를 없었던 일로 만드는 정신의 위력의 실현"이라고 정의한다(제282절). 또 『정신현상학』의 「예술종교」 장에서는 "서로 대립하는 것의 유화=화해(Versöhnung)란 레테(망각)의 일이다"라고 서술되어 있는 점에도 주의할 필요가 있다.(『精神の現象学』下, 1077頁[293쪽].
8 レヴィナス, 「자아와 전체성(自我と全体性)」, 『초월・외상・신곡(超越・外傷・神曲)』, 内田樹・合田正人 編譯, 国文社, 1986, 319頁.
9 『SHOAH - ショアー』, 319頁.
10 "그러니까 나는, 그 어머니가 개들을 풀어 자기 아이를 물려 죽게 한 박해자와 서로 포옹하는 일 따위는 절대로 싫다는 거야! 아무리 어머니라 해도 그 사람을 용서하는 일 따위 가능할 리가 없으니까! 용서하고 싶다면 자신의 몫만 용서하면 돼. 어머니로서 받은 헤아릴 수 없던 고통의 몫만큼만 박해자를 용서해 주면 되는 거야. 개에게 물려 죽은 아이의 고통을 대신 용서해 줄 권리를 모친이 가질 수는 없는데다, 만일 그 아이가 박해자를 용서한다 치더라도 모친이 박해자를 용서하는 일 따위는 되지도 않은 소리지! 그런데 그렇다면 말이야, 만약 그 사람들이 용서하거나 용서할 수 없다면 대체 어디에 조화가 있다는 걸까? 이 세계 안에 용서하는 일이 가능하고 용서할 권리를 가진

존재가 과연 있기는 한 걸까?"ドストエフスキー, 『カラマーゾフの兄弟』
上, 原卓也 譯, 新潮文庫, 471頁 이하[도스토옙스키, 이대우 역, 『까라마조
프 씨네 형제들』 상, 열린책들, 2007, 436쪽].

11 G. W. F. Hegel, *Vorlesungen über die Philosophie der Religion II*, Suhr-
kamp, p.295.

12 *Ibid.*, p.292.

13 レヴィナス, 「시몬 베유, 반성서(シモーヌ・ヴェーユ反聖書)」, 『困難な自由』,
160頁.

14 ヘーゲル, 『初期神学論集II』, 久野昭・中埜肇 譯, 以文社, 1987, 169頁.

15 ヘーゲル, 『精神の現象学』上, 金子武蔵 譯, 岩波書店, 1971, 31・189頁 외.

16 レヴィナス, 「同罪刑法」, 『困難な自由』, 174頁.

17 レヴィナス, 「成年者の宗教」, 『困難な自由』, 37頁 이하.

18 한나 아렌트는 헤겔과는 달리 예수의 죽음을 신의 용서로 해석하지 않고, 예
수 자신의 '용서'의 교리 안에서 하나의 "진정한 정치적 경험"을 발견한다
(『인간의 조건』 5장 33절). 그녀는 "용서"(forgiveness)를 "활동으로부터
반드시 생겨나는 상처(damages)를 치유하는 일에 필요한 구제책"이라고
말하지만, 예수의 가르침에서는 신만이 용서할 수 있음에도 신으로부터 용
서의 힘이 나오는 것이 아니라 먼저 인간 사이에서 서로 용서하지 않으면 신
의 용서는 없다고 말한다. 또한 용서가 가능한 것은 행위자가 '자신이 행한
것을 알지 못하기 때문'으로, 용서는 "**극단적인 범죄와 의도적인 악에는 적용되지
않는다**". 사실 아렌트에게는 용서의 힘이 강조되는 다른 한편에서 "**벌하는 것도
용서하는 것도 불가능한**" "근본악"의 현상을 나치즘에서 확정하고 있다. 나와는
조금 다른 시점에서 타자에 대한 가해책임을 초월적 심급에 호소하지 않고
어디까지나 자기와 타자의 관계로부터 추구해나가는 "고통 받음의 윤리학"
을 구상한 저작으로는 久重忠夫, 『죄악감의 현상학 - '고통 받음의 윤리학'
서설(罪悪感の現象学 - 「受苦の倫理学」序説)』(弘文堂, 1988)을 참조할 수
있다. '용서'에 대해서는 특히 7장.

19 ヘーゲル, 『初期神学論集II』, 132・182・184・239頁 외.

20 ヘーゲル, 『精神の現象学』下, 992・994頁.

21 G. W. F. Hegel, *Vorlesungen über die Philosophie der Religion II*, p.305.

22 「シモーヌ・ヴェーユ反聖書」, 『困難な自由』, 163頁.

23 『SHOAH - ショアー』, 318頁 이하.

24 『SHOAH - ショアー』, 362頁 이하.

25 란즈만에 의하면 〈쇼아〉에 나오는 생존자들은 누구 한 사람도 '나는'이라고
말하지 않는다". 예를 들어 이발사인 아브라함 봄바는 자신이 어떻게 트레블
링카에서 탈출했는지와 같은 '개인사'에 대해서는 일절 말하지 않으며, "'우

리들은'이라고 말하고, 죽은 이들을 위해 이야기하고, 죽은 이들의 대변자가 된다".
란즈만, 「홀로코스트 – 불가능한 표상(ホロコースト – 不可能な表象)」, 高橋
哲哉 譯(鵜飼哲・高橋哲哉 編, 『「ショアー」の衝撃』, 未来社, 1995)을 참조.

26 C. Lanzmann, "A propos de *Shoah*", in : *Shoah, le film*, Jacques
Grancher, 1990, p.208.

제4장 만신창이의 증인 – '그녀들'에서 레비나스로

1   역사에 있어서의 '망각의 구멍'에 대해서는 특히 제1장 및 보론 참조.

2   伊藤孝司 編, 『깨어진 침묵 – 아시아의 '종군위안부'들(破られた沈黙 – アジ
アの「従軍慰安婦」たち)』, 風媒社, 1993, 88頁[이토 다카시, 안해룡・이은
역, 『기억하겠습니다. 일본군 위안부가 된 남한과 북한의 여성들』, 알마,
2017].

3   『破られた沈黙 – アジアの「従軍慰安婦」たち』, 113頁.

4   『破られた沈黙 – アジアの「従軍慰安婦」たち』, 103頁.

5   『破られた沈黙 – アジアの「従軍慰安婦」たち』, 18頁.

6   川田文子, 『赤瓦の家 – 朝鮮から来た従軍慰安婦』, 筑摩書房, 1987, 262・
264頁[가와다 후미코, 오근영 역, 『빨간 기와집 – 일본군 위안부가 된 한국
여성 이야기』, 꿈교출판사, 2014]

7   『破られた沈黙 – アジアの「従軍慰安婦」たち』, 56頁. [한국에서 일본군 성
노예였던 사실을 스스로 밝힌 최초의 인물은 김학순 할머니(1991년 8월 14
일 기자회견)로 알려져 있지만, 『기억하겠습니다』의 르포르타주에서 저자
이토 다카시는 심미자 할머니가 이미 1990년 5월에 『시대인물』이라는 월간
지의 기사를 통해 스스로 일본군 성노예였다는 사실을 밝힌 적이 있다는 것
을 알려주고 있다. 『기억하겠습니다…』, 261쪽].

8   国際公聴会実行委員会 編, 『세계에 의해 추궁당한 일본의 전후처리1 – '종군
위안부' 등 국제공청회의 기록(世界に問われる日本の戦後処理①– 「従軍慰
安婦」等国際公聴会の記録)』, 東方出版, 1993, 55頁 이하. [마리아 로사 헨
슨은 필리핀 여성이다.]

9   E・レヴィナス, 『全体性と無限 – 外部性についての試論』, 合田正人 譯, 国
文社, 1989, 347頁 이하, 특히 371頁 이하[365쪽].

10 『全体性と無限』, 372頁[364쪽].

11 『全体性と無限』, 375頁 이하[367쪽].

12 『全体性と無限』, 377頁 이하[369쪽, offense는 '모욕'과 '침해'의 뜻을 모
두 가지고 있다. 한국어본에는 '침해'라고 번역하고 있지만 여기서는 저자를
따라 '모욕'으로 옮겼다.]

13 『全体性と無限』, 461頁[452쪽].

14 『全体性と無限』, 377頁 이하[369쪽].

15 『全体性と無限』, 378頁[370~371쪽]. ['타인'의 강조표시는 레비나스의 원문에 따른 것이다. 레비나스는 '타인(Autrui)'과 '타자(Autre)'를 구분하여 사용한다. 일례를 들자면 "절대적 **타자**, 그것은 **타인**이다"(『전체성과 무한』, 36쪽)와 같은 문장이 대표적일 것이다. 그러나 일본어판에서는 똑같이 '타자(他者)'로 번역하고 있으므로, 여기서는 맥락과 한국어판을 참조하여 구분해서 옮겼다.]

16 『全体性と無限』, 383頁[375쪽].

17 『全体性と無限』, 388·116頁[380쪽].

18 『全体性と無限』, 381頁[372~373쪽].

19 レヴィナス, 『困難な自由 − ユダヤ教についての試論』, 内田樹 譯, 国文社, 1985, 117頁 이하.

20 『全体性と無限』, 17頁 이하[11쪽]. 이 메시아주의가 지닌 시간성의 구조는 당연히 벤야민, 로젠츠바이크와의 비교라는 과제를 제기한다. 이 점에 대해서는 우선, Susan A. Handelman, *Fragments of Redemption, jewish thought and literary theory in Benjamin, Scholem, and Levinas*, Indiana University Press, 1991, p.306 sq.를 참조.

21 『존재와 다르게 또는 존재 사건 저편에』의 '변호'(apologie) 개념이 가지는 '로고스'적 성격에 대한 비판을 무시하는 것은 아니다(レヴィナス, 『존재와 다르게 또는 존재 사건 저편에(存在するとは別の仕方で, あるいは存在することの彼方へ)』, 合田正人 譯, 朝日出版社, 1990년, 191·224·349頁). 다만 여기서는 "타자를 위해 타자를 대신하는"(pour l'autre) 구조에 주목하고자 한다.

22 P. Celan, *Gesammelte Werke II*, Suhrkamp, 1986, p.72.

23 『全体性と無限』, 324頁[317쪽].

24 『全体性と無限』, 390頁[382쪽 이하].

25 『全体性と無限』, 70頁[68쪽].

26 Bernard Forthomme, *Une philosophie de la transcendance, La métaphysique d'Emmanuel Lévinas*, Vrin, 1979, p.308 sq.

27 『全体性と無限』, 384頁[376쪽].

28 『全体性と無限』, 440頁[432쪽].

29 『全体性と無限』, 468·417頁[462·415쪽].

30 『全体性と無限』, 462頁[452쪽].

31 『全体性と無限』, 431頁[423쪽. 한국어본에는 '아들'이 아니라 '자식'으로 번역되어 있다].

32 合田正人, 「끝없는 취소의 노래 - 레비나스에게서의 언어의 음모(果てなき パリノーディア(2) - レヴィナスにおける言語の陰謀)」, 『iichiko』, 1990 년 겨울호, 90頁.

33 『全体性と無限』, 439頁[431쪽].

34 이 논점은 港道隆, 「Oui와 Oui의 아포리즘(OuiとOuiのアフォリズム)」 (『現代思想』, 1989년 8월호, 201~217頁)이 일찍부터 제기하고 있던 레비 나스적 '증언'의 '복수성' 내지 '분할가능성'의 문제와 밀접하게 관련되어 있 는지도 모른다.

35 『全体性と無限』, 431頁[423~424쪽].

36 레비나스가 단순히 여성적인 것을 이차적, 파생적인 것으로 다루지 않고, 오 히려 성적 차이 그 자체를 이차적, 파생적인 것으로 규정한 뒤, 성적 차이에 앞선 일차적인 것이라 간주한 것을 다시 '남성형'으로 가리키고 있다는 데리 다의 지적은 내가 아는 한 가장 적절하게 핵심을 찌른 것이다. Jacques Derrida, En ce moment même dans cet ouvrage me voici, in Psyché, Inventions de l'autre, Galilée, 1987, pp.193 sq.

37 『全体性と無限』, 432頁[424쪽].

38 『全体性と無限』, 420頁[412쪽].

39 『全体性と無限』, 418頁 이하[411쪽].

40 『全体性と無限』, 430頁[423쪽].

41 『全体性と無限』, 421頁[413쪽. "이 관계는 아버지됨 속에서 해소되기 때문 이다"].

42 『全体性と無限』, 432頁 이하[424쪽. "형제애"].

43 『全体性と無限』, 324頁 이하[317쪽. "얼굴의 현전―타자의 무한―은 궁 핍이며, 제삼자(다시 말해, 우리를 응시하는 모든 인류)의 현전"].

44 『全体性と無限』, 326頁 이하[319쪽].

45 『全体性と無限』, 407頁[400쪽].

46 cf., B. Forthomme, op. cit., pp.338 sq., Handelman, S. A., op. cit., p.208.

47 히브리어성서대역시리즈 『창세기(創世記) I』, ミルトス・ヘブライ文化研 究所, 1990, 46・86・96・137頁 등. 合田正人, 『레비나스의 사상: 희망의 요람(レヴィナスの思想 - 希望の揺籃)』, 弘文堂, 1988, 255・307頁 등도 참조.

48 『全体性と無限』, 25頁[18쪽].

49 F. Rosenzweig, Der Stern der Erlösung, Gesammelte Schriften vol.2, Martinus Nijhoff, 1976, p.331.

50 *Ibid.*, pp.331·332·339·380 etc.

51 『困難な自由』, 225頁.

52 cf., S. A. Handelmann, *op. cit.*, pp.208·290 sq.

53 『全体性と無限』, 431頁. 이 단수형의 nation은 유대민족(peuple juif)을 포함한 '민족' 일반을 의미하고 있다고 생각된다[423쪽. "가족과 민족"].

54 『全体性と無限』, 433·472頁[462·425쪽. "번식성의 생물학적 구조는 생물학적 사태로 국한되지 않는다. 번식성의 생물학적 사태 속에서 번식성의 선들은 일반적으로, 인간 대 인간의 관계로, 자기와 자아의 관계로 그려진다."]

55 『困難な自由』, 216頁 이하.

56 E. Lévinas, *Difficile liberté, Essais sur le judaisme*, Albin Michel, 1963, pp.73 sq. "레비나스는 유대교란 생물학적 동일성의 승인이라고 주장하고 있다"고까지 설명하는 논자도 있지만, 이것은 지나친 주장이라 생각된다. cf., Edith Wyschogrod, Emmanuel Lévinas, *The problem of ethical metaphysics*, Martinus Nijhoff, 1974, p.166.

57 レヴィナス, 『諸国民の時に』, 合田正人 譯, 法政大学出版局, 1993, 166頁.

58 S. A. Handelman, *op. cit.*, p.206.

59 レヴィナス, 『存在するとは別の仕方で あるいは存在することの彼方へ』, 147頁.

60 『存在するとは別の仕方で あるいは存在することの彼方へ』, 150頁 이하.

61 로젠츠바이크는 『구원의 별』에서 '피의 공동체'를 유지하기 위해서는 '자연적인 것의 대지'에 깊게 뿌리내린 여성의 존재가 중요하다고 서술하고 있다. "실제로 고대로부터 전해 내려오는 법규에 의하면 유대의 피가 전파(=번식 fortpflanzen)되는 것은 여성에 의해서가 아닌가. 유대인 양친을 둔 아이만이 아니라, 유대인 어머니를 둔 아이는 이미 그 태생에 의해 유대인인 것이다"(*op. cit.*, p.362).

62 『存在するとは別の仕方で, あるいは存在することの彼方へ』, 268頁.

63 『困難な自由』, 63頁.

64 『存在するとは別の仕方で, あるいは存在することの彼方へ』, 202·212·64·322頁 등.

65 『存在するとは別の仕方で あるいは存在することの彼方へ』, 205頁.

66 永井晋, 「신의 수축: 레비나스 속의 카발라적 메시아니즘(神の収縮(ツィムツム)-レヴィナスにおけるカバラ的メシアニズム)」, 掛下栄一郎·富永厚 共編, 『仏蘭西の知恵と芸術』, 行人社, 1994, 169~188頁.

67 F. Rosenzweig, *op. cit.*, p.379.

68 『諸国民の時に』, 161·173頁.

69 『諸国民の時に』, 172頁 이하.

70 『破られた沈黙 - アジアの「従軍慰安婦」たち』, 24頁.

71 『破られた沈黙 - アジアの「従軍慰安婦」たち』, 56頁.

72 『破られた沈黙 - アジアの「従軍慰安婦」たち』, 103頁.

73 『破られた沈黙 - アジアの「従軍慰安婦」たち』, 140頁[원저는 한반도의 피해여성 외에도 대만, 중국, 인도네시아, 필리핀의 피해 여성들의 증언을 함께 싣고 있다. 완 아이화의 인터뷰는 한국어본에는 생략되어 있다].

제5장 '운명'의 토폴로지 - '세계사의 철학'과 그 함정

1 J·F·리오타르, 『ハイデガーと〈ユダヤ人〉』, 本間邦雄 譯, 藤原書店, 1992, i頁 이하. 프랑스어 원문은 『ルプレザンタシオン』, 1992. 봄, viii 이하.

2 근대 일본의 철학적 언설 속에서의 형이상학의 '반복'에 대해서는 港道隆, 「와츠지 테츠로 - 회귀의 궤적(和辻哲郎 - 回帰の軌跡)」(『思想』, 1990.11)에 독자적이고 탁월한 분석이 있다. 와츠지 테츠로의 철학적 내셔널리즘에 관해서는 필자도 하이데거와의 대비 속에서 논했던 바 있다(졸저, 『역광의 로고스(逆光のロゴス)』, 未来社, 1992, 75頁 이하).

3 이 점에 관련해서는, 高山岩男, 『세계사의 철학(世界史の哲学)』(岩波書店, 1945)의 서문의 유명한 한 절을 상기해 두자. "세계사의 철학에 관해 내 생각을 발표할 용기를 내고 그 의무를 느끼게 되었던 것은 지나 사변의 발발 이후, 평소 교실에서 얼굴을 마주했던 학생들이 졸업 이후 전쟁터로 달려가기 시작한 무렵이었다. 그들은 지나 사변의 진정한 의의가 어디에 있는지를 찾고 그것을 붙잡음으로써 전장의 각오에 일조한다는 식으로 그 사변을 받아들였다. 나는 솔직히 이 사변의 예사롭지 않은 근거에 대해 이야기하고 **그 필연성을 세계사의 입장에서 깊이 포착해야만 한다고 말했다.** 그것은 생사초탈을 이야기할 자격이 없는 내가 그들에게 주어야 할 최소한의 전별금이었다."(『世界史の哲学』, 서문 5頁 이하)

4 坂本多加雄, 「일본은 자신의 내력을 말할 수 있는가 - '세계사의 철학'과 그 유산(日本は自らの来歴を語りうるか - '世界史の哲学'とその遺産)」(『アステイオン』, 1990년 가을호, 200頁 이하)이라는 논문은 '교토학파'의 '실패'를 명확히 하지만, 그럼에도 '세계사의 철학'은 "우리나라가 장기적 전망에 서서 스스로의 입장을 주장하려 했던 역사상 거의 유일한 사례"라는 관점에서, 그 철학의 "새로운 해석"과 "현재적 의의"를 "모색"하고자 했던 시도이다. 하지만 그 신중하고 주도면밀한 논의에도 불구하고 사카모토의 논의에는 '세계사의 철학'이 지닌 큰 문제점 중 하나가 잔존하고 있는 것은 아닌지 염려를 금할 수 없다. 예컨대 그가 아메리카적 가치관의 "세계화"는 "**여러 민족들의 고유한 민족적 관심이나 행동 양식의 심층부에까지 도달하지 못했다**"라거나, "우리"는 "일

본 문화의 근저에 잠재해 있는 본래적인 계기를 확인하고 그것을 자각적으로 계승할 기회와 준비에 혜택받고 있다'고 서술할 때, 사카모토의 "다원주의"는 "국민" 문화의 "고유성"이나 "본래성"을 전제로 하고 그것을 강조하는 것에 대해 질문하지만, 그럼으로써 '국민' 자신이 **태재가 될 가능성(태재인 현실성), 여럿이** 될 가능성(여럿인 현실성)을 경시하는 것은 아닌가. 또한 사카모토는 "개개의 국제주체들이 취하는 한 가지 이상적인 존재방식"을 니시다 기타로가 일본 문화의 특색을 표현했던 '자기부정적으로 세계가 된다'는 말에서 찾고, 그것의 실천이 "**보편주의적 확신을 근거로 하지 않은 대국(大國)**이라는 역사상 희귀한 존재였던 일본의 임무"라고 말하고 있지만, '자기부정적으로 세계가 된다'는 것이 일본에 "독자"적인, "고유"한, "본래적"인 "전통"이라는 것을 우리는 과연 어디까지 진정으로 알고 있는 것일까. 니시다가 거기서 다름 아닌 라이프니츠를 **인용**하고 있다는 사실은 그 사상을 일본이 자기고유화하는 것이 불가능한 것임을 이미 시사하고 있는 것이 아니겠는가.

5 廣松渉, 『'근대초극'론 – 쇼와사상사에 대한 한 가지 단상('近代の超克'論 – 昭和思想史への一断想)』, 朝日出版社, 1980, 66頁.

6 '교토학파'에 대한 리오타르의 유일한 참조문헌인 Naoki Sakai, Modertnity and its Critique : The Problem of Universalism and Particularism(the South Atlantic Quarterly 87.3, 1988)은 '세계사의 철학'의 '반제국주의'가 "역사적 실천의 유일한 기초"를 "국민적 동일성"에서 구했기 때문에 "그 확장주의적 충동의 불가피한 귀결들을 포함한" "일본근대"의 "무조건적인 시인"으로 귀착했던 사정을 극히 설득력 있게 밝히고 있다. 이 훌륭한 비판적 논고에 덧붙여 질문을 던진다면, '세계사의 철학'이 상정했던 일본의 승리와 그것에 의한 "인류의 궁극적 해방"이 왜 "다양한 역사와 전통의 다원주의적 공존을 결과적으로 **배제하는**", "유일한 중심에 의한 **완전한 지배**(complete domination)로 서술되는지, 그리고 그 전망 속에서 '공영권' 문제는 어떻게 위치시킬 수 있는지 라는 물음일 것이다(N. Sakai, *op.cit., in Postmodernism and Japan*, ed. by M. Miyoshi & H. D. Harootunian, Duke University Press, 1989, p.112).

7 高山岩男, 『世界史の哲学』, 서문 4頁.

8 위의 책, 서문 2頁.

9 위의 책, 11頁 이하.

10 위의 책, 14頁.

11 위의 책, 15頁.

12 위의 책, 75·92頁.

13 위의 책, 69頁.

14 위의 책, 89頁 이하.

15 위의 책, 26頁.

16 위의 책, 2頁

17 위의 책, 95 · 115 · 394頁.

18 위의 책, 416 · 449頁.

19 위의 책, 88頁.

20 E. Hesserl, *Die Krisis der europäischen Wissenschaften und die transzenden-tale Phänomenologie, Husserliana VII*, Martinus Nijhoff, 1976, p.14. フッサール, 『유럽 학문들의 위기와 초월론적 현상학(ヨーロッパ諸学の危機と超越論的現象学)』, 細谷恒夫 · 木田元 譯, 中央公論社, 1974, 30頁.

21 『世界史の哲学』, 88 · 391頁. 후설에게서 '모든 인간성의 유럽화'라는 문제에 관해서는 앞선 나의 졸저 34頁 이하를 참조.

22 위의 책, 424頁.

23 같은 곳.

24 위의 책, 424頁 이하.

25 위의 책, 429頁.

26 위의 책, 426頁 이하.

27 위의 책, 421頁.

28 위의 책, 382頁 이하.

29 나는 여기서 '산종'이나 '인용', '반복'을 둘러싼 데리다의 사고를 참조하고 있다. 우선, 앞에 제시했던 졸저 300頁을 참조.

30 『世界史の哲学』, 421 · 514頁.

31 위의 책, 385頁.

32 위의 책, 231頁.

33 高山岩男, 『문화유형학연구(文化類型学研究)』, 弘文堂書房, 1941, 238 · 241頁.

34 위의 책, 194 · 262頁.

35 위의 책, 400 · 228頁. 외래문화는 "**땅의 광휘를 뿜어내기 위한 연마모래**"(같은 책, 399頁)에 비유된다. "실제로 외래문화는 언제나 새로운 일본문화의 형성에 연마모래의 역할을 행하는 것에 지나지 않는다. 문화의 여러 형식들의 성립은 그 계기(機緣)를 외래문화에 빚진 것일지라도 진정한 일본문화가 성립할 때, 그 알맹이는 일본국민 고유의 감각이고 감정이며 체험이고 정신이다. **외래문화의 한 조각 한 조각을 버려갈 때 언제나 진실한 일본문화가 성립되어왔던 것이다.**"(같은 책, 226頁 이하)

36 G. W. F. Hegel, *Vorlesungen über die Philosophie der Geschichte*, Suhrkamp, p.108. ヘーゲル, 『역사철학(歷史哲学)』上, 武市健人 譯, 岩波文庫,

181頁.

37 『世界史の哲学』, 154·207頁.

38 예컨대 "민족의 **정신적 세계**"를 "한 문화의 상부구조"나 "유용한 지식 혹은 가치를 낳는 공창(工廠)"이 아닌, "민족의 **대지와 피에 뿌리내린 힘들**을 무엇보다 깊은 곳에서 보존·수호하는 위력"으로 규정한 「독일적 대학의 자기주장」을 상기하고 싶다(M. Heidegger, *Die Selbstlbehauptung der deutschen Universität*, Vittorio Klostermann, 1983, p.14. Heidegger, 「ドイツ的大学の 自己主張」, 『現代思想』 1989년 7월호, 矢代梓 譯, 61頁). [하이데거의 1933년 5월 27일 프라이부르크 대학 총장 취임 연설인 이 글의 '초록'은 박찬국, 『하이데거와 나치즘』(문예출판사, 2001)의 부록 415~417쪽을 참조.] 물론, '30년대 중반'이라는 것은 대략적인 지표에 불과하며, 여기에 심대한 해석상의 문제가 있음은 말할 것도 없다. 앞의 책, 75頁 이하를 참조.

39 『世界史の哲学』, 102頁 이하.

40 위의 책, 390頁.

41 위의 책, 389頁 이하.

42 『文化類型学研究』, 194頁 이하.

43 J·デリダ, 『다른 곳(他の岬)』(高橋哲哉·鵜飼哲 譯, みすず書房, 1993)을 참조. 고야마 자신도 좌담회에서 "뭐라고 하든지 일본을 중심으로 한 일원적 세계사론이 아니라면 일본의 주체성이 나오지 않는 듯이 생각하는 사람들"에 대해 강하게 반대하면서, "일본은 지금이야말로 세계사에 주체적이고 주도적으로 움직이고 있다. 세계질서의 변혁을 스스로 담당하고 세계사의 **최첨단**에서 움직이고 있는 것이다"라고 발언한다(高坂正顕·鈴木成高·高山岩男·西谷啓治, 「총력전의 철학(總力戦の哲学)」, 『中央公論』, 1943년 1월호, 93頁).

44 『世界史の哲学』, 432頁.

45 위의 책, 439頁.

46 위의 책, 362頁. 고야마는 좌담회에서 니시타니 케이지의 다음 발언에 대해 "나도 전적으로 동감이며 아무런 이의가 없다"고 답하고 있다. "절대적 정신의 입장이란 소위 세계신질서라는 요청의 근본에 포함되어 있는 것이고, 현재 **세계사의 밑바닥**에서 들려오는 **외침소리**인 거다. 좀전에 일본의 입장이 세계의 다른 여러 국가들 위로 꿰뚫고 나가고 있다고 말했던 것은 그런 뜻이다. 현재, **세계사가 일본을 부르고 있다, 호출하고 있는 것이다**. 나는 팔굉일우(八紘一宇)를 그런 식으로 해석한다."(「總力戦の哲学」, 97頁)

47 『世界史の哲学』, 439頁 이하.

48 위의 책, 서문 1頁 이하.

49 이 점에 대해서는 역시 우선적으로 廣松涉, 『'近代の超克'論 – 昭和思想史へ

の一斷想」을 참조.

50 『世界史の哲学』, 427頁.

51 위의 책, 446頁.

52 위의 책 434頁 이하, 456頁.

53 이후의 고야마의 발언에 따르면, '자리를 얻는다'라고 할 때의 그 '자리'는 반드시 '장소적 논리'의 '장소'와 같은 게 아니며, 그것을 '구성하는 한 계기'로부터 '자리의 윤리'가 성립하는 것이다(高山岩男, 『장소적 논리와 호응의 원리(場所的論理と呼応の原理)』, 「改訂版への序」, 創文社, 1976, 6頁). 참고로 '팔굉일우'라는 말보다는 '자리를 얻는다'라는 표현을 선호했던 점에 관해서, 그는 다음과 같이 증언하고 있다. "나는 태평양전쟁이 시작하기 조금 전부터 해군성 조사과의 촉탁을 부득이 맡게 되어 사상 문제에 관해 여러 종류의 상담을 받거나 연구를 부탁받게 되었다. 나 혼자만이 아니라 교토대학의 철학 및 사학의 동료 몇 명과 함께 한 것인데 나는 절충역을 맡은 대표자였다. (…중략…) 쇼와 18년 봄, 태평양의 전세가 이미 손쉽지 않은 양상을 보이기 시작했던 때였지만, 내가 조사과를 위해 상경했을 때, 해군대학 교장인 오이카와 고시로 대장이 사람을 보내 강의를 의뢰했다. 들으니 팔굉일우에 관해 솔직히 말해주기를 바란다는 것이었다. 나는 팔굉일우라는 것은 대외적으로는 일본이 제국주의를 자인하는 경멸적인 말로, 미영 제국주의의 격멸을 외치는 것과 모순된다고 말씀드리고, 솔직히 물정을 논할 수 있는 가까운 관계의 해군일지라도 그것은 극히 일부의 사람들 사이에서만이지 공적인 장에서 강연할 수는 없다고 거절했다. 그러면 팔굉일우를 대신할 수 있는 것은 무엇인가라고 묻기에, 곧바로 떠오르진 않았지만 만방만민(万邦兆民)으로 하여금 자리를 얻게 한다는, 자리의 윤리를 깊이 생각한다면 그쪽이 훨씬 더 좋으리라고, 그러하되 자리를 얻게 한다고 해서 부자가 거지의 걸식에 돈으로 은혜를 베푸는 식의 일방적인 것을 생각하는 것이라면 터무니없이 잘못된 것으로, 그 또한 역시 대외적으로 오해를 살 위험이 있다고 답했었다."(같은 책, 5頁)

54 『世界史の哲学』, 453頁 이하.

55 위의 책 299·301·437頁.

56 위의 책 457頁 이하.

57 高山岩男, 「총력전과 사상전(総力戦と思想戦)」, 『中央公論』, 1943년 3월호, 3頁. 『世界史の哲学』, 416頁.

58 「総力戦の哲学」, 93·95頁. 高山岩男, 「도의적 생명력에 대해 - 남경동아연맹 제군 및 오모(呉玥)군의 비판에 답한다(道義的生命力について - 南京東亜連盟諸君並びに呉玥君の批判に答ふ)」, 『中央公論』, 1943년 6월호, 53頁.

59 「総力戦と思想戦」, 4頁.

60 『世界史の哲学』, 115頁.

61 위의 책 444·449頁. 「總力戰と思想戰」, 59頁.

62 「總力戰と思想戰」, 15頁 이하.

63 「道義的生命力について」, 54頁.

64 「總力戰の哲学」, 94頁.

65 『世界史の哲学』, 526頁 이하.

66 「總力戰と思想戰」, 23·25쪽.

67 데리다, 위의 책, 56頁 이하를 참조.

68 「總力戰と思想戰」, 26쪽.

69 「總力戰の哲学」, 67頁. 高坂正顯·鈴木成高·高山岩男·西谷啓治, 「동아공영권의 윤리성과 역사성(東亜共栄圏の倫理性と歴史性)」, 『中央公論』, 1942년 4월호, 148頁 이하.

70 高山岩男, 『文化類型学研究』, 243頁 이하.

71 위의 책, 284頁.

72 위의 책, 276頁 이하.

73 廣松渉, 위의 책, 89頁.

74 『文化類型学研究』, 279頁, 『世界史の哲学』, 520頁 이하.

75 『世界史の哲学』, 438頁.

76 「總力戰と思想戰」, 23頁 이하.

77 『世界史の哲学』, 523頁.

78 「總力戰と思想戰」, 27頁 이하.

79 위의 글, 13頁.

80 『世界史の哲学』, 440頁.

81 위의 책, 440頁 이하.

82 「道義的生命力について」, 49·53頁.

83 『世界史の哲学』, 442頁, 「總力戰と思想戰」, 5頁.

84 廣松渉, 위의 책, 85頁.

85 앞의 6번 각주 참조.

86 『文化類型学研究』, 215頁, 『世界史の哲学』, 108頁.

87 『文化類型学研究』, 219·262頁.

88 위의 책, 256頁.

89 위의 책, 313頁.

90 위의 책, 256頁.

91 "민족과 국민 간이 합치하는 우리나라의 경우에는 그 둘의 관계가 특히 새로운 문제가 되지 않는다. 그 관계가 주체적 관심을 환기시키는 것은 대륙의 많은 접경국가들에 해당되는 것으로, 특히 그 둘의 복잡한 연관 속에 서있는 유

럽의 사학에 해당된다. 게다가 유럽의 세계사에서 그 둘의 관계는 도저히 일반적 논리를 구성할 수 없는 다양성을 갖고 있는 것이다. (…중략…) 거기서 국민은 반드시 민족의 통일에 의존하고 있는 것은 아니다. 즉 국민은 민족의 동질성이라거나 친근성에 의존하지 않으며, 또 민족의 무자각적인 통일성이 자각화되었을 때에 국민이 성립하는 것도 아니다. (…중략…) 우리는 민족과 국민 사이의 일의적인 내면적 관계를 발견할 수 없으며, 그것을 발견하고자 하는 일은 **지극히 위험**한 것이라고 하지 않으면 안 된다."(『世界史の哲学』, 226頁 이하) 『文化類型学研究』, 218頁도 참조.

92 『文化類型学研究』, 242·249頁.
93 『世界史の哲学』, 187頁 이하. 『文化類型学研究』, 140頁 이하.
94 『世界史の哲学』, 206頁.
95 위의 책, 302頁.
96 高山岩男, 『철학적 인간학(哲学的人間学)』, 岩波書店, 1938, 39頁 이하. 『世界史の哲学』, 207·209·211·216頁.
97 『世界史の哲学』, 217頁.
98 좌담회 「세계사적 입장과 일본」에서도 '피의 순결'이나 그 '소질'에 집착하는 니시타니 케이지에 대해, 고야마는 "어떻게 지도해 갈 것인지의 문제, 즉 피 이외의 다른 원리를 통해 피가 살기도 하고 죽기도 하는 것"이므로 "단지 피만으로 우수하거나 열등하거나 힘이 있거나 없거나 하지는 않으리라고 생각한다"고 말한다. "아무래도 결정력은 피 이외에 있는 듯한 기분"이라고 하면서, 그는 자연주의적 발상으로부터 거리를 취한다. "모랄리슈 에네르기는 개인 윤리가 아니려니와 인격 윤리도 아니며 또 피의 순결과 같은 것도 아니다. 문화적이고 정치적인 **국민**이라는 것에 집중하고 있는 것이 오늘날의 모랄리슈 에네르기의 중심이 아닐까 한다."(高坂正顕·鈴木成高·高山岩男·西谷啓治, 「세계사적 입장과 일본(世界史的立場と日本)」, 『中央公論』, 1942년 1월호, 185頁 이하) 단, '피'가 '결정력'을 갖는 것이 아니라 '문화적이고 정치적인 **국민**'이 '모랄리슈 에네르기의 중심'이라고 할지라도, 그 '국민'의 '자연적 기[저]체'로서의 '피'가 여전히 중요하다는 것, 그 근원에서 길어 올릴 때야말로 모랄리슈 에네르기가 흘러넘치리라는 것, "기[저]체의 회복"이 "현대 세계의 구성원리"를 특징짓고 있다는 것, 일본의 '국민적 동일성'이 '인간적인 혈연'으로서의 '피'의 '통일성'을 기초로 하는 것 등등에서 아무 다를 바가 없음은 명확하다. 여전히 니시타니 케이지는 "대동아권을 건설하는 데에 일본의 인구가 너무 적다는" 이유에서 "대동아권 내부의 민족으로 우수한 소질을 가진 것"을, "소년 시대부터의 교육을 통해 반(半)일본인화하는" 혹은 "철저하게 일본인화하는" 일의 필요성을 반복해서 언급한다. 니시타니는 "지나민족"이나 "타이의 국민"처럼 "고유의 역사와 문화"를 가진 경우, 또 "자신의 문화"를 갖지 못

하고 "이제까지 미국문화에 응석받이 해왔던" "필리핀 사람들"과 같은 경우는 문제되지 않지만, "자기 자신의 역사적 문화를 갖지 않아도 우수한 소질을 가진" 민족, 예컨대 "말레이족"이나 "필리핀의 모로족", "고사(高沙)족" 등을 "정신적으로 일본인과 마찬가지의 것으로 키우는" 일은 가능하지 않겠는가라고 말한다. 조선에도 "징병제가 발포되어" 있고, "조선민족으로 불렸던 것이 완전히 주체적인 형태로 일본이라는 것 속에 기어들어온" 현재, "말하자면 야마토민족과 조선민족이 어떤 의미로 하나의 일본민족이 되고 있다고 해서는 안 될 것인가. 그리고 나아가 그 일본민족에 남방민족의 일부가, 예컨대 고사족과 같이 일본인으로서 교육받고 난 뒤에 일본민족에 더해진다는— 그런 식으로는 되지 않을까"라는 것이다(「東亜共栄圏の歴史性と倫理性」, 161頁, 「総力戦の哲学」, 78頁). 여기서 니시타니는 첫째로 본래의 일본민족('야마토민족')의 '피의 순결'을 지키는 일, 둘째로는 '정신적' 일본민족의 인구를 증가시키는 일, 셋째로는 '정신적' 일본민족의 '우수성'을 유지하는 일이라는 세 가지 요청을 고려하고 있는 듯하다. 거기서는 타자의 타자성을 폐기하고 자기를 확대하려는, 자기의 본래적 동일성을 유지하려는 욕망이 완전히 단적으로 노출되고 있다.

니시타니의 그런 상상이 그 자신의 말에 반하여 "완전한 초보의 생각"이 아닌 이유는, 예컨대 당시의 '대동아건설 심의회'의 심의내용과 답신, 특히 「대동아건설에 따르는 인구 및 민족정책 답신」이나 「북보르네오 군정 개요」 등을 보면 명확하다. 그 속에는 당시의 정부·군부가 타민족의 "황민화교육"을 실천하는 한편, "야마토민족의 순일성"이나 "혈액의 순혈"을 "보존·유지하기" 위해 다양한 "방도"를 검토하고 있었음이 드러나 있다. 이에 관해서는 石井明, 「태평양전쟁 중 일본의 남방교육 정책 - 대동아건설 심의회의 답신과 그 실천을 둘러싸고(太平洋戦争下日本の対南方教育政策 – 大東亜建設審議会の答申とその実践をめぐって)」, 『国立教育研究所紀要』 제121집, 1992, 303頁 이하를 참조.

99 『文化類型学研究』, 218頁 이하.

저자 후기

'서문'에서도 썼다시피 이 책은 내가 쓴 글들 중에서도 '기억'과 관련한 논문을 모은 것이다. 다만 특히 제1장에서 제4장까지는 일 년 남짓 동안 집중적으로 쓴 것으로 실제 발표순서는 다르지만 이 순서로 읽는다면 이른바 모티프의 일관성을 감지할 수 있을 거라 생각한다.

각 장의 목표는 대략 다음과 같다.

제1장은 아렌트가 전체주의의 범죄라 명명한 '망각의 구멍'의 문제와 영화 〈쇼아〉의 철학적 해석이라는 두 개의 초점을 가지고, 위협당한 기억이라는 본 책의 핵심적 논점을 제기했다. 처음 글을 발표했을 당시 〈쇼아〉는 아직 일본에서 정식 개봉되기 전이라 프랑스어판 비디오테이프와 텍스트 자료만 사용할 수 있었기 때문에 폴란드어 지명, 인명 등의 표기에 정확함이 결여된 부분도 있었으나, 이후 일본 도입운동의 성과를 딛고 수정의 기회를 얻을 수 있었다.

「보론」은 논문을 처음 발표했을 때 나의 아렌트 해석에 이의를 제기한 이와사키 미노루 씨의 논문「보론」 각주 2번 참고에 대한 반론이다. 「보론」이라고는 하지만 아렌트의 기억론에 대해 얼마간 파고들어 전개한 제2절은 이 책 전체에 있어서도 중요한 의미를 가진다. 논쟁적인 기세가 강한 제1절을 싣는 것에 대해서 고민하였으나 두 절을 분리하는 것은 사실상 곤란하다고 판단해 전체를 재수록하게 되었다.

제2장은 아렌트의 아프리카 표상과 기억론이 정치적인 것의 철학과 얼마나 위태롭게 관련되어 있는지를 논한 것으로, 제1장의 아렌트론을 보완하는 의미를 가진다.

제3장은 "정신의 상처는 상흔을 남기지 않은 채 아문다"는 헤겔의 말과 〈쇼아〉의 증인들의 말의 불가능한 대화를 축으로, 용서의 가능성과 불가능성을 스케치한 것이다. 어디까지나 스케치에 그치고 있어 이 문제를 더 깊게 파고드는 일은 이후의 중요한 과제라고 생각한다.

제4장은 레비나스의 증언론을 통해서 전 '종군위안부'들의 증언이 제기한 문제를 생각해 보고자 한 하나의 실험이다. 이러한 형태로 양자를 함께 논하는 방식에 다른 의견이 있을 수 있다고 생각되나, 민족과 성^性이라는, 지금껏 철학의 언어가 그다지 가닿은 적 없는 두 개의 토포스가 교차하는 지점에서 저질러진 이 역사적 폭력의 기억을 철학적 사고를 통해서**도 다시** 받아내기 위해서, 이 위험한 시도가 하나의 돌파구가 될 수 있지 않을까 기대한다.

제5장은 재평가의 움직임이 있었던 교토학파의 '세계사의 철학'을, 그 대표적 이론가인 고야마 이와오의 예에 입각해 비판한 것이다. 전후 50년을 거쳐 도리어 드세어진 감이 있는 대동아전쟁 긍정

론, 아시아 해방을 목표로 반제국주의 전쟁이라고 하는 전쟁의 기억이 얼마나 철학적 언술의 무감각한 반복에 지나지 않는지를 인지하는 일은 유익한 지점이 있을 것이라 생각된다. 덧붙여 이 장의 첫 발표는 1992년 7월 프랑스의 스리지 라 살^{Cerisy-la-Salle}에서 열린 국제심포지움 "월경越境 — 자크 데리다의 작업을 둘러싸고"에서 행해진 구두발표 원고를 대폭 가필해 완성한 것이다.

또한 각 장은 모두 처음 발표했을 때의 원형을 거의 간직하고 있고 내용상의 중요한 변용은 전혀 없다.

나는 전작인 『역광의 로고스 — 현대철학의 콘텍스트』에서, "콘텍스트에 부과되어 온 필요성에 따라 다시 철학에도 그 윤리적 · 정치적 책임을 묻지 않으면 안 된다"고 썼다. 모든 철학이 그러하지만, 이 책에서 논한 아렌트, 레비나스, 헤겔, 고야마 이와오라는 인물들의 사고는 오히려 역사적 현실 그 자체를 적극적으로 주제화하고, 윤리나 정치를 철학의 중심 문제로 끌어들인 사고이다. 사건의 충격에 드러내어지는 일 없이 역사 일반을 논하는 것은 공허하다. 나는 **사건에서 출발하여, 사건을 둘러싸고** 행해지는 철학을 꿈꾸고 있다. 그런 일이 정말로 가능할지 어디까지 가능할지는 알지 못하지만, 이 책은 그 방향을 향해 나아간 참으로 조촐한 한걸음이다.

전쟁체험을 직접 겪은 일이 없는 나와 같은 사람이 전쟁이나 홀로코스트를 논하는 것에 대해서 어떤 종류의 위화감을 갖는 사람도 있을지 모르겠다. 그러나 본문에서도 논한 바와 같이, 원래 기억이나 증언의 본질에는 죽은 자를 대신하는 혹은 부재하는 타자를 대신하는 구조가 스며들어 있다. 전쟁이나 홀로코스트의 기억과 증언이 가장 날카롭게 질문되는 것은 다름 아닌 직접 체험하지 않은 자를 통해서이고, 미래 세대에 그 기억과 증언을 어떻게 전할 것인가라는 문제를 통해서이다. 직접 체험한 자가 적어지면 적어질수록이 문제의 본질은 한층 더 곤란한 형태로 드러나게 될 것이다.

이 책의 내용의 많은 부분은 논문의 형태로 발표하기 이전에 연구회에서 발표되었다. 정치철학연구회, 역사와 이론연구회, 멀티컬처럴리즘 연구회, 앞서 언급한 스리지 라 살 국제 심포지움, 도쿄대학 교양학부의 동료들과의 연구회 등에서 기탄없는 비판과 유익한 지적을 모아 주었던 친우들, 동료들에게 이 장을 빌려 감사를 전하고 싶다. 첫 출간 당시 신세를 진 이와나미쇼텐 편집부의 고지마 기요시小島潔 씨, 오구치 미치루小口未散 씨,『현대사상』편집부의 이케가미 요시히코池上善彦 씨, 나이토 유지内藤裕治 씨, 현『비평공간』가 주신 절적한 비평에서도 크게 계발되었다. 다시 한번 감사를 드리고 싶다.
이 책의 기획에서 출판까지, 모든 과정을 헌신적으로 살펴봐준 것은 이와나미쇼텐 편집부의 나카가와 카즈오中川和夫 씨이다. 이 과정에서 나카가와 씨는 제멋대로인 내 제안을 언제나 관용으로 들어주었고, 여러 귀중한 조언을 통해 내 실수를 바로잡아 주었다. 벌써 10년도 전, 나고야에서 처음 만난 그날의 일을 떠올리며 프랑스 식으로 '무한한infiniment' 감사를 올린다.

1995년 8월 다카하시 데쓰야

최초 출전

제1장 기억될 수 없는 것, 이야기할 수 없는 것 – 아렌트로부터 영화 〈쇼아〉로

(원제 : 기억될 수 없는 것, 이야기할 수 없는 것 – 역사와 이야기를 둘러싸고)

『텍스트와 해석(テクストと解釈)』(강좌현대사상(講座現代思想) 제9권), 이와나
미쇼텐(岩波書店), 1994

보론 : 아렌트는 '망각의 구멍'을 기억했는가

(원제 : 아렌트는 '망각의 구멍'을 기억했는가 – 이와사키 미노루 씨에게 응답하다)

『겐다이시소(現代思想)』, 1994.10, 세이도샤(青土社)

제2장 '암흑의 핵심'에서의 기억 – 아렌트와 '인종'의 환영

『시소(思想)』, 1995.8, 岩波書店

제3장 정신의 상처는 아물지 않는다

(원제 : 정신의 상처는 아물지 않는다 – 죽음(죽은자)의 기억과 '용서'의 윤리)

『現代思想』, 1995.7, 青土社

제4장 만신창이의 증인 – '그녀들'에서 레비나스로

『現代思想』, 1995.1, 青土社

제5장 '운명'의 토폴로지 – '세계사의 철학'과 그 함정

『現代思想』, 1993.1·5, 青土社

옮긴이 후기

1

과거 종군위안부였던 한 여성이 말한다.

─ 우리들의 후유증과 악몽은 아직 끝나지 않았고, 우리들을 오해한 일부 사회의 경멸과 모욕도 아직 남아 있습니다.

직접적으로 전쟁과 여성에 대한 성적 착취를 행한 적이 없지만, 종군위안부였던 과거와 그 고통을 고백한 여성의 이야기를 통해 '부끄러움'을 느낀 일본인 목사는 이렇게 말한다.

─ 정말로 우리 동료가 못난 일을 저질러버렸어요. 그들은 돌아오지 못하는 거죠. (…중략…) 어떻게 해서든 사죄하지 않으면 안 된다고 생각해요.

레비나스를 인용하면서 이 책의 저자는 다음과 같이 설명하고 있다.

─ '치욕을 느끼는 나'란 '모욕'을 견디는 '타인'의 '얼굴'을 통해 자신의 '독단적 자유'를 '심문' 받는 '나'이며, 자신이 '무고'하기는커녕 '찬탈자이자 살인자'라는 것, 즉 역사를 구성하는 '생존자'의 측에 있다는 것을 처음으로 발견한 '나'이다.(세 인용문 모두 이 책

의 4장 「만신창이의 증인-'그녀들'에서 레비나스로」 중에서)

　역사에서 혹은 지금 현실의 '사건'들에서 우리가 보고 있는 것은
무엇인가. 레비나스는 객관적이고 공적인 역사는 그것이 객관적이
고 공적이기 때문에 개별자를 향한 '모욕'을 감지하지 못한다고 말
했다. 그리고 "진정한 재판이 가능하기 위해서는, 정말로 그것이
가능하다면, 보이지 않는 것을 보는 방법밖에 없"다고도 말한다.
우리가 치욕스러움 없이 열을 올리며 이야깃거리로 삼는 사건들
속에는 어김없이 누군가가 받은 모욕이 있다. 그러나 그 모욕 중에
도 재생산되기 쉬운 '대표'적인 얼굴만이 회자될 뿐이라는 점은 쉽
게 망각된다. 무엇보다 그 '얼굴'이 나를 바라볼 때 나 역시 무한책
임을 지고 있고 심판받고 있다는 사실은 쉽게 의식되지 못한다.

　'세계사의 철학'의 반제국주의는 동시에 일본의 철학적 내셔널리즘
의 논리이다. (…중략…) 이 내셔널리즘의 논리는 모든 타자의 '존중'
을 말하면서도 실제로는 모든 타자의 자기로의 포섭을 텔로스로 삼
고 있는 한에서 이미 **논리로서** '제국주의적'이다. 그것은 메타 레벨에
서의 초월론적 '진리'의 이름으로, '보편적으로 자기의 유혹'이라고 할
'타자의 폐기'^{리오타르}를 수행하는 것이다.(5장 「'운명'의 토폴로지―
'세계사의 철학'과 그 함정」 중에서)

나는 구체적 타자에 대한 응답과 인문학의 책임이라는 테제와 마주쳤음에도, 실제로는 논리의 정합성만을 따지는 어떤 무능과 무책임성에 의해 흔들렸는데, 생각해 보면 그런 흔들림이야말로 이 책『기억의 에티카』를 번역할 수 있게 했던 동력이 아니었을까 한다. 이 책을 옮기는 작업에는 비평의 방법에 관한 열망과 더불어 모종의 죄책감이 있었음을 고백해야겠다.

2

2018년 1월 27일, '국제 홀로코스트 희생자 추모의 날'을 맞아 리츠메이칸대학 코리아연구센터와 '영화 〈쇼아〉를 보는 모임'에서 함께 진행했던 〈쇼아〉 상영회를 다시 떠올리게 된다. 당시까지 〈쇼아〉를 DVD로 본 경험밖에 없었던 나는 아침 일찍 1시간 가까이 자전거를 밟아 리츠메이칸 키누가사 캠퍼스의 커다란 홀로 들어섰다. 1995년도에 번역되어 나온 500페이지짜리 일본어판『쇼아 대본집』을 옆구리에 챙겨든 채였다(최근 한국어 번역판도 출간 예정이라는 소식을 들었다). 그런데 중간 휴식 시간을 포함하면 장장 11시간 동안 자리를 지켜야 하는 이 '특별한' 상영회에 참석한 사람들의 절반 정도가 휠체어에 의지해 입장한 연세 지긋한 분들이었다. '유대인 학살'의 역사와는 직접적인 관련이 없는 사람들이 대부분이었을 테지만, 나는 순간 납득했다. 이전에는 '국적'이나 '조국'이나

'과거'의 어떤 일로 특별히 정체성이라는 것에 대해 고민할 일이 없었던 내게, 일본에서 만난 이들은 그런 아이덴티티의 안정된 지반에 의해 가려지고 있는 모욕들이 있음을 알려주었다. 아우슈비츠는 비교불가능한 특이성을 지닌 사건이지만, 그것이 농밀하게 표시하고 있는 국민국가의 원-폭력을 실감하는 사람들은 여전히, 곳곳에, 무수히 있다. 상영회의 공기는 '증언불가능한 것'에 대해, 그렇기에 '계속 생각해 나가야 할 두려운 일들'에 대해 증언하는 사람들이 점점 사라지고 있는 현실을 착잡해하는 마음들로 무겁게 가라앉아 있었다. 당시 관람석에서는 DVD 자막, 영화 자막, 대본집의 단어선택과 어감의 차이를 체크하느라 영화를 따라가기에 급급했지만, 이후 이 책을 번역하는 내내, 그리고 한국에서의 강의실 속에서 이 책의 일부를 언급할 때마다 희끗희끗한 머리에 모자를 쓴 그 뒷모습들의 빼곡한 물결이 떠오르곤 했다. 저자 역시도 서문에서 밝히고 있듯이 『기억의 에티카』라는 이름의 이 책은 무엇보다 영화 〈쇼아〉와의 만남에 의해 가능했다. 나 역시, '안정적인' 이 방인으로서 부끄러움을 숨긴 채 몰입했던 〈쇼아〉와의 만남과 이 책의 번역을 통해 공부의 방향을 한 차례 가늠해 볼 수 있었다.

저자 다카하시 데쓰야는 일본의 양심적 지식인 가운데 한 사람으로서 이미 여러 권의 책이 번역되어 있다. 다만 한국에 번역 소개된 책들이 대부분 일본 국내의 민감한 정치적 사안과 관련된 저작들인 반면 그의 학문적 전공이라 할 프랑스 현대철학과 관련된 저

작은 거의 소개되지 못한 상황이다. 그의 초기 철학적 비평서 『기억의 에티카』를 번역하는 의미와 부담감이 거기에 있다고도 하겠다. 이 책이 처음 출간된 1995년 8월로부터 정확히 26년이 흘러 다시 8월이다. 여기서 언급되고 있는 사건과 문제는 어떤 것도 제대로 '해결'되지 않았고, 그것들이 가리키는 폭력성은 조금도 수그러들지 않고 심화되거나 악화되는 중이다. 그렇게 그 폭력성은 인종이나 민족이라는 거대담론의 레벨에서 머물지 않고, 생활세계의 곳곳으로, 암묵적인 죽음의 생산으로 그 영향력을 넓히고 있다. 이런 사정을 생각해볼 때 여기서 제시하는 고찰의 지점들은 여전히 유효하고도 무겁게 생각해나가야만 할 두려운 문제라는 생각이 든다. 각기의 이유로 이 책을 손에 들었을 독자들과도 그런 생각을 공유해 보고 싶다.

추신

번역 제안을 흔쾌히 받아주신 다카하시 선생님께 감사의 인사를 전하고 싶다. 2017년도의 만남과 약속이 늦게나마 결실 하나를 맺었다. 『〈쇼아〉의 충격』이라는 또 하나의 약속도 지킬 수 있기를 바라고 있다. 일본에서 오사카-도쿄-교토로 거처를 옮겨가며 공부하는 동안 많은 사람들의 배려를 받았다. 낯선 이를 기꺼이 받아주는 일이 쉽지 않음을 새삼 느끼는 요즘, 내가 받았던 배려들이 얼마나 큰 환대였는지를 시간이 지날수록 더 절실히 깨닫는다. 야자와 미치코^{矢沢理子}, 와타나베 나오키^{渡辺直紀}, 도미야마 이치로^{冨山一郎}, 카츠무라 마코토^{勝村誠} 선생님께 감사드린다. 늘 진지하게 응해주었던, 다른 '소속'을 가진 친구들에게도 고맙다는 말을 전하고 싶다.

2021년 8월 고은미